# 高校教育教学创新探索与实践

祝贺 著

中国商务出版社
·北京·

图书在版编目（CIP）数据

高校教育教学创新探索与实践 / 祝贺著. -- 北京：中国商务出版社，2023.12

ISBN 978-7-5103-5025-2

Ⅰ．①高… Ⅱ．①祝… Ⅲ．①高等教育－教学研究－中国 Ⅳ．①G649.21

中国国家版本馆CIP数据核字(2023)第250229号

高校教育教学创新探索与实践
GAOXIAO JIAOYU JIAOXUE CHUANGXIN TANSUO YU SHIJIAN

祝贺　著

出　　版：	中国商务出版社		
地　　址：	北京市东城区安外东后巷28号	邮　编：	100710
责任部门：	发展事业部（010-64218072）		
责任编辑：	刘玉洁		
直销客服：	010-64515210		
总 发 行：	中国商务出版社发行部（010-64208388　64515150）		
网购零售：	中国商务出版社淘宝店（010-64286917）		
网　　址：	http://www.cctpress.com		
网　　店：	https://shop595663922.taobao.com		
邮　　箱：	295402859@qq.com		
排　　版：	北京宏进时代出版策划有限公司		
印　　刷：	廊坊市广阳区九洲印刷厂		
开　　本：	710毫米×1000毫米　1/16		
印　　张：	13	字　数：	250千字
版　　次：	2023年12月第1版	印　次：	2023年12月第1次印刷
书　　号：	ISBN 978-7-5103-5025-2		
定　　价：	79.00元		

凡所购本版图书如有印装质量问题，请与本社印制部联系（电话：010-64248236）

版权所有盗版必究（盗版侵权举报请与本社总编室联系：010-64212247）

前　言

　　进入 21 世纪以来，随着改革的日益深入和我国经济社会的不断发展，我国高等教育的宏观背景和微观环境已发生了重大变化，培养具有创新精神和实践能力的人才成为社会对高等教育教学的必然要求，教育教学管理作为高校管理体系中的一个重要环节，是高等学校各项管理工作的核心，也是高校人才培养质量的重要保障。随着我国高校规模的不断扩大，高校教学管理的短板日益显现，因此，在新形势下必须加强高校教学管理建设，要发挥教学管理工作在高校教学管理中的主导地位。深入开展高校教育教学管理实践与创新发展研究，剖析新形势下高校教学管理建设的重要意义及存在的主要问题，努力探寻解决相关问题的方法和有效途径，对促进高校教育教学管理工作健康、持续、良性发展有着十分重要的现实意义。

　　在撰写过程中，为提升本书的学术性与严谨性，笔者参阅了大量的文献资料，引用了一些同仁前辈的研究成果，因篇幅有限，不能一一列举，在此一并表示最诚挚的感谢。

　　由于高校教育教学管理涉及的范畴比较广，需要探索的层面比较深，作者在撰写的过程中难免会存在一定不足，对一些相关问题的研究不够透彻，恳请前辈、同行以及广大读者斧正。

目 录

第一章 高校教育教学相关理论 001
第一节 高校教育教学本质及其特征 001
第二节 高校教育教学观念及其发展变化 8
第三节 高校教育教学方法 16
第四节 高校教育教学方法创新的原则 22

第二章 现代教育理念下高校教育教学概述 25
第一节 教育教学方法的问题及创新 25
第二节 现代教育理念下高校教育教学质量提升路径 28
第三节 现代教育理念下高校教育教学改革的动力机制 32
第四节 现代教育理念下高校教育教学督导的实践与发展 36
第五节 现代信息技术与现代教育理念下高校教育教学深度融合 39

第三章 现代教育理念下高校教育教学的基本原则 43
第一节 现代教育理念下高校教学原则新探 43
第二节 现代教育理念下高校教学制度的价值理念与创新原则 51
第三节 现代教育理念下高校教学管理如何贯彻以人为本原则 59
第四节 现代教育理念下教师专业化的高校教学质量监控原则 62
第五节 高校创业教育课堂教学体系的构建原则 65

第四章 互联网时代高校教育管理模式改革的理念 68
第一节 融入开放性的思想 68
第二节 坚持以人为本的理念 70

第三节　提高教育服务意识 ·· 74

第五章　互联网时代高校教育管理模式改革的途径 ························ 79
　　第一节　管理层面 ·· 79
　　第二节　学生个人层面 ·· 86
　　第三节　环境层面 ·· 94
　　第四节　体制建设层面 ·· 98

第六章　加强高校教学信息化建设 ·· 103
　　第一节　高校教学信息化管理工作 ···································· 103
　　第二节　高校信息化教学资源建设与平台打造 ···················· 105
　　第三节　高校信息化教学方法 ·· 117
　　第四节　高校信息化教学模式创新 ···································· 125

第七章　互联网时代高校教育管理模式中的课程实践 ··················· 130
　　第一节　互联网背景下的课程观 ······································· 130
　　第二节　个性与智慧性相结合的教育课程实践 ···················· 134
　　第三节　互联网时代高校教育课程存在的问题与未来发展 ····· 135

第八章　信息化背景下高校教学模式创新的实践 ·························· 139
　　第一节　信息化背景下高校翻转课堂教学模式 ···················· 139
　　第二节　信息化背景下高校慕课教学模式 ·························· 152
　　第三节　信息化背景下高校其他创新教学模式 ···················· 164

第九章　信息化背景下高校教学模式创新的保障 ·························· 174
　　第一节　创设信息化智慧教学环境 ···································· 174
　　第二节　构建科学教学评价体系 ······································· 177
　　第三节　提升高校教师信息化能力与素养 ·························· 196

参考文献 ·· 201

第一章　高校教育教学相关理论

高校教育教学是高校实现教育目的、培养专门人才、体现社会价值的各种具体活动表现方式之一，是高校教育最主要的组织活动。高校教育的其他活动都是围绕教学而展开、为教学服务的。任何教学活动都是一个历时性的过程，是一个目标差异大、参与要素多、各种影响复杂的教育实践体系。这个教育实践体系的各个构成要素经过多种形式组合、为实现各个目标而发挥作用，不同要素组合在不同环境下运行使高校教育教学形式丰富多彩。

第一节　高校教育教学本质及其特征

一、高校教育教学的作用与功能

高校教育教学作用与功能就是教学活动的基本目标和任务，它主要源自三个方面：教师的需求目标、学生的需求目标、社会的需求目标。以前，受高校教育教学活动的社会本位思想影响，在一些国家中，高校是实施教育驯化的工具，而学生则是被教育驯化的对象。在高校教育逐步发展、受教育人群范围日益扩大的形势下，社会本位的教学功能不断弱化，"以人为本"的教育思想越来越占据重要地位。所以，实现教学活动的目标必须同时考虑教学活动主体，即满足教师和学生的个人需求，教师通过教学传播知识，促进对知识的进一步探究，同时引导学生获得专业技能的训练，使学生获得满足与成就感。学生通过对社会愿望、个人兴趣以及基本能力的综合考虑，主动接受高校教育，并参与教学活动，以达到身心和智力的全面发展。社会对教学活动的需求可能是具体而分层次的，教师和学生对教学活动的需求可能是抽象而含糊的。

二、高校教育教学的主体与环境

高校教育教学的主体与环境是教学活动赖以开展的基本条件。教学主体就是有目的、有意识地进行教学实践活动和认识活动，并在教学活动中确立和体现主体地位的现实中的人。这里的"人"包括三层含义：现实中的人、动态发展的人、个体与群体相统一的人。因此，学生也是教学活动的主体之一。教学环境是相对教学主体而言的，它包括教学活动中除主体之外的一切物质的、时空的、媒介的关系等方面，尽管环境在教学活动中处于从属地位，但对其实现教学目标有极其重要的影响。

三、高校教育教学的形式与内容

高校教育教学的形式与内容往往表现得最为具体、生动，既反映内容与形式的对应关系，也反映形式与环境的协调关系，还反映教学活动直接主体（教师与学生）与间接主体（教学管理者）协商一致管理的特征。单从教学活动形式来看，就是内容、环境、主体的统一，如课堂教学、课外练习、社会实践就是三者关系的不同组合结果。如果从教学活动主体的作为来看，则有讲授活动、听课活动、师生研讨活动等，在每一种活动中，各个主体地位的表现是不同的。高校教育教学内容是与教学目标紧密相连的，尽管目前我国高校教育教学的计划性正在减弱，但总体上依然比较强，也就是说从国家或社会本位出发对专门人才的知识、技能体系应该有一个制度设计和进程安排，教学内容按照这些制度和进程逐步展开。现在，我国开始注意发挥教师和学生的主动性，对教学内容的选择权有所放开，但与教师自主裁量教学内容和学生在完全学分制下自由选择教学内容之间还有相当距离，至少学生的职业规划与学校的学业指导工作在短时间内难以跟上。

四、高校教育教学的特点与过程

高校教育教学的特点与过程是联系在一起的，教育与教学是一个循序渐进的过程，世界上没有任何一种瞬时性的教学活动，过程性本身就是教学活动的普遍特点，因此很多学者用"教学过程"代替"教学活动"，专注于研究高校教学过程而不刻意研究高校教育教学活动也是可以理解的，只是过程性特点不为高校教育教学所特有。所以，将两者混淆是不合理的，无论是对高校教育教学活动的瞬时性考察还是从教学效果的分析，高校教育教学活动的特点都是十分明显的，具体有如下一些特点。

其一，专业性教学与综合性认知相结合。高校教育与基础教育的最大不同就在于知识的专业系统性，属于建立在基础教育之上的专业教育，即教学目标和内容按照不同学科专业领域的知识体系进行设计，教学组织形式也分专业进行。同时，高校教育教学活动的综合性认知也十分明显：在专业性教学内容与教学情景中，学生的知识、能力、素质得到全面培育，即使是一门十分专业的课程，在课程设置、活动设计中，也要安排有一定分量的基本素质和能力训练的内容和项目，教学活动对学生的影响是综合性的，对学生的培养是多方位的。其二，隐性教学与显性教学相结合。高校教育教学活动对人才培养的影响作用趋于多样化，传统课堂的直接影响、作业与练习的直观影响等属于显性活动部分。另外，还有许多潜移默化的教学活动，如学术报告会、参观学习、社会调查、教师对学生的表扬或批评等，这些看似不像规范的教学活动属于隐性教学活动，它的教育意义和对学生的影响绝不仅是现场表现出来的结果，还要比现场表现深远得多、广泛得多。教育中的所谓"启发""养成"，其实就是对这种隐性教学活动功能的表述。其三，教学活动与科研活动相结合。科学研究活动是人类有意识地探究世界的实践活动，我们说高校教育教学活动是一种接近于人类认识世界实践活动的有效组织方式，本意就在于表明高校教育教学活动既不是纯粹的知识传授活动，也不纯粹是师生交往与情景感悟活动，而是有目的地引导学生学会认知和探究世界的方法、训练学生基本的认知能力的活动。如果说本科生教学对这方面的要求只是初步的，那么研究生的教学则是典型的认识已知与探求未知的统一，就是教学活动与科研活动的统一，教师和学生在教学活动中都可以实现认识已知与探索未知的结合。

五、高校教育教学的构成要素

高校教育教学是一个以动词为主的、内涵比较宽泛的偏正词组，它可以指由学校为实现人才培养目标所组织的任何行动。由于各校、各学科专业的人才培养目标、质量规格、层次要求不同，高校教育教学活动也表现出较大的差异性。就每一个具体教学活动单元的结构来说，它们又有许多相似性，即都是由若干基本相同的要素所构成的开放性系统，不同教学情景由这个系统要素的不同组合产生。

关于对高校教育教学活动构成要素的研究，学界历来有不同的争论。有的从共时性角度而有的从历时性角度分析。有的从关系角度而有的从表象角度分析，有的从深层结构而有的从表层结构分析。不同的分析角度决定了不同的分析结果，以至于出现从"三要素说"（教师、学生、教材）到"七要素说"（学生、教学目的、教学内容、教学方法、教学环境、教学反馈、教师）的巨大差异。客观地看，这种差异是正常的，特别是更加精细的结构要素划分，只要在逻辑上没有包含或遗漏，精细的分析就应该得到提倡。综合高校教育教学活动的几个特点，我们认为一个比较完整的具体教学活动应该由教学主体、教学目的、教学信息、教学媒介、教学组织、教学环境六个要素构成。

①关于教学主体。以前往往以机械认识论为理论基础从施教与被教角度考虑，认为教育参与者包括作为教育者的教师和受教育者的学生两个方面，即教学主体是教师，教学对象是学生。这实际上忽视了高校教育教学的特殊性，因为隐性的教学效果、探究性的教学活动都依赖于学生主体性作用的发挥，所以教师与学生是高校教育教学活动的共同主体。②关于教学目的。这是任何教学活动的基本要素，只是不同目的有层次上的高低差别。即使是高校教育的教学活动，其目的也有层次之分，如一个专业培养方案中的教学目的，一门课程的教学目的，一节课堂的教学目的等。就教学方法研究需要而言，这里的教育目的主要指一个课堂之类的教学活动的目的，其中既有比较抽象的一般要求，也有比较具体的内容、技能目标。③关于教学信息。以前的用教材以教学内容来表示。但实际上，教学内容中有一部分应该包含在教学目的之中，作为目标性任务加以明确。同时，教材是教学内容的传统载体，而鉴于现在高校教育可供使用的教学材料日益丰富，来源途径远多于教材，故教材在高校教育教学活动中发挥的作用越来越微不足道。④关于教学媒介。教学媒介就是教学方法及实施方法的手段，由于现代教学技术在飞速发展，传统的方法归纳已经不能准确反映教学活动实际，很多现代教学设施、技术被应用到高校教育教学活动中，其究竟属于什么方法，尚未明确界定。因此，我们称其为教学媒介，既包含传统意义上的教学方法，又包含现代教学技术，它是传递教学知识、信息，增强教学信息刺激强度，提高教学影响效果的途径。⑤关于教学组织。没有组织就没有活动，就一个教学活动来讲，教学组织不可缺少。在什么样的时间和空间、由哪些教师和学生参与、参与人员的规模以及教师或者学生在教学时间内的教学秩序维护等，都是教学组织的内容。还有教学评价，它属于教学过程与质量管理范畴，不属于一个教学活动的内容。⑥关于教学环境。高校教育教学环境对教学活动的影响越来越大，根据教学活动的需要，不断对教学环境进行必要的调节和控制，有利于教学活动的顺利进行。经过选择、

净化、提炼和加工处理的教学环境有利于教学主体实现追求真理、掌握知识、健康发展等目标。

六、高校教育教学模式

（一）"集中式学习"的教学模式

相对来说，集中式学习是一种较为传统的教学模式。集中式学习是以教师为中心，由教师根据教学计划中统一规定的课程内容和教学时数，把学生集中到一起按照学校的课程表进行分科教学的一种组织形式。该教学模式强调教师的主导作用。当教学规模不是很大时，集中式学习这种组织形式相对来说是比较经济、有效的。

在这种组织形式下，教师的主导作用易于发挥，便于教师组织、监控整个教学活动的进程，这是其一；其二是有利于教学管理，使教学有目的、有计划、有组织地进行；其三是有利于自然学科的学习，自然学科中许多内容需要进行演示、分解和剖析，有些内容需要学生亲自去感触；其四是有利于学生之间以及师生之间的情感交流，充分发挥情感因素在学习过程中的重要作用。尽管集中式学习有上述优点，但它在高校教育教学活动中存在的弊端又是十分明显的，首先，这种教学模式无法解决学生参加学习时存在的工作与学习的问题、家庭与学习的问题以及分散居住与集中学习的问题；其次，它忽视了成人学生不同于其他学生在学习活动中的自主性和独特性；再次，集中式学习方式过分强调标准化、同步化、模式化，整齐划一是这种学习方式的目标追求，对成人学生知识的拓展会产生不利的影响。针对学生在学习过程中凸显的矛盾和问题，要想真正保证教学效果、提高教学质量，就必须对现有的单一教学模式进行改革。

（二）"分布式学习"的教学模式

随着经济形势和信息技术的不断发展，社会总体人力资源的需求形势也发生了巨大变化，对各类高素质、高学历的专业技术人员的需求提高到了一个新的层次，这对高校教育提出了更高的要求，并使得传统的教学模式受到了极大的挑战。

新的信息技术在教学活动中的应用，计算机网络的发展能够使教学内容得到有效的远距离传递，学生可以不必像以往那样，全体集中到一个地点，由教师面对面地传授知识。电子邮件可以支持学生之间、师生之间的交流与合作，解决学生在学习中的问题，便于师生开展各种讨论，从而使教学模式不再单一，因此，"分布式学习"的教学模式便应运而生，并迅速以自上而下的政策推广形式，借助国家高校教育政策手段投入各地办学实践。"分布式学习"是远程教育的建构主义，采用建构主义的学习环境的设计思想，将传统的以教师为中心改变为以学习者为主体，着重为学习者提供丰富的资源，使其形成自己的认识结构和理解。

目前对"分布式学习"的教学模式的理解有以下几种观点。在美国及一些国家的学者认为，"分布式学习"和远程教育是一样的，是指各种不同于面对面教学的教育。还有学者认为，"分布式学习"是指开放和远程教育在传输课程时逐渐向使用新信息技术的转变。另有学者观点认为，"分布式学习"可作为人机交互工作的一个整体。尽管对"分布式学习"有各种不同的描述，但"分布式学习"实际是一种教学模式，它强调的是"分布"，强调为学习者提供灵活的、突破时空限制的教育，适应社会经济发展以及对人才的需求。"分布式学习"教学模式的出现，使面对面教育和开放远程教育之间的边界逐渐消失而趋于融合；强调以学习者为中心，可以更有效地促进学习者的学习；使教师认识到要根据时空分布方式的变化调整学习和教学策略；"分布式学习"强调的是学习环境.学习者分处在不同环境中，有着共同的任务，在"分布式学习"环境中共同合作完成学习任务。

随着教育的全球化，"分布式学习"环境要具有国际化思维，适应来自不同文化背景的学习者。可以说"分布式学习"是未来学习方式发展的一个新趋势。也有人认为"分布式学习"模式可以结合传统课堂教学应用，结合远程教学应用或可用于创建有效的教学课堂。学生既可能是身处远方，参加远程教育，也可能是集中式学习中的一员，当他们在利用资源、汲取知识时，其所利用的资源不仅仅局限于教师或者某个机构，而是充分利用现代信息技术，利用分布在各个不同地方的资源，使学习资源远比以往的单纯的传统课堂授课方式要丰富得多，所以，"分布式学习"强调的是资源的非集中化。另外，"分布式学习"的教学模式除了可以使学习者获得丰富的资源，还可以是传统课堂授课方式的补充和灵活运用。例如，可通过电子邮件交作业、答疑，通过网络与教师、学生甚至专家进行交流和讨论等。这一教学模式在成人教育教学活动中的优势十分明显，首先它解决了成人学生在学习中存在的工作与学习、家庭与学习、分散居住与集中学习的诸多问题，同时丰富了学习资源，学生获取知识的渠道更加宽广，教与学的方式变得更加灵活，学生学习的自主性也得到了加强，对学生的发现性学习和研究性学习能力的培养起到了很好的促进作用。

(三)"双元制"教学模式

"双元制"的教学模式也称"双轨制"教学模式，是德国在100多年来传统的学徒培训制度基础上发展而形成的，"双元制"中的"一元"指职业学校，另"一元"则指企业。学校承担学习文化和基础技术理论，企业承担职业技能培训，两元结合完成教育任务，故称"双元制"。"双元制"是学校与企业分工协作，以企业为主；理论与实践紧密结合，以实践为主的一种成功的教育模式。学生在企业里接受职业技能培训的同时，又在学校里接受专业理论和普通文化知识的教育，这样，既能够使学生具备毕业后立即上岗的能力，又能通过学校教育使其基本素质得到提高，从而具备继续学习和终身学习的基础。

"双元制"教学模式具有以下特征。职业培训在两个完全不同的地点进行——企业和学校；受训者兼有双重身份——学生、学徒；培训者由两部分人承担——实训技师（师傅）、理论教师；教学内容原则上分两部分——企业培训按政府的培训条例和大纲进行，学校教育按国家和省级教育主管部门公布的教学大纲进行；教学管理——企业培训由政府管理，受政府法规、条例等约束，学校教学由教育主管部门管理，受教育类法规约束；经费来源的两个渠道——企业培训的费用由企业承担，学校教学的费用由政府和学生承担；以职业能力为本位的培训模式；以市场和社会需求为导向的运行机制。

"双元制"在20世纪90年代引入我国，应用到高校教育教学实践中，成为一种特点鲜明同时富有成效的人才培养模式。经过多年的发展，已经取得了一些成就。已经有许多实践性较强的专业采取了这种教学模式，如汽车维修、炼钢和轧钢、保险、物业管理、机械制造和医疗等。"双元制"教学模式的应用为我国成人教育发展提供了宝贵的案例资源，从中可以看到"双元制"教学模式的以下一些优势。

第一，改革专业课的课堂教学模式，促进学生技能的提高。"双元制"教学以职业能力为本位，各院校在实践中都突出了实践性的原则，使学生在学习的同时获得工作经验，与传统的课堂型教育形式相比存在明显的优势。

第二，加强了学校与社会和企业的联系。"双元制"教学模式打破了传统的封闭的办学方式，由学校和企业共同承担培养学生的责任。因此，在办学中学校增强了与外界的沟通，更多地了解了社会和企业对人才的需求情况，克服了以往办学的盲目性。

第三，加快了师资队伍的建设，教师的理论水平和实际水平都有所提高。在"双元制"办学过程中，提高了专业教师的实践能力，改变了以往的教师基本上是学科型的、实践能力不高、动手能力不强的状况。

第四，借鉴德国"双元制"教学模式，各院校改革了课程结构，丰富了教学内容，使教学方法灵活多样，促进了教学模式的改革。

第二节　高校教育教学观念及其发展变化

一、高校教育教学思想观念及其核心内容

（一）高校教育教学活动主体

教师主体论源自以赫尔巴特为代表的"教师中心说"，是长期主导教育研究与指导教学活动的流派。该派观点认为，在教学活动中教师是唯一的主体，学生是教师改造的一方，与教学内容一起构成教师教学活动的对象，属于教学客体。学生主体论源自以杜威为代表的"学生中心说"，其基本观点与教师主体论相反，认为教学活动的唯一主体是学生而不是教师，教师和教学内容都是被用来塑造和改变学生的，是其成材的工具性对象，是教学客体。教师学生双主体论则改变了前述单一主体论的思路，并提出教师和学生都是教学活动的主体，在一个完整的教学活动内，就对教学效果的最后影响来说，分不清教师的能动作用大还是学生的能动作用大，只能是两个主体并存、共同协调的结果。这时，教学内容、教学设施、教学环境等就基本上属于辅助性的东西，属于教学客体。

其实，对教学主客体的辨析有一个基本的逻辑起点，这就是从哲学引用过来的主体概念是基于什么哲学观点的，是本体论的观点还是认识论的观点。显然，从本体论出发，只能有一个主体，而从认识论出发，如果其选择的认识活动角度不同，就会得出不同的主体结果。教学本身就是一个复杂的系统，从教学作为社会活动实践关系出发，毫无疑问教师是主体，学生是客体；从教学活动的价值关系出发，很明显，学生必然是主体，教师是客体；从认识活动的全面关系出发，则教师与学生都属于主体，客体只是那些主体之外的教学活动要素。提高对教学活动主体的认识，有利于调动教学活动要素的积极性。那些单方面强调教师主体

地位的观点，对教师工作积极性、主动性与责任心有极大的激发作用，但在很多情况下，教师的"一厢情愿"往往达不到教学效果，久而久之，教师的这种积极性也会消解。那些单方面强调学生主体地位的观点，有利于激发学生的自我教育、自我学习、自我塑造，也有利于教师在教学中贯彻促进学生全面发展的理念。如果缺乏教师的正确引导，学生往往就会不能得其门而入，最后效果并不如意。教师和学生的双主体地位，可以比较全面地调动教师和学生在教学活动中的积极性，根据实际需要各自发挥应有的作用，共同完成教学任务，实现教育目标。根据高校教育教学的活动特点来看，这种双主体观念更符合教学实际。教师和学生对其在教学活动中主体地位的认可，不是什么权益之争，而主要在于责任的归属。教师和学生对那些作为客体的已知知识、未知知识的认识与探求是共同的，因此在这种"既认识已知又探索未知"的高校教育教学活动中，教师和学生属于共同的主体是不应该有疑问的。

（二）高校教育教学活动的主体关系

一般来说，任何活动都存在主体与客体的关系，如果按照两种单一教学主体的观点，无论谁为主体谁为客体，都是主客体关系。但是，高校教育教学活动主体是双重的，不同主体之间必然构成一定的关系，因此，很有必要探讨教学活动的主体关系。至于高校教育教学活动的客体，在双重教学活动主体前提下，它与主体之间的关系比较简单，一方面服从于主体的需要，另一方面充当连接两个主体的纽带。

1.高校教师

高校教师是教学活动任务的具体组织者、承担者。教师群体是高校履行人才培养职能的直接人员，他们在自己的专业领域肩负着科学研究和社会服务的使命。一方面，高校教师作为一个群体概念，包含所有在高校从事与教学活动相关的专业人员，既有教学第一线的任课教师，也有以科学研究为主要任务的研究人员，还有实验、实践教学以及教学活动组织管理第一线的教学辅助人员。高校教师作为一种社会职业者，具有较高的社会地位和重要的教学主导地位。人们常常将高校的人才培养和学术水平看成一个国家文明进步的标志，并对履行这两项职责的高校教师寄予厚望。另一方面，在高校教育教学活动中，教师对教育内容的选择、对教学活动的调节、对教学进程的把握、对教学手段的改造等方面发挥着主导作用。因此，教师是教学活动的主体。

总之，高校教育教师肩负着比较多的教学职责。第一，要肩负传授知识，引导学生掌握学科专业基础知识、基本理论和基本技巧，培养和发展学生智力和专业能力的职能。第二，要在教学活动之中通过隐性手段启发和培植学生良好的道德、情操、意志与美感，关注学生的全面成长。第三，要精心组织和设计教学活动，不仅注意课堂教学活动的组织，还有由课堂延伸到课外的答疑辅导、作业评判以及相应的实验和实习、实践。第四，为了更好地服务和改进教学，必须不断地开展专业领域的科学研究和教学研究，以引领学生及时了解科学前沿，改善教学方法，丰富教学内容。在这些基本职责中，最基本的两项是教学和科研。能否成为合格甚至优秀的教师，关键就在于这两项职责的履行情况。这两项职责履行得好，不仅可以相互促进，还可以带动其他职责更好地履行。实际上，中外高校都有不少教师往往不能比较好地兼顾两者，相当多的教师将自己的教学目标定为传授课程知识、介绍本领域的概念和方法，很少关心学生的一般智力发展和个性发展。与本领域的其他人相比，这些教学内容方面的专家具有专门化的知识、概念、话语、方法，作为教师，尤其是本科生的教师，他们则难以与学生形成共同认可并让学生乐意接受的学教方法。

高校教师肩负的职责决定了他们的工作特点。这就是教学手段的自主性与教学活动的示范性、教育对象的能动性与教学情景的复杂性、教学过程的长期性与教育影响的滞后性、教学方式的个体性与教育成果的集成性。面对这些特点，有的教师可能会表现出无可奈何，有的则从积极方面进行力所能及的改进，由此形成个人教学风格。例如，以教学内容为中心的，以尊重学科为特点，重在教给学生系统的知识、原理；以教师自我为中心的，则相信自我的榜样作用，让学生陷入角色模拟的境地；以智力为中心的，则以培养学生的智能为目的，一切的知识、环境都只是用来训练的道具，知识、技能本身不是其追求的结果。这些都是有特点的教师，还不是"全能的教师"，比较良好而全面的教学活动，应该是教师的知识、师生对现实的探究、教师引人入胜的个性、人格与激励学生学习动机的高度复合。可见，当好一名高校教师实属不易。

2. 高校学生

高校教育教学活动的主要参与者除了教师就是学生，不仅高校的教学如此，任何学校教学活动都离不开教师和学生，二者缺一不可。学生的积极参与不仅可以丰富教学活动的内容与形式，也在很大程度上决定着教学活动的最后效果。

高校学生的构成是十分复杂的，随着教育大众化的推行、终身教育观念的深化和学习化社会的建立，到高校接受教育的人群越来越多，学生构成也越来越复杂。一般来说，高校教育的学生不分种族、地域、性别，在年龄上处于青年中期，个体的生理发展趋向成熟、心理变化趋于稳定，自我意识日益增强，他们已经接受了基本的基础教育。这只是高校学生的基本规定性，实际上，世界各国高校的学生要比这复杂得多。就我国来说，目前本专科学生在主体上大致符合以上的规定性，随着高等教育政策的调整和大众化教育的发展，使得高校学生在年龄、心理、生理等方面均已突破原有规定和认识范围。如果将硕士、博士研究生考虑在内，则这种基本界定就显得更加局限和狭隘。

为什么参加高校教育的学习，是解决和了解学生的学习目的及动机的重要依据？高校学生的学习目的、动机是影响高校教育教学活动的重要因素，也是学生作为教学活动主体的重要标志。只有那些目的明确、动机纯正的学生才能在高校教学活动中发挥积极的主体作用。无论高校教育关于人才培养目标的理想设计如何，学生的实际学习目的与动机不一定与之完全合拍，学生的要求只要是合理而可行的，就应该得到满足。研究表明，多数大学生认为，他们学习是为了获得职业的或专业的训练，获得发展自己和个人兴趣的机会，最终能够获得较高的收入。学生学习的态度与方式倾向是什么，这个问题的回答涉及学生的多个方面。首先是目标决定态度．基础决定方法，情感决定倾向。目标明确的学生其基本态度是积极的。知识基础、能力基础强的学生，其学习方法、参与程度必然得当；依赖性、独立性、表现型、沉默型等不同情感类型的学生，其对教学活动的态度与影响也不完全相同。

（三）高校教育教学活动主体关系模式

教学活动一般被理解为教学主体之间的人际交往活动。高校教育教学活动拥有多个主体，每一个教学环节都包含了各教学主体交往的关系，每一对主体关系动力的平衡与消长，都影响着教学活动。高校教育教学活动具有明显的个体性与综合性特点。这就是说，教师的教学既是个人的劳动表现，也是群体的劳动表现，一个教师不可能教好一个班级，培养出一批人才，甚至不可能完整地教好一门课程，必须要有教学助理、实验人员以及班主任等相关辅助人员的共同参与才可以完成。学生的学习也是如此，纯粹单个人的学习有时不能很好地完成，我们强调开展主体性教学，所依靠的不只是单个学生的主体性，还包括建立在每一个学生主体性发挥基础上的协作教学、合作探究。所以，高校教育的教学主体实际上有以下三对主要关系：师生关系占主导地位，师师关系和生生关系居于次要地位。

师生关系是任何学校教学活动都普遍存在并引起高度重视的一种行动主体对

应模式。它是以教学任务为中介，以"教"与"学"为手段构成的特殊社会人际关系，是高校教育最基本的、在教学活动中占主导地位的人际关系。学者对这种关系的认识也在不断发展变化，就其结构来说，传统的理解就是教师对学生"一对一""一对多"的主从关系，在高校教育教学活动中的表现就是：在课堂教学上，教师读讲义、做演算，学生记笔记、做练习；在课程设置上，必修课多于选修课；在教学管理上，实行学年制，对所有学生按一个标准来要求，个体差异没有受到重视等。历史经验和教训告诉我们，认识和建立新型师生关系对高校教育的教学来说十分重要。在这种新型师生关系中，教师与学生是"一对一""一对多""多对一""多对多"的复杂网络系统，这个网络系统功能的全面发挥，就是高校教育教学活动的全部任务与追求的目标。

师师关系就是高校教育教学活动中所涉及的教师群体内部之间的多边关系。我们发现自己对高校教育教学活动中的师师关系的关注度不够，只要谈到教学关系，就会论师生关系。其实，在高校教育教学活动中，师师关系的作用非常大，这是与初中等学校、其他培训学校完全不同的。由于这种关系的构成具有长期性、利益性、人格性等特点，所以尽管关系网络不会很庞大，但学术流派不同、师承传统、利益之争等情况常常发生，甚至影响到教师的教学。这是从对立性看的，再从合作性来看，哪怕是一门课程甚至一节课堂，主讲教师与助教之间、理论教师与实验教师之间、教师与教学调度人员之间等的配合关系，都会直接影响教学活动的开展及其效果。所以说，一个团结的教师群体对高校教学活动的有效开展十分必要。

生生关系是由高校教育同辈学生相互之间组成的多边联系。这种关系也被称为同学集体，它既可以由同年级同专业的学生构成正式的稳定关系，也可以由相同学科专业不同年级的学生以学术爱好为基点构成稳定的师兄弟和师姐妹关系，还可以由教师主导创立诸如电子协会等主题组织关系。生生关系的形成具有随机性，但一旦形成，就表现出比较稳定的态势，这种态势不仅在学生大学学习期间有相互促进、影响的作用，还会在高校教育结束后延伸到社会活动中。生生关系对教学活动，尤其是对学习活动的影响是全方位而且深刻的，被认为是仅次于学生个人行为的力量。当然，这种关系结构的规模大小、质的差异性等内在特征会在比较大程度上决定其对教学影响作用的发挥。

二、高校教育教学思想观念的演变

高校教育教学思想观念具体通过人才观、质量观和效率观等来表现。新时期以来，我国高校教学思想观念更新始于恢复正常秩序的最初几年，其主要表现为向过去学习，重拾或实现在新中国成立后逐步建立和形成的教学思想。

（一）培养人才观念的形成

高校教育的根本任务是培养人才，而人才培养的主要途径是教学活动。改革开放以来，确立了知识本位的高校教育思想观念，高校教育回到了"象牙塔"。同时，教学和科研使命在高校展开了激烈的地位之争，这使高校教育与成为教学和科研"两个中心"的发展轨迹渐行渐远。实际上，很多学校和教师更加重视深度高的科研工作，对教学工作重视不够，教师的教学职能发挥不够。随着国家对人才培养质量的关注与重视，人们开始重新认识和反思高校教育中教学与科研的关系，进而确立了教学在学校工作中的中心地位。无论什么高校，首要任务是人才培养，科学研究应要肩负起人才培养职能。高校教师必须把教学放在第一位，切实履行教师的基本职业职责。随着世界高校教育发展和科技、社会进步对人才培养规格新要求的不断提出，能力本位观点越来越受到重视，学生需要成为、社会更需要提供知识全面、技能过关的高素质人才。因此，对教学活动提出了新的要求：一方面是出于理论教学与实践教学关系问题的考虑，既不能忽视理论教学又要加强实践实验教学；另一方面是出于协调学校教育与社会教育的关系，既不能在学校教育与社会教育之间走极端，也不能过多增加学生在时间、经费、心理等方面的负担。于是，新的教学中心地位理论逐步得到丰富和发展，在校内强调理论教学与实验、在科研活动中培养学生的能力；在校外加强实习实训基地建设，建立产学研究机制。

（二）逐渐形成以专业教育为主的教育思想

一般认为，国际上本科教育大致有两种教学模式：一种是以苏联和德国为代表的专才教育模式，学生在校学习时间较长，既要打基础，又要进行实践训练；另一种是以美国为代表的通才教学模式，学生在校学习时间较短，主要是打基础，实践训练放到大学毕业以后。我国最先主要学习苏联模式，形成了专才教学模式。改革开放后，我们发现苏联专才教育模式的许多弊病，开始引进欧美通才教育模式。以自由教育、人文教育、普通教育等形式出现的综合素质教育思想得以萌生，传统意义上的专门人才培养模式、观念逐渐被"拓宽专业口径,增强适应性"的呼声和"通识教育"的理念所取代,仅仅重视科学技术的"精、深、专"为"德才兼备""文理兼备"的人才目标所取代。随后,华中科技大学率先提出以人文素质教育为突破口,中共中央和国务院出台专门文件推进全面素质教育发展,并建立了一大批国家人文素质教育基地。人文素质教育并非只对理工科学生进行人文科学知识传授,而是对所有学生加强人文品格、人文精神的全面教育,是通识教育的具体体现。

(三)培养终身学习和终身教育观念

按照传统的职业教育观念,高校教育在教育序列中毫无疑问就是人一生的终结性教育活动。由于世界科技发展的日新月异以及世界性社会工作的不断变化,由联合国教科文组织的系列报告引发,以素质教育思想为理论支撑的终身教育、终身学习观念逐渐渗透到高校教育领域,高校教育究竟是终结性教育还是基础性教育,一时成为学术界的争论热点。特别是高校教育达到大众化甚至普及化程度之后,高校教育的基础性就更加突出,高校教育只能为学生未来成为科技人才、从事科技职业打下知识、能力和继续学习的基础,而不能为其未来准备好所需的一切。因而,高校教育人才培养不仅要重视比较宽广的学科领域、比较扎实的基础知识、比较强的学习和研究能力,而且要为在职人员提供大学后继续学习的条件。

(四)以学生为本的个性化教学观念逐渐生成

一场世界性的学习革命,使高校教育教学模式必须适应受教育群体的历史性变化,这是高校教育教学创新的直接指导原则和方向。具体而言有如下表现:由单纯的掌握知识转变为更加注重智力发展和能力培养;由单纯的、狭窄的专业知识和能力培养转变为同时注重拓宽知识面,培养具有包括外语能力、经管能力、交往能力等多种能力的复合型人才;由单纯注重统一的培养规格转变为同时注重发挥学生的多样化特长和学习潜力;由偏重理论知识转变为同时注重实际知识,进一步强调理论与实践相结合等。

因材施教,促进人的全面发展是一条基本教育原则。为了弥补计划时代"标准件"式的高校教育人才规格和培养过程中的固有缺陷,突出学生在人才培养中的主体地位,在教学管理、教学环节、教学方式等方面要将统一的、封闭的、固定的人才模式变革为多样化、个性化的教学过程和教学形式。同时既要努力拓宽专业口径又要坚持按专业培养人才,既要制定人才培养目标和基本规格又要给予学生充分自由的发展,既要坚持教学工作的计划性又要给予学校、专业、教师和学生较大的灵活性。在教学管理上,推行学分制,施行选课、选专业等灵活的政策。

三、高校教育教学思想观念变革的趋势

进入21世纪以来,随着我国高校教育大众化进程的不断推进,在高校教育条件保障机制等方面遇到了前所未有的困难,由此引发的人才培养质量争议成为高校教育者讨论的热门话题。政府和高校教育相关人士通过回应这种社会争议的积极举动,既改善高校教育的条件保障状况,又注重将物化的环境与条件转化为人才培养所必需的制度建设,从而不断推进教学思想观念创新。

(一)全面落实科学发展观

科学发展观的第一要义就是发展,包括高校教育的发展、人的发展。围绕以人为本这个核心,人才培养工作必须是全面、协调、可持续发展的,这也是终身教育和学习化社会思想的基本要求。贯彻党的教育方针,推进素质教育,坚持"巩固、深化、提高、发展"的方针,遵循高校教育的基本规律,牢固树立人才培养是高校教育的根本任务、质量是高校教育的生命线、教学是高等学校的中心工作等都属于新的高校教育教学理念。

(二)建立健全大教育观

具体表现在创新高校教育资源共享上,通过新教材和立体化教材建设、网络教育资源开发和共享平台建设,建设面向全国高校教育的精品课程和立体化教材的数字化资源中心,建成一批具有示范作用和服务功能的数字化学习中心,完善服务终身学习的支持服务体系,提升我国高校教育的质量和整体实力。这需要充分考虑提高教学质量的系统性和复杂性,找到一些具有基础性、全局性、引导性的创新突破口,引导高校教育教学创新的方向,实现高校教育规模、结构、质量和效益协调发展。同时,要调动政府、学校和社会等方面的力量,将发展高校教育的积极性引导到提高教学质量上来,充分利用各方面力量支持高校教育的发展,切实解决高校教育在提高教学质量方面的实际问题,为高校教育办学创造良好的外部环境。

（三）高校教育教学创新

高校教育教学创新与高校教育质量提高是一对永恒的话题。总体而言，我国高等教育教学创新虽然在实践活动上可谓阵容庞大、气势恢宏，但在形式和内容上出彩不多。因此，在教学制度创新方面，要继续建立和完善教学评估制度、专业认证制度、高校教育基本状态数据发布制度等；在教学活动创新方面，不仅要落实"教授、名师要上课堂"，还要努力建设高水平教学团队。同时，应继续突出学生的主体地位，不断增加学生选课、选专业的范围，通过学分制使学生学习的自主性、自我责任心得到进一步增强。另外，还应通过各级各类大规模、高强度的教学研究与教学创新立项和成果奖励，推动建立教学方法创新的激励机制，从根本上改变教学方法创新零散、自发、孤立、短效的局面。

第三节 高校教育教学方法

一、高校教育教学方法概述

在已有研究成果中，对高校教育教学方法的分析和认识既有本质揭示型的，也有特征或过程描述型的。现在对高校教育教学方法研究的风向转向了"模式"路径。无论是本质揭示还是特征或过程描述，都存在一个致命缺陷：教师本位思想。这样，几乎所有关于高校教育教学方法的本质定义和特征归纳，都会陷入以教师为主导的"二元论"中，即从教师角度研究教授方法，从学生角度研究学习方法，而教授方法加学习方法就构成教学方法。这种逻辑思路分析得出的结果自然离高校教学活动真实情景距离较远，即教师的教授方法可以在没有学生参与的环境下进行，学生的学习方法更无须教师的直接参与。这两种游离的方法不是简单相加就可以组合成新的方法。因此，学界对传统的教学方法研究成果提出了批评。然而，批评与建构是事物发展的两个不同阶段，在建构尚无突破、也未引起足够重视的情况下，高校教育教学方法的研究转向了对"教学模式"的研究，随着教学模式研究的兴起，教学方法研究则更加式微。

其实，教学模式研究代替不了教学方法研究，或者仅仅是教学方法研究特殊阶段的一个尝试。很多教学模式研究成果显示，它属于教学方法研究范畴，教学模式是多种教学方法的综合。至于说教学模式是稳定的、典型的教学程式或策略或样式，这种表述背离了高校教育教学活动的本质，与高校教育教学活动特征不相容。因为高校教育的教学活动，尤其是教学方法，既不存在可以照搬、套用"方法组合"，试图设计或概括出一种模式加以推广也不符合高校教师、学生、学科专业、学校类型等差别化的实际。高校教育教学，它的本质是一种整体性的有机"活动场域"，教学方法就是维系这种活动场域的或隐性或显性的"脉络"，即在教师的教授活动领域与学生的学习活动领域中交叉重叠部分产生的信息传达、消化、反馈的思维、路径、手段以及氛围环境等。在这个交叉重叠区域之外的教授方法、学习方法或者管理方法，虽然对教学活动、人才培养有重要影响，但其不是严格意义上的教学方法。

在高校教育教学活动场域中，关于方法问题还不仅有教学方法一端，还有管理与教师活动交集场域的方法问题、管理与学生活动交集的方法问题。另外，教师和学生活动交集又与管理活动有一小块交集，问题的核心就在于此，即教学方法的掌控权限。假如教师、学生、管理者在整个教学活动中的作用是均衡的，而且教学方法的选择与使用也是深度融合的，则三者对教学方法掌控权的共同认可范围大约是各自三分之一的"他控"组合区域，各自的三分之二都是自我控制的。也就是说，在教学方法的控制问题上，管理者、教师和学生都不可用全部的单方面意愿来衡量整体和他方的教学方法，真正可以达到三方共控的，是小于各自三分之一的共同空间。教学方法的自由是"教学自由"的实践根源。

二、高校教育教学方法的特点

认识教学方法的特点是认识高校教育教学方法的理性提升。仅从明确提出高校教育教学方法特点和分类来看，几乎都是循着"探寻模式"和"分析过程"两种思路在进行。例如，薛天祥提出的课堂教学方法、自学与自学指导方法、现场教学方法、科研训练方法的"四分说"。陆兴提出的组织和实施学习认识活动方法、刺激和形成学习认识动机方法、效果检查和自我检查方法的"三分说"。我们通过分析大量教学成果的奖获奖材料以及"教学名师"的实践经验发现，对高校教育教学方法特点和分类的认识要首先回归教学活动本身。教学方法必须是在教学活动中充当"脉络"功能的东西，在教学活动之外的、教学活动中但不能充当活动"脉络"的，都不能归于高校教育教学方法考察范围。

在整个高校教育教学活动中，一切活动都是围绕"提高教学水平和教育质量、实现培养目标"这个中心的,并且任何活动都具有其方法、途径、手段。在专门人才培养过程中,课程是最基本的知识与能力体现单元,也是高校教育活动中学科和专业相互转化与结合的最小载体。学科是一个按照学术发展逻辑不断丰富起来的系统化的知识体系,专业是教育活动按照社会对专门人才要求所设计的一个相关学科知识体系群,开展这种学科知识体系群的知识传授和能力训练就是专业教育。可以说,专业是按照社会发展的逻辑变化的。课程是学科知识体系的分化单元,也是高校教育实施专业人才培养的最小的完整的知识与能力结构单元。高校教育的复杂性就体现在从课程这个知识逻辑体系到转化为接受教育的学生所获得知识与能力的微观过程之中,这就是教学活动。因此,研究高校教育教学方法必须把课程作为基点,与教学活动关联不大。确定教学方法的基本范畴,尚需进一步对教学方法的内在特点和结构进行细化。

高校教育教学方法特点的研究近来比较沉寂。早前"二性论"(专业指向性、学术研究方法接近性)、"五个培养论"(学生的自学能力培养、研究能力培养、实践能力培养、合作精神培养、创新精神培养)、"七方式论"等,几乎都是对教学方法的实现功能考察得出的结论,到了"三性论"(学生主体性、探索性、学科专业性),关于高校教育教学方法特点的研究才逐步回归到高校教育教学方法本身。

循着这种思路,在全面考察高校教育教学方法涉及的各个方面之后,我们认为比较集中的、显然区别于其他层次教学方法或者高校教育教学活动中其他范畴的特点主要有以下几个方面。

第一是可感性。可感性与抽象性、不可感知相对。教学方法虽然具有工具性,但一味强调甚至放大它的工具性是不利于创新的,所以要把它看作是维系教学活动被提升场域的"脉络",尽管"脉络"不都是可见的,但必须是活灵活现的。教学活动被提升到了面对面的"方法"程度,感性色彩就会非常浓厚,不仅要使参与者都能够感知"方法"的存在,还要富有效果。可感性是对教学方法的具体化概括,无论是语言、工具、形象、仪态甚至思路、能量等,都能够让人感触、感知、感觉得到。这就可以避免原来那种"方法是对知识进行加工并呈现出来"的片面性。可感性越强,可接受程度就越高。

第二是内隐性。内隐与外显、直白相对,近似于含蓄。教学方法的最终目的是教育学生,而无论从理论上分析还是从教学实践经验总结。对不同的人,或者对同一人的不同时段和处境,教育的方法是截然不同的,这就需要教学方法具有内隐性，不全是直白的指点、训斥。同时，一切社会认知都具有内隐性，根据心理学的研究，学习者对社会性信息感知的内隐性要强于其对非社会性信息的感知。这好比大厦结构中的钢筋和水泥，内隐性是"钢筋"，外显性是"水泥"，它们共同构成认知建构的基本结构。高校教育教学活动，虽然是专业性教育，但更多的是社会认知性学习，因此，内隐性是教学方法的普遍特点。

第三是双重性。双重性就是将事务的两种相对独立甚至对立的特性集于一体，很多事务具有双重性，高校教育教学活动的双重性尤为突出，在教学方法层面，教师和学生的主体双重性、教师和学生参与教学活动动机的双重性、目标的双重性、价值标准的双重性等都集中在一起，交锋交汇。具体而言，突出表现在教学内容、方式方法、手段，甚至是在目标与结果等教育内部体现上。这些关系有的是从属的、有的是背离的、有的是不确定竞争性的，还有的是客观性与主观性并存。总之，如果忽视高校教育教学方法的双重性，教学方法就会走向死胡同。

第四是微观性。微观是个相对概念，社会科学中，通常将从大的、整体方面去研究和把握的科学称作宏观科学，将从小的、局部方面去研究和把握的科学称作微观科学。在高校教育教学活动体系中，教学方法显然不属于宏观层面的概念或范畴，微观性是教学方法的实际处境，只有认识到这一点，才能准确分析教学方法的各种内在问题。任何提升或夸大教学方法层级的认识、企图都会将教学方法研究引向歧途。

第五是复杂性。复杂性是一门认识论、方法论科学，它是对"还原论"的批判和超越、对"整体论"的追求，或者说是既重视分析也重视综合、既关注局部也关注整体的系统科学的新发展。事物的复杂性是指在环境、条件发生变化时，不同行为模式之间的转换能力及其表现比较弱，某些新增条件似乎消解了一些元素。因此，要用非线性关系去把握局部与整体的变化。认识事物的复杂性，必须把握复杂性事物内在的非线性、不确定性、自组织性和涌现性。高校教学活动完全符合复杂科学的这些特征，因此，教学方法相应地具有复杂性特点。

第六是丰富性。感性活动的基本特点就是无限的丰富性，教学活动尤其是教学方法方式，既是有组织的合理性和合规则的建制活动，也是一种师生互动的感性活动。一名教师教授同样的课程，两次的教学感受以及教学方法可能是完全不同的，学生的学习感受也是如此。教学方法的丰富性实际就是教学方法的感性、复杂性以及双重性等特点的衍生结果。因此，期望用教学模式来"类化"教学方法的研究路径是违背教学方法规律和忽视教学方法特点的。

三、高校教育教学方法的分类

把握高校教育教学方法的基本特点，对高校教育教学方法分类这种表征性的概括就比较容易。高校教育教学方法的分类要从"种属"和"类别"两个方面分析，即按照类和种两个维度进行分解。第一个维度是"类"的角度，可以分为：①教学方法总论；②理论课程教学；③实践课程教学；④学习方法。第二个维度是具体的方式与途径，即"种"的角度，可以分为：①课程教学内容与体系创新；②教学方式方法创新；③教学手段与技术创新；④教学艺术与技巧创新；⑤教学方法模式创新与综合创新；⑥教学效果与质量检验方式创新；⑦教学组织方式方法创新；⑧教学方法创新理念与策略。建立这样一个二维方法结构表，基本可以反映高校教育教学方法的全貌，高校教育教学方法的所有特性也能够在其中找到相应的载体。高校教育教学方法研究就是要从高校教育教学活动的整体系统入手，深刻分析教学方法的特点，认识教学方法的规律，并在教学实践中有效运用教学方法。在进行高校教育教学方法研究时，有二个基本着眼点不能忽视。

一是课程：教学方法研究的逻辑起点。教学方法研究从何入手、不同的路径中可以产生不同的结论。例如，如果以教学工具为基点，就会使教学方法研究偏重实现教学的手段；如果以教师主体为基点，就会使教学方法研究走向"教师中心"一边。教学方法研究的适用基点可以有很多种选择。我们所理解的教学方法应该以教学内容为出发点，因为教学方法所承载的主要功能就是知识的传递、接收、转化与学生修养、思维、能力的培养。没有教学内容，教学方法就无从谈起。但是，教学内容是一个复杂的体系，大到学科专业的系统化知识体系，小到一个基本概念和定律、规律性常数等，针对不同的教学内容可能会出现不同层次的教学方法。

课程在发展演变中，曾被赋予过多种多样的含义，富有代表性的课程定义有如下几种：学习方案、学程内容、有计划的学习经验等。一般认为，课程就是系统的教学内容，是一系列教学科目的集合。具体而言，课程包括"教学计划""教学大纲"和"教科书"所规定和表述的内容。无论课程的定义表述如何，这里作为教学方法研究逻辑起点的课程特指高校教育课程。高校教育课程不同于基础教育课程，它具有自己的基本范畴和过程性特点。基本范畴就是高校教育课程一个系统性概念，最基本的是为达到某个教育目的而组织的一个单纯性教学内容。推而广之，还有教学科目、学科。过程性特点是高校教育课程的显著标志，无论哪个层次的"课程"都是为实现一定的教育目标而组织的教学内容，并且这些教学内容必须进入教学环节，参与教学活动。尽管从哲学、心理学、社会学以及交往论等不同视角对课程的过程性认识会有不同阐述，但"知识体系""教学资源""教育目的载体""组织模式"这几个核心概念是其灵魂所在。从起源上讲，课程就是"课业进程"。

教学方法是指以某一门具体教学科目为基础的教学交往活动要素，体现在孤立的一次教学组织活动或者在学科专业层面的全程教育活动中。在当前课程创新意义上，可以适当延伸到课程组群的教学活动，不仅有专业基础课程、专业课程或者理论性课程、实践性课程，还有从表现形态划分的显性课程、隐性课程等。因此，以课程为逻辑起点的教学方法研究，必然是丰富多彩的。

二是目标：教学方法研究的基本考量。这里的目标不但是高校教育人才培养规格目标，而且是指具体课程的教学目标，同时它还是整个高校教育人才培养目标的一个组成部分。这个课程教学目标既是课程体系的目标，还又是教学活动的实现目标。按照课程论的观点，高校教育课程设计具有基础性、实践性和国际性的发展倾向，那么，具体的单门课程目标，既有与其他相关课程目标的分离又有相互的衔接，即使整体人才目标的组成部分也各具自身的独特性。要达到这个目标，则是教学环节即教学方法所必须回答的教学问题。一般来说，将课程的知识结构体系传达给学生不是难事，而这不一定需要教师的参与，更无须教师设计教学方法。课程目标的重要任务是以知识体系为载体，通过教学活动达到训练学生能力、提高学生认知水平，并在一定程度上转化学生情感的效果。

因此，研究和分析高校教育教学方法，必须将实现课程以及教学目标作为考量依据，尽管课程与教学目标也是教学评价的重要依据，但如果在教学活动的方法选择上游离教学目标，那么在没有做到"教考分离"以及学生对教学评价主导地位难以落实的情况下，课程教学考核依然会在教师或管理者的一方主导下进行，不能反映某门课程的目标是否实现。这也是长期以来，高校教育教学活动中教师教书本、学生学书本、考试考书本，最后学生除学了一堆书本知识，实践能力、创新思维以及情感培育等非常欠缺的原因。

教学方法为实现教学目标服务，在教学方法被"艺术化"的倾向下，尤其要防止"为艺术而艺术"的思潮蔓延，使教学方法创新走上一条"为方法而方法"道路。无论是实施教学组织，还是运用教学方法，或是评价教学方法，都应该将课程及其教学目标放在首位，根据目标实现的程度和效果以及采取某种方法开

展　教学的效率来考量教学方法的好坏。在各种类别和层次的教学方法中，以一门课程的教学目标实现和其相应一个教学活动单元组织开展的教学方法是本节研究的领域。

第四节　高校教育教学方法创新的原则

建构高校教育教学方法创新理论是为了推进高校教育教学方法创新实践。高校教育教学方法创新的原则是以基本创新理论为前提，按照激化矛盾冲突、假设科学有效和追求教学效率最大化的基本规律，指导和规训创新实践的准则。以适切性为特征的创新原则和以有效性为特征的创新目标是不断发展变化着的，其不是一种判断教学方法的价值标准，它们在不同教学情境下有不同的要求，不可一概而论，否则就会忽视高校教育教学方法的复杂性和丰富性。

一、科学性原则

高校教育教学方法创新无论在方法论层面还是在具体的教学艺术与技巧层面进行，首先必须是科学合理的，而不是随心所欲的，其是科学性与艺术性的统一。同时，创新活动必须符合相应学科规训和教育学科规律的基本要求，违背任意一方面的基本要求，不仅不能达到理想效果，还会改变教学方法创新的本来面貌。为了做到教学方法创新符合科学性原则，在创新活动实施之前，应当对创新活动的实施以及结果进行评估，使其尽可能合理，操作更便捷

二、相对性原则

创新本来就是相对原有状态而言的，任何创新都不可能达到绝对的最优、及佳、最美、最先进的程度。教学方法创新的相对性，是针对人类既往所使用的一切教学方法而言的，都是总结和继承传统教学方法合理成分而开展的相对完美的创新。没有过去就不可能有教学方法的创新，无论从具体形式还是从组合方式，以及所产生的后果，只要取得了相比以前更好的效果，就是成功的创新实践。特别重要的一点，就是真正的教学方法创新必须是能够推广的，而不是"独门绝技"。以前的很多教学方法创新，虽然在个别或局部产生了比较理想的成绩，但

是推广价值不大，影响面小。这是我们开展教学方法创新所必须坚持的一项基本原则。否则，一切创新都会成为过眼烟云，不会给高校教育教学留下有价值的经验和财富。

三、适切性原则

教学方法创新的基本要求是符合教学需要，创新是实实在在的实践活动，不能有理想主义的侥幸心理。教学方法创新设想一定要适合教学内容、教学对象、教学目标以及教学时代与环境的需要，方法是服务于内容、服务于主体、服务于目标、服务于环境条件的，不同方法适应不同内容、主体、目标、环境。因为高校的基本教学要素几乎时刻在变化，这要求教学方法创新活动也必须每时每刻、无处不在。即使是同一个教学内容、相同的教学目标和同一个教学时空，学生的情况也各不相同，可以尽最大努力实施多样化的教学方法或教学进度。

四、开放性原则

高校教育教学方法创新需要有一个开放的环境和宽容的氛围方能顺利进行，现有的各种管理、评价、考核制度不是鼓励教学方法创新，实际上是限制甚至是在阻止教学方法创新。就教学方法创新的内在需要而言，一要有开放的视野，不要仅在教育学的圈子里也不要仅在已有高校教育学圈子里打转，创新就是突破和超越，因此要鼓励多学科、多领域、多国度的学习借鉴，当然这种学习借鉴必须是认真消化了的、切合高校教育教学基本要素需要的。二是在教学管理上对待教学方法创新必须是开放的，不要把课堂规定得太死，课堂就是教师和学生的课堂，要提倡把课堂还给教师和学生。三是在教学方法创新结果以及评价方面必须持开放态度，既然是创新，就要允许有多样化结果，不能用传统的结果观念和标准考量创新的教学实践活动。同时，在评价某位老师的某门课程的创新价值问题上，应该科学地看待评价主体的认识能力及其当下的感受，有时当下的感受可能是不现实的，需要用很长一段时间加以内化、比较后才能做出客观的评价，所以不应一味苛求课后即时评价。对教师来说，所谓的教学风格主要是其运用教学方法的相对固有模式，这种模式不在于让每一次教学活动都要感受深切，一定要让其有所变化，有所改进，教学风格是在一届又一届的学生事后评价中产生的。

五、公利性原则

公利即公共利益，它是与私有利益相对而言的，在人类社会发展中，对负面的"私利"的研究和剖析较多，而对普通的"公利"的研究较少公与私是一种系统联结概念，并非对立。"公"的根本价值在于为私服务，在于为私与私之间的利益分配提供公平保障。"公"是一个相对概念，从小处说是"私之外"，从大处说有国家民族之"公"有人类社会之"公"。利就是具有某种可用性的价值体，分自然存在物之利和人为事物或事务之利两种。高校教育教学方法属于人为的无形有用价值，无论是使用还是创新都属于公利范畴，按照"强互惠"理论就是一种典型的公利行为，如人类教育的产生、义务教育的规定性、高等教育大众化进程等都是宏观的公利性。教师在教学活动中的教学方法创新，必须是公利性的。

作为一个具体个人的教师，公必然源自私。但是，一定要注意处理"公心"与"公利"的关联。尽管出于"公心"，但要明确利为谁谋，这既不是指当下的自己和学生，教学方法的评价也不是当下就能评价的。私心谋私利，公心不一定都是谋"公利"，为了眼前的"公"谋利，是一种有回报的互惠交换行为，算不上公利性。另外，也不是常见的平均主义式的公平利益，而是适宜每个学生发展的内在的公平之利。

第二章　现代教育理念下高校教育教学概述

第一节　教育教学方法的问题及创新

知识作为无形的生产力不仅为社会创造了极大的财富，也促进了人类社会的进一步发展，而"人"作为社会的主体，其发展状况在受社会发展情况制约的同时也在反作用于社会的发展。因此，要想保证社会处于不断进步的状态，就需要通过教育培养出具有高素质、高能力的创新型人才，来为社会创造出更大价值。要想达成这一目的，高校在进行教育教学的过程中就必须要做出调整。本章针对高校教育教学的现状对现代创新型教学理念做简单的研究，并对如何改善教学方法做出论述。

进入 21 世纪后，我国的经济、文化、科技都处于飞速的发展状态，在这种形势下，社会和国家对现代教育理念下高校教育教学提出了较高的要求。为了确保现代教育理念下高校所培育的人才能够满足社会的需求，高校在教育教学的过程中也做出了相应的改革，为了确保现代教育理念下高校学生具有较丰富的专业知识、较强的身体素质和心理素质，高校在教育教学的过程中不仅要完善理论教学方式，还要通过各种教学活动对实践教学内容做出改变。在着重培养学生的动手能力的同时，进一步引导学生如何在未来的生活、工作中将所学知识转化成具体操作，使学生在实现个人价值的同时，能为社会创造更多的经济效益。所以如何培养具有高素质和创新思维的人才，是高校现在面临的主要问题，要想确保现代高校在教育理念下教育教学能够有质量的保证，就需要从学校自身的发展状况入手，实事求是，采取出创新教学的方式。

一、现代教育理念下高校在教育教学中存在的问题

一是教学内容过于保守。现在我国高校沿用的教学内容都是学校成立之初设

立的，在多年的教育教学过程中，虽然做出过相应的修改，教学内容的分布较为合理，但是在实际的教育教学过程中，还存在较多的不足。例如，不同专业中教材内容的组合不符合现代教育的要求，对教材知识传授的先后顺序也缺乏一定的考量，使学生在学习的过程中出现不连贯的现象。在现在的现代教育理念下高校中，教育教学的内容一直是以书本为主、多媒体设备为辅，以教师教为主、学生主动学习为辅。"填鸭式"教学依旧是影响现代教育理念下高校教学效率提升的主要因素。

二是人才培养与社会需求相脱节。"就业率"是衡量一所大学教学是否成功的标准。每年在高校毕业季之后，我国教育管理部门都会对高校学生的就业情况做出调查。虽然近年来各高校的就业率得到了很大的提升，在现代教育理念下高校学生中不会出现就业难的问题，但是这既不代表每一位就业生都可以找到一份适合自己的工作，也并不代表每一个企业都可以获得适合本企业发展的优秀人才，有很多学生在毕业以后所找到的工作与自己在大学中所学专业不符。这一现象既是社会发展现状造成的，也是现代教育理念下高校教育教学方式造成的，更是由学生个人的发展状况造成的。对一些学习能力较差的学生来说，学习自己并不感兴趣的知识是一件难事。在现代教育理念下高校学生中，有很多学生所选的专业既不是自己期望的，也并不是自己擅长的，因此他在进行专业知识学习的过程中，难免会出现懈怠心理。学校教师在教授这部分学生专业知识的时候会很费力，加之每个教师的教学方式不同，教学能力有限，使得这些学生在学习的过程中不会熟悉掌握专业知识，导致其个人专业素质得不到提高，无法满足社会对此类专业人才的需求。

三是学校教学管理方式陈旧。在高效教育教学的过程中，学校一直要求教师要规范教学，统一教学方式，确保教学活动在具有有效性的同时，也要保证教学内容符合教育的需求。在实际教学的过程中，这两项内容似乎不能进行完美的结合。保证教学的规范性和统一性就是在要求教师按照传统的教学方式传授学生所需知识，教学活动只能固定在课堂中，固定在多媒体设备中。教师一旦按照这种教学管理目标进行教学活动，教育教学的效率就很难得到提高，因为在此过程中，教师和学生的思维都会受到限制，并不是每个教师都具有丰富的教学经验，都能使每堂课的知识传授都能达到其所期望的标准。在这种教学管理模式中，不论是教师还是学生，都很难发挥教与学的主观能动性和创造性。

二、教育教学的创新研究

一是转变教学指导思想。现代教育理念下高校教育教学的指导思想一直是以传授给学生专业知识为主,使学生在以后的工作过程中能够具有相关的专业技能。在落实这一教学指导思想的过程中,往往存在着很大的偏差,教学成果远远没有教师所期望的好。要想保证现代教育理念下高校教育教学能够发挥出最大的优势,就必须转变教学指导思想,要冲破传统教学理念的束缚,要求教师在教学的过程中,不仅要以传授知识为主要目标,还要以启发学生自主理解知识为重要目标,激励学生在学习的过程中构建自己的知识框架,教师在教学的过程中能合理布置知识内容,保证每个学生都能够主动了解其所学知识,加深其对所学知识的印象,并通过教师的引导来掌握知识。

二是改革教学内容。教学大纲作为教师进行教学活动的指导性文件,其规定的内容不仅是教师教授的内容,也是学生所要学习的内容。学校要想对现有的教育教学情况做出改善,现代教育理念下高校首先就应该根据实际教学情况,对学生学习的主要内容做出调整。学校要合理修改教学大纲中的内容,根据时代发展的状况以及学生的学习情况做出教学内容的修改,对教学大纲中比较落后的教学内容以及不符合时代发展理念的教学内容予以剔除。另外,在制定教学大纲的过程中,学校要用发展的眼光去对待现代教育理念下高校教育教学的变化、最好是以阶段性管理为方法,不断更新教学大纲中的内容,保证其在特定的时间内发挥最有效的作用。教学内容更新的时间既可以根据学校的发展状况来定,也可以根据社会的发展状况来定,最好是以 10~12 年为一个期限,根据每代人的发展需求来调整。只有这样才能保证学生所学习的知识符合社会的需求,保证学生获得的知识具有实用性和前瞻性。

三是深化教学体制改革,完善教学方法。各高校要想适应社会的发展需求,保证培养出的人才能够为国家为社会创造出更大的经济价值和劳动价值,其在教育教学的过程中,就必须做出相应的改变,其中较为重要的就是教学体制的改革,而教学体制改革的重中之重就是管理体制的变化。在如今的现代教育理念下高校办学过程中,学校在进行管理的同时要更加注重"以人为本",保证教师和学生在工作和学习中都能获得保障,在维护学校与教师和学生之间的关系的时候,要充分发挥出管理制度的公平性和人文性,处理好个体与集体的关系;保证学校能够为学生提供和谐舒适的学习环境,能够为教师提供公平合理的竞争平台。学校通过结合相应的管理制度使教师在教学的过程中，更加注重自己的教学成果，要求其在教学方式上做出不断地调整，保证教学方法具有高效性。

学校不仅是学生获取知识的地方，更是学生提高个人素质、提升个人能力的桥梁。学校要想使教育教学活动能发挥其所具有的优势，就要在教育教学的过程中，让学生进一步明确知识的重要性。学校要以积极的方式去引导学生，让学生明白，知识是提升一个人价值的手段，在知识经济时代的今天，学生要想通过良好的方式获得生活所需，拥有更好的前途，就要继续学习，用知识武装自己，这样才能够实现自己的奋斗目标。

第二节　现代教育理念下高校教育教学质量提升路径

现代教育理念下高校的发展与其教育教学质量息息相关，在现代社会快速发展转型的关键时期，教育教学质量已成为现代教育理念下高校生存和发展的生命线。高等院校应紧抓质量发展这一生命线，深究影响教育教学质量的各项因素，有针对性地探索现代教育理念下高校的发展之道。

建设教育强国是中华民族伟大复兴的基础工程，必须把教育事业放在优先位置，加快教育现代化，办好人民满意的教育。加快一流大学和一流学科建设，实现高等教育内涵式发展，是当前中国特色社会主义事业建设的重心所在，是党和国家对我国高等教育提出的明确要求。发展高等教育事业，构建现代教育理念下高校教育教学质量保障体系，提升教育教学质量是当前我国现代教育理念下高校发展的共同愿景，也是现代教育理念下高校教育教学的核心要务。

一、影响现代教育理念下高校教育教学质量的因素

一是研究现状。在现代教育理念下高校教育教学质量影响因素的研究中，既要从我国发展实际出发，又要借鉴优秀的研究成果，要将以优秀的研究成果作为现代教育理念下高校教育教学体系构建的基点与抓手。同时，为现代教育理念下高校教育教学质量保证体系的构建提供借鉴参考，从而提升现代教育理念下高校教育教学质量保证体系的实效性与科学性。

二是国外学者对现代教育理念下高校教育教学质量影响因素的研究。美国斯坦福大学教授李·舒尔曼指出，影响现代教育理念下高校教育教学的因素是多样

化的，并提出在教育教学过程中，教师、学生、课程是主要影响因素。教师层面主要指教师的思想观念、研究能力对教学内容、学术活动、教学活动的影响。学生层面则是外界环境对学生判断力、思维养成、习惯感知、思想观念等的影响。在课堂层面，李·舒尔曼提出课堂是教师与学生联系的桥梁与纽带，教学活动直接影响着学生的能力。国外学者麦克尔·邓肯指出，预知（教师的教育教学经历和体验、专业成长历程及专业认同度）、环境（学生的成长环境、学校环境、社会环境）、过程（课堂教学组织与学生评价）、产出（学生人格成长及变化）是影响现代教育理念下高校教育教学质量的主要因素。

三是国内学者对现代教育理念下高校教育教学质量影响因素的研究。北京大学王义遒教授提出，不良社会风气、学生规模快速增长、师资力量不足、教学硬件设施欠缺、学制缩减、教学目标定位不当、管理不到位等是影响现代教育理念下高校教育教学质量的主要因素。王义遒教授同时强调社会风气，即教风、学风是最大的影响因素。广西师范大学周琨武、黄敏认为，教育教学质量是多项指标的综合反映，其影响因素主要有教师因素，即教师学识与师德；学生因素，即生源状况、思维与创新能力、学习态度等；教育技术因素，即多媒体等现代化教育设备不齐全，教师操作方法不熟练；课程结构因素，即课程结构不合理；教学管理因素，即现代教育理念下高校内部各项管理状况；教学设施因素，即教学设备、图书资料、实验仪器的储备不足；实践教学因素，即实践教学落实不到位。洛阳大学董延寿指出，影响我国现代教育理念下高校教育教学质量的主要因素在于教育经费投入不足，学校领导过于重视外部规模建设，而忽视了整体教育教学质量的提升，在大众化教育教学背景下，生源质量有所降低，教学设施不完备，教学条件有待提升，质量评价体系不完善。

综上，国内外学者主要从教师、学生、教育过程等方面入手，对现代教育理念下高校教育教学质量影响因素进行了探索，为本节的研究提供了有价值的理论依据。多数学者虽然侧重教与学两个方面，但影响现代教育理念下高校教育教学质量的原因很多，各个环节、各项因素都有可能影响教育教学质量。因此，笔者从教师、学生、课程、教学资源等方面出发，探讨影响现代教育理念下高校教育教学质量的因素，以期强化本节研究的客观性与全面性。

一是教师因素。教师是教育教学活动的组织者、实施者，教师的水平直接关系着教育教学的质量。在大众化教育发展趋势下，现代教育理念下高校扩招趋势明显，师资配备情况不及学生规模扩大之速，导致师资力量薄弱，师资数量欠缺，教学活动负重前行。教师学术背景、教育能力、专业技能等是开展教育教学活动的基础，而一些教师忽视了对自身知识与技能的更新和补充，就很难适应快速发展的现代教育理念下高校教育教学要求。另外，有些高校将教师科研成果作为评价指标，导致教师只专注于科研工作，忽视教育教学工作的开展，敷衍应对教育教学各项工作。现代教育理念下高校教育教学质量的提升需要教师的全程参与，然而有些教师忙于学术研究及参与社会活动，极少愿意带课，导致高校缺乏高水平的师资队伍。

二是学生因素。学生是教育教学的主体，也是教育教学质量的决定性因素，学生自主学习意识与能力直接影响着教育教学的整体质量。尤其是在高校扩招背景下，录取门槛的降低在一定程度上影响了生源质量，越来越多的学生进入大学校园，学生的知识储备、学习能力各异，这无形中会增加教学的难度。应试教育影响下，进入高校的学生仍然固守被动接受知识的习惯，创新思维有待开发。另外，有些学生认为进入大学后课业压力不大，只要保证不挂科就能够拿到毕业证。因此，学生的学习态度不端正，学习目标浅显化，迟到、早退现象极多，严重影响了现代教育理念下高校教育教学质量的提升。还有些学生觉得当下所面临的就业压力大，在校期间将精力集中于考取各种证书上，无法顾及正常的课程学习，导致高校教育教学质量下降。

三是课程因素。教育教学活动的开展需要通过课程教学来实现，课程体系、课程结构直接影响着教育教学质量的提升。当前高校教育教学工作中普遍存在课程体系构建不完善，教学内容偏向记忆性的理论论述，缺乏创新性教学内容，教材内容更新速度与社会发展需求相脱节等问题，这些都难以有效培养学生的创新思维和创新能力。同时专业课程建设侧重学科特征而忽略学科的交叉性，不利于复合型人才的培养。

四是教学资源因素。教育教学资源包括教育经费、教学设备、实验仪器、图书资源、教学条件等软硬件设施。近年来，国家不断加大现代教育理念下高校软硬件设施的投入力度，新媒体教室、语音教室、实验楼等不断改扩建，多媒体设备、实验设施、图书资源不断扩充，而学生规模也在快速扩大，导致学校在软硬件教学资源的投入上仍显滞后。

五是其他因素。现代教育理念下高校教育教学活动是一项系统、复杂的工程，其包括诸多内容与环节，各项内容与环节都与教育教学质量紧密相关。对教育教学质量的影响除了上述因素，还包括校风、学风建设，实习实践机会，学术研究环境，教学管理理念与管理制度、学校日常管理状况、社会的支持与帮助等内外部因素。

二、提高现代教育理念下高校教育教学质量的措施

一是强化师资队伍建设。教之本在于师。不管何时，教师都是教育教学活动的根本，是教育教学质量得以保障的决定性力量。在高校扩招背景下，学生数量激增，导致师资力量不足，教师年龄出现断层的问题。高校应在教师竞争上岗、学生选课选教师的竞争机制下，创新引入机制。例如，可以让教师挂牌上课，对选课人数多的教师给予表扬及实质性的奖励，激发教师教学的积极性；可以提高教师待遇，强化教师教学动力，促使教师全身心地投入教育教学活动中；可以返聘有丰富教学经验及学术研究能力的离退休教师重返教学岗位，这样就可以留住优质的师资力量，离退休教师可以对年轻教师的教学工作给予相应的指导，发挥传、帮、带作用。同时，现代教育理念下高校应加大青年教师的培训力度，提升其专业技能及教学能力，以弥补师资不足的问题。

二是优化专业结构设置。第一，以市场需求为导向，调整专业设置。社会需求是现代教育理念下高校人才培养的导向，也是现代教育理念下高校教育教学的指南。现代社会信息化、科学化发展迅速，需要的是应用型、创新型、复合型的人才。因此，现代教育理念下高校在专业结构设置上，应密切把握市场发展动态，强化现代教育理念下高校内涵建设，调整学科专业结构，以精品专业打造现代教育理念下高校品牌优势，促进教育教学质量的不断提升。第二，基于专业培养目标，完善教学体系。实现培养目标是完善教学体系的目的，现代教育理念下高校教育教学讲究知行合一，学以致用。因此，现代教育理念下高校在教育教学体系设计上应统筹理论课教学与实践教学的关系及落实力度，针对不同专业的培养目标及发展需要，合理调整理论教学与实践教学的比例。在教学中根据专业特点与培养需求，适时增减教学内容，使其契合现代教育理念下高校人才培养需求与未来就业创业需求。第三，创新教材内容，促进专业发展。现代教育理念下高校可根据学科建设需求更新教材内容，采用新编教材，尤其是财经、理工、农医等发展较快的专业需要使用近三年编制的教材，以使高校教育教学内容始终处于时代发展的前沿。第四，强化学风教风建设。学风，即教育教学环境。良好的教育教学环境能让学生沉浸在积极的学习氛围中，在潜移默化中激发学生学习的积极性。现代教育理念下高校在学风建设上，可从规范考风考纪入手。教育家陶行知将考试

作弊的危害归纳为：欺亲师、自欺、违校章、辱国体、害子孙。对考试作弊问题，高校管理者应加强监管，通过张贴悬挂警示语向学生说明作弊之害，严格把控考试过程，利用电子屏蔽仪屏蔽电子设备信号，对学生加强防范，加大教育与引导力度，严惩作弊行为，在全校范围营造良好的学习氛围。教风是教育教学精神、态度与方法的集合，是教育教学之风气，良好的教风可以带动学风。教师是学生的榜样，学高为师，身正为范。因此，现代教育理念下高校管理者应加强师德师风建设，着力培养教师的教育思想、职业素养。教师应从自身做起，加大自身知识储备李力度，树立高度的教育责任心与敬业心，对学生有爱心和耐心，认真对待每一堂课、每一个学生，创新教育教学方法，丰富教育教学内容，活跃课堂氛围，努力营造良好的教学风气。优良的教风和学风不仅可以促进教师与学生共同发展，而且可以为现代教育理念下高校教育教学质量的提升营造积极的外部环境。

第三节　现代教育理念下高校教育教学改革的动力机制

我国改革开放以来，我国对教育的重视程度越来越高，尤其是对现代教育理念下高校教育教学来说，改革是教育行业主要研究方向。但是，由于教育体系本身具有的复杂性，或多或少存在些问题。因此，本节着重对整体改革过程中的动力机制进行探讨，有助于教育行业的有效发展。本节旨在分析现代教育理念下高校教育教学改革过程中的动力机制问题，结合外部因素和内部因素共同作用，通过两者之间相辅相成的关系，促使动力机制在现代教育理念下高校教育改革过程中发挥巨大的作用。

由于"科教兴国""知识就是力量"等教育理念逐步深入人心，高等学校的教育教学改革成为社会共同关注的一个热点问题。根据相关文献综述和资料查询，各学者将现代教育理念下高校教育改革的主要动力机制分为两个方面，其一是外部动力机制，是促进改革进步的显著诱因；其二是内部动力机制，是实实在在的改革基础和关键。只有将这两种动力机制有效地结合在一起，才能有力地促进现代教育理念下高校教育教学的改革，为我国经济社会的发展培养优秀的人才。

一、现代教育理念下高校教育教学改革动力机制的含义解析

所谓机制，字面意思既可以指有机体的构造、功能及其相互关系，又可以指机器的构造和工作原理，但是，在本节中的意思，其实是一种社会学范畴下对领域具体解析的概念，根据相关知识，可以分为推动机制、发展机制、联系机制等，其本质则是用于描述动力和事物发展过程之间运动、发展的内在联系。推动机制、发展机制、联系机制这三种机制之间的相互联系，能够有效促进社会有效力量的形成，不但可以促进事物在历史长河中的发展和变化，而且可以使其向积极的方面发展，有助于引导并促使低级别的事物向着高级别的方向发展。因此这一机制在现代教育理念下高校教育改革的应用过程中，具有显著的重要意义。现代教育理念下高校教育教学改革的动力机制就是这样一种宏观变化机制，在借助外部动力机制的引导作用下，结合内部动力机制这一基础，两者相互借鉴，从而在整体上推动现代教育理念下高校教育教学改革的发展。

二、促进现代教育理念下高校教育教学改革发展的动力因素

（一）外部动力因素

高等学校与中学和小学的不同就在于其具有相当大的独立性和自由性，无论是上课的形式还是学生自主学习的能力、老师的授课方式等，都具有很强的可变性。有人将高等学校称为象牙塔，认为这是一种与社会脱离的环境，实际上现代教育理念下高校就是一个具有系统性的结合体，不仅仅与内部的学生、教师等相关，而且可以与社会上的各种因素具有千丝万缕的联系。就目前来说，我国高校在教育教学改革方面借助政府的调控和师生的参与形成了多种具有促进性的动力因素。其中外部因素主要指的是社会环境中的因素，如政治、经济、文化、科技等在发展过程中对高校提出的新要求。不能够忽略的一方面则是各高校之间由于教育系统不同而产生竞争，从而形成的外部动力。这些外部动力因素都和现代教育理念下高校教育教学改革息息相关，并且在政府和社会、教育家、教师、学生等多方的共同参与下，将行政条令作为标准、公众参与作为灵活操作手法，来形成一个自下而上和自上而下相互结合的改革平台。

（1）科技因素。在现阶段的中国，乃至世界的发展过程中，科技象征着一

个国家现代化、力量化的地位。因此，科技对现代教育理念下高校教育教学改革也具有重要的促进作用和驱动作用。大部分高校在发展的过程中，由于经济和科技力量的不足，往往在改革的进程中会出现"改革惰性"。教育模式多是沿用传统的"填鸭式"教育，只注重对学生知识能力的培养，而忽略对其实践能力的促进。科学作为一种手动性和操作性极强的动力因素，已经被广泛认知为社会发展的"第一生产力"，从而成为促进整个社会能够迅速发展的催化剂。我们必须认识到科学技术在现代教育理念下高校教育教学改革的重要性和挑战性，只有摒弃传统教育模式下的弊端，借助科技的发展来达到教育进程中先进要求和缓解由于落后手段所激发的矛盾。

（2）经济因素。经济是人类在社会生存中所必备的物质基础，也是对其生活水平、精神层面有效提升的决定性因素之一。因此，它会对现代教育理念下高校教育教学改革产生一定的影响。一方面，经济为现代教育理念下高校教育教学改革提供物质保障，使得其在改革进程中不受经济条件的制约；另一方面，现代教育理念下高校对经济的作用也将渗透到改革的各个环节中去。例如，现代教育理念下高校的管理制度改革，只有在充裕经济条件的支持下，各类基础设施才能完备，才能有效促进对现代教育理念下高校自然环境教育环境、生活环境的改善。当然发展经济更多的是对现代教育理念下高校教育体制、专业结构的丰富性形成做出了巨大的贡献。

（3）人文因素。主要是由参与现代教育理念下高校教育教学改革的多方角色决定的。通常人们的思想水平、价值观念、心理态度等人文性较强的方面对现代教育理念下高校教育教学改革具有重要的作用。传统教学只注重知识水平的提升，是片面的，只有将人文情怀和实践能力、操作能力等有效地结合在一起，使其在现代教育理念下高校改革过程中，各个主体的思想、观念都焕然一新，才能有效推动现代教育理念下高校教育教学改革。

（4）竞争因素。这多是来自同一领域不同层次的现代教育理念下高校之间，彼此能够形成有利的竞争和合作意识，使得现代教育理念下高校改革成为一把"双刃剑"，既能够促进其在优秀方面有更大的发展，也能够减少其弊端的暴露，并加以改进。辅助以政府、科技、经济、人文等因素来共同促进现代教育理念下高校教育教学改革的顺利进行。

（二）内部动力因素

外部动力因素对现代教育理念下高校教育教学改革具有一定的推动性和引领

性，但仅仅这一方面努力是不够的，只有结合学校内部的教育体制、文化生活等内部动力因素，才能够使得改革处于时刻变化的状态之中，实时解决改革中出现的相关问题。

（1）人才因素。现代教育理念下高校教育最为主要的目的就是为国家的建设培养多方位、专业化的人才。因此，人才因素是促进现代教育理念下高校教育教学改革主要的内部动力因素之一。由于生源的扩招和教育水平的提升，越来越多的学生能够进入大学学习，一方面促进人才的培养；另一方面，也预示着我国的高等教育进入了大众化的阶段。现代教育理念下高校放低招生要求，使学生的质量和能力有可能不会满足学校的要求，因此，大量的学生在毕业之后找不到工作，在无形之中增添了社会的压力。因此在面对这一消极事态的发展过程中，优秀人才的培养需要成为现代教育理念下高校改革的主要出发点。

（2）教育因素。所谓改革就是改掉不好的，提倡向好的方面发展。教育改革则是为了将现代教育理念下高校教育教学过程中的不良现象进行清除，促使整个发展阶段是在以社会需要的前提下，朝着良好的方向发展。只有解决现阶段现代教育理念下高校教育中的弊端问题，对症下药，将不合常理的方面进行控制或者消除，才能够使得现代教育理念下高校教育教学改革具有意义。

（3）自主因素。自主因素是根据现代教育理念下高校在办学过程中具有的办学自主权提出来的，即现代教育理念下高校具有自主的决策权、执行权、发展和约束权。但是这些权利需要社会、政府等方面做出保障，将宏观调控和微观处理的手法结合起来，促进现代教育理念下高校的改革能够适应社会的发展要求，从而使其得到一定的保障。

（三）内外部动力因素的联系

内部动力因素和外部动力因素相互结合，彼此互相提供保障，共同作用于现代教育理念下高校教育教学改革进程。这是因为自然界中存在的事物离不开外在力量的推动和内在力量的调控。对现代教育理念下高校改革来说，改革的过程既需要国家、政府以及经济、科技等宏观因素的调控，也需要结合现代教育理念下高校自身的情况，充分发挥其内部师生的自主性以及教育资源的公平性，保证实现现代教育理念下高校教育教学改革的顺利完成。

综上所述，现代教育理念下高校教育教学改革需要紧跟时代的步伐，结合外部动力因素和内部动力因素，形成具有协调性的动力机制。无论内外，只有积极做好本职工作，发挥本体的能动性，才能促进现代教育理念下高校教育教学改革的发展，为我国人才培养做出相应的贡献。

第四节 现代教育理念下高校教育教学督导的实践与发展

20世纪90年代，我国部分高校开始借鉴基础教育督导机制，建立教学督导机构，现代教育理念下高校教学督导模式逐渐发展，检查、监督、评价、指导和激励等教学督导机制逐步被引入现代教育理念下高校教学管理中，在促进教学改革、加强教学管理、树立教学典范、改进教学工作、提高教学质量等方面发挥着重要作用。多年教学督导实践促进了学校教育教学及其管理工作的规范化、科学化、效益化以及青年教师的成长，为学校教育教学质量保障与人才水平的提高奠定了坚实基础。

一、基于质量保障的教学督导实践

合理的聘任与薪酬机制助力教学督导活动稳定有序开展。督导队伍是现代教育理念下高校教学督导工作有效开展的人力保障。为保证督导队伍稳定及其工作的持续性，学校成立教学督导办公室并挂靠教务处，专门负责督导队伍建设等工作。依据学校人事制度及督导工作条例，学校教务处按照督导聘任程序组织每年的教学督导聘任工作。一般根据校院两级教学督导工作的实际和需求，合理选聘一批教学及管理经验丰富且具有高级职称的教师组建高素质的督导专家组。学校教学督导组由兼职退休教师组成并由教务处负责聘任，主管校领导颁发督导聘书。学院原则上以兼职退休教师为主。部分学院也可以吸纳一些在职教师从事教学督导兼职工作，学院督导聘任由学院负责报教务处备案即可。为保证教学督导专家持续的工作热情，学校为督导专家配备专门的办公室和办公设备，划拨专门经费解决督导专家的薪酬问题，表达了学校对教学督导工作的重视、肯定与支持。学校可以根据督导专家工作量及工作成效，实时调整其薪酬，学院也根据工作量多少适当配备一些补充经费来鼓励专家督导工作的积极性和实效性。总之，庄重的聘任仪式和合理的薪酬机制可以为教学督导稳定有序开展提供保障。

有效的教学督导工作模式可以助力教学管理规范化与决策科学化。现代教育理念下高校教学督导的主要职能是监督检查与指导。通过积极履行督教、督学、督管等工作职能，可以为学校教学管理的规范化与决策科学化以及青年教师的健康成长、保证教学效益等方面做出积极贡献。

一体化的督教、督学与督管助力教学管理规范化以及随堂听课检查是实现督教、督学的主要方式，随堂听课检查不仅是检验教师教学质量，也是检验学生学习效果的重要途径。通过随堂听课，督导专家能结合评教指标及时发现教师教学问题并有针对性地提出改进建议。通过随堂听课，督导专家能观察医学生学习风气、学习兴趣、学习状态和学习效果，为有效管理学生提供依据。通过随堂听课，督导专家可以从观察课堂教学组织、教师备课、作业批改、指导学生等情况来检查教学管理的基本情况，从而督促校、院两级教学管理机构及其管理人员及时根据督导反映的情况进行调控，从而促进教学管理规范化。根据教学工作规划与教学实际，学校教务处每学期会确定重点听课任务及听课对象。目前学校听课对象大概为五类：一是学生评教、同行评教全校排名靠后或评教分数不合格的教师；二是学生教学信息员座谈会或教师教学意见反馈座谈会中反映的一些上课效果不好的教师；三是每年或每学期新引进的教师，其需要通过随堂听课接受督导专家指导与认可，以确保新教师教学质量符合学校要求；四是每年拟晋升职称的教师以及每年确定的新承担教学任务的研究生助教；五是根据一个聘期内所有教师被督导专家听课检查而确定的被听课教师。通过随堂听课，一方面督导专家会现场与被听课教师沟通听课情况；另一方面，会实时与教务处、学院（学系或教研室）反馈沟通，确保学校、学院和教师都能及时了解教学一线情况，帮助和指导教师改进教学，提高教师授课质量和水平。另外，督导专家还可以积极参与教学大纲审定、课程建设、教学例会、教学工作会、学院教学管理水平检查、医学专业认证等督教、督管工作，以及参与试卷抽检、毕业论文抽检等督学工作来督察学生学习成效，确保教学管理规范化。

深入一线调研助力教学决策的科学化可以为校、院两级教学管理部门和领导提供决策建议，也是教学督导行使职能和发挥作用的重要途径和方式。除了随堂听课，督导专家还可以积极深入课堂教学一线调研，详细了解教学一线实际情况并认真听取一线教师的教学需求与意见，积极总结、归纳并撰写调研报告，通过督导座谈会、工作总结会等途径积极建言献策。围绕学校教育教学改革、教学设施配备、课程设置与专业建设、教育培训、青年教师培养、教师队伍建设等提出许多有价值的参考建议，助力学校教育教学决策科学化。另外，在各类教学工作评价标准修订过程中也要充分发挥督导专家的作用。总之，无论是调研报告撰写，还是评价标准的修订，都是教学督导专家参与学校教学决策的重要方式，这些都利于学校教学决策的科学化。

持续的教学指导助力青年教师健康成长是教学督导的主要工作之一，也是他们发挥优势、实现价值的有效途径和方式。除日常随堂听课的教学指导外，督导专家还指导青年教师积极参与各级各类青年教师教学基本功比赛，从教案书写、教学方法选择、教学手段运用等各个方面指导青年教师，促进其教学水平的提升。另外，教学督导专家还可以通过指导青年教师参与教学改革、积极开展教学研究、申报各级各类教育教学改革课题等助力青年教师成长。

较强的责任意识和无私的奉献精神可以助力教学督导持续有效推进。督导队伍较强的责任意识是教学督导工作持续有效稳步运行的动力源泉。学校大部分督导专家抱着为学校教育教学工作发挥余热、不计名利的责任意识和积极心态投入工作。他们无私奉献的精神可以感动，并激励青年教师乃至全校师生在教育教学工作方面的热情，保证了学校教学督导工作持续有效推进，并为学校教育教学质量保障与水平提升做出了贡献。

二、新时期现代教育理念下高校教育教学督导工作的思考

新时期教育部和北京市政府教育督导机构与职能的变化，进一步显示出督导工作的重要性，也对新时期现代教育理念下高校教育教学督导工作提出了更多要求和挑战。

加大督导支持力度，助力督导工作全面化与系统化，当前现代教育理念下高校教学督导结构设置与职能发挥，不利于现代教育理念下高校教育督导的全面化与系统化，需要加大支持力度，促进教学督导向教育督导转化。调查发现，当前现代教育理念下高校教育督导大致分为三类：一是高校设置近似权力机构的"监察部门"对学校人事、教务、科研、后勤等进行监督。二是对学校教学、学科建设的督导，侧重教师聘用、职称晋升的鉴定和评审。三是定位于教学督导，广泛存在于我国大部分现代教育理念下高校。督导机构命名大致为教育督导组、教育督导室、教学督导组以及听课团，一般作为教务处科级机构，或与高教研究室合并。教学督导是现代教育理念下高校教育督导的一部分。如果以教学督导代替教育督导，就会缩小教育督导的职权范围。因此，新时期现代教育理念下高校教育督导工作要加强建设，助力现代教育理念下高校督导全面化与系统化，为现代教育理念下高校教学质量全面提升奠定基础。

加大督导培训力度，助力现代教育理念下高校督导工作专门化。督导专家的素质与水平决定着现代教育理念下高校教育督导职能效益的发挥。考虑到当前现代教育理念下高校督导专家多为兼职，可以考虑吸纳部分专职人员参与督导工作。同时加强督导培训是进一步提高督导专家业务素质和水平的重要途径。总之，现代教育理念下高校要加强督导人员遴选、督导方法体系完善、督导培训、督导信息化、督导职能转变等工作，逐步确立现代教育理念下高校教育督导的地位并实现专门化。

第五节 现代信息技术与现代教育理念下高校教育教学深度融合

以计算机、网络技术以及现代通信技术为代表的现代信息技术是当代科技发展的主要领域，技术变革教育也势在必行。将人工智能、大数据、云计算、"互联网+"等现代信息技术与教育教学进行深度融合发展，以实现教育领域的"中国梦"。

在21世纪，信息就像"血液"一样流淌在社会各行各业中，尤其是现代信息技术已经广泛渗透，对人们的生活、学习和工作产生了深刻影响。同样教育也不例外，从国家关于教育的发展规划到学校一线教师的探索应用实践，从现代信息技术辅助教育教学到现代教育技术辅助学生学习，再到现代教育技术与教育教学深度融合发展，现代信息技术必将对教育教学产生较大的影响。

一、现代信息技术概述

以计算机和其网络技术以及现代通信技术等为代表的现代信息技术，是当代科学技术发展的主导领域，现代信息技术正以其他技术从未有过的速度向前发展，并以其他任何一种技术从未有过的深度和广度介入社会的方方面面，教育领域也不能例外。持续推动信息技术与教育深度融合，信息技术和智能技术将深度融入教育全过程，继而推动改进教学和优化管理。

北京师范大学的何克抗教授认为新兴信息技术主要包括：可以改变人类教育方式和学习方式的大数据，推动优质教育资源共建共享的云计算，将人们的学习、生活和工作融为一体的人工智能，以及基于网络的"教与学"平台，期望未来可以在信息技术的这四个方面加大开发和应用力度,早日实现教育信息化领域的"中国梦"。

二、现代信息技术应用于教育现状分析

现代信息技术在教育中的应用,目前主要还停留在辅助教师教学和辅助学生自主学习阶段,有的高校虽然建立了智慧教室,但是使用率不高,学习效果也并不明显。

教师利用多媒体技术进行教学。多媒体技术在教学中的应用已经非常普遍,利用多媒体展示教学内容,用文字、声音、图片、动画、图形等展示教学内容,使教学内容更加丰富多彩、形象生动,可以大大提高教学效率,增加学生学习的兴趣,从教学方法、教学内容等方面改变了传统的教学模式,是现代信息技术在教育中的初级应用阶段。

学生利用网络课程进行自主学习。现在高校各种网络课程正在如火如荼地进行着,从开始就潮起云涌的MOOC,到现在热火朝天的SPOC,高校在利用现代信息技术开展教育教学的同时,不断总结、完善和补充,以期得出最有效的教学手段和方式方法。在网课的发展过程中,教育工作者和一线教师投入大量的人力、物力和财力开发网络课程,可是这些资源的利用率较低,学生参与度低,因为缺乏约束,很多学生没有完成课程学习,也没有达到预期的学习效果。为了改变这种现象,集传统教学和MOOC两者优点而避其缺点的小规模限定性在线课程SPOC兴起,被认为是当下最有效的教学方法,是现代信息技术在改善教学方法、教学手段以及教学模式等方面的应用。

当前很多高校建立了智慧教室,利用现代信息工具多屏展示、触摸电子设备参与学习和讨论,学生通过动手参与,提高其学习的主动性和积极性。但是我国现代教育理念下高校目前还没有真正实现小班化教学,班级人数过多,不太适合这种智慧教室授课模式;智慧教室不能适配所有课程的教学,导致很多学校的智慧教室使用率不高。

跨校、跨区网络共性课应用受限。目前有些高校实现了网络联合授课,学分互认,但是这方面的应用相对来说还是非常有限,只是在某些学校的某些科目可以实现,很多现代教育理念下高校学生还是停留在本校课程教学,对一流现代教育理念下高校的优质教育资源可望而不可求。

三、现代信息技术与现代教育理念下高校教育教学融合路径

随着智能终端设备、5G 网络和通信设施的性能提高，现代信息技术得到迅猛发展，学校应探索并将其深度融合到教育教学的新途径中。

人工智能环境下高校利用教育机器人进行专业基础知识的普及。目前虽然在学前教育和小学教育中已经开始利用机器人普及基础知识，但在现代教育理念下高校却非常少。高校因为受专业限制，不同专业需要不同的专业知识，软件开发难度大，对机器人的要求高，如对热点问题的解答、未来本专业发展趋势等。知识的更新总是落后于当今时代的发展，对有研究需求的学生来说教育机器人的辅导就有所不足，这就需要随时更新学习内容，如果每个专业都是如此的话，就需要强大的专业研发团队的支持。科研人员和教育工作者共同合作，研发适合现代教育理念下高校学生学习的教育机器人，让教师从繁杂的基础知识传授中解脱出来，将更多的时间和精力应用于学生的答疑解惑、情感交流，引导学生学习向纵深发展。

大数据环境下个性化学习和评价。相信在不久的将来就会在现代教育理念下高校中普及应用大数据。教师通过大数据可以追踪学习轨迹，从而进行分析，得出每个学生对知识的掌握程度、学习喜好、学习时间分配等，再进行阶段性总结分析，给出科学合理的评价，从而给出下一阶段的学习建议和学习知识推送，这样周而复始，为每个学生量身打造学习内容、学习计划、学习方法、学习时间等，加之教师的有针对性指导，让期望已久的"个性化学习"和"个性化教学"变成现实。

云计算环境下优质教育资源的共建共享。随着网络和硬件设备性能的提高，云计算支持下的各种网课平台不断涌出，如中国大学 MOOC、爱课程等，现在都已经发展得比较成熟了。高校学生可以通过这些平台发布的课程资源进行网课的学习。各个现代教育理念下高校教师还可以借助这些资源进行本专业的授课，对不合适的课程进行修改和补充，以达到本校教学要求。未来各高校之间可以联合进行课程开发和建设，或者每个一流本科专业带领几个高校联合进行课程的研究，联合推出共同学习内容，让一流教育资源得到最大限度的利用。

"互联网+"环境下优质课程直播。"互联网+"环境下，各大现代教育理念下高校的现代通信设备和网络已经普及。当有名师名家授课时，不在本校或者当地的学生，可以利用网络直播工具及时领略名家风采，与他们线上进行交流探

讨，让学生在犹如亲临现场的环境中进行知识的学习讨论，更好地发挥名师的榜样典范作用，让学生在欣赏其大家风范的同时，引导学生在自己的专业领域不惧困难、刻苦钻研，在自己的专业领域不断发展。

　　虚实结合的教学班级授课与管理。随着现代网络的普及应用，网课会越来越方便。各现代教育理念下高校实行学分互认后，其共同开发的一门网课，不同地区和不同学校的学生都可以学习，通过对学习者进行分组实现不同地区和学校学生的管理，通过异步 SPOC 实现对不同学校学习时间的管理。但是同一个实体班级的学生分布在网上不同的网站进行学习，实体班级的教师如何进行学习效果的监督、学习成绩的统计汇总，这些问题还需要各大学习网站实现同一后台管理。

　　改变传统教育现状，急需现代信息技术和教育教学深度融合。虽然当前已经取得了一些应用成果，但是更多的是方式方法和手段的改变，还没有达到二者之间的深度融合，即现代信息技术将伴随教育教学始终。现代信息技术的发展将促使新的教育时代的到来。

第三章 现代教育理念下高校教育教学的基本原则

第一节 现代教育理念下高校教学原则新探

从我国现代教育理念下高校教学的视野，对科学性与思想性相结合原则、启发性与创新性相结合原则、专业性与综合性相结合原则、理论与实际相结合原则、教学与科研相结合原则等做探讨，彰显出现代教育理念下高校教师做好教学工作的一些新意蕴。

现代教育理念下高校教学原则，是指高等学校教师从事教学工作必须遵循的基本要求。它是根据高等教育目的、任务和教学规律提出的，是现代教育理念下高校教学实践经验的概括和总结。

我国现代教育理念下高校的教学原则，是根据我国的教育方针、高等教育的任务和现代教育理念下高校的教学规律，批判地继承了古今中外的高等教育教学经验，特别是在总结了我国现代教育理念下高校教学实践经验的基础上提出的，对我国现代教育理念下高校教学实践具有积极的指导作用。现代教育理念下高校教师正确贯彻教学原则，是全面完成高校教学任务，提高教学水平和教学质量的重要保证。

现代教育理念下高校的教学规律是客观存在于高校教学过程中内部诸要素的本质性联系。现代教育理念下高校教学规律的作用一般是通过教学原则对教学现象的本质解释来体现的，而现代教育理念下高校教学原则是高校教学过程客观规律的反映，它是人们在认识现代教育理念下高校教学规律的基础上，根据一定社会的教育目的和高校的教学任务，经过一定的理论加工而提出的高校教学工作的基本要求。现代教育理念下高校教学的基本规律，主要有：专才教育与通才教育统一规律、间接经验与直接经验统一规律、掌握知识与发展能力统一规律（教学的发展性规律）、传授知识与思想教育统一规律（教学的教育性规律）、教师主导作用与学生主体作用统一规律等。

目前，在我国《高等教育学》中关于教学原则的名称、数目及其体系，还没有完全统一的意见。不过，在我国现代教育理念下高校教学工作中具有广泛指导意义的、确实被公认的和体现时代性的教学原则，主要有科学性与思想性相结合原则、启发性与创新性相结合原则、专业性与综合性相结合原则、理论与实际相结合原则、教学与科研相结合原则等。本节试图从我国现代教育理念下高校教学的视野对这几个教学原则做探讨。

一、科学性与思想性相结合原则

科学性与思想性相结合原则，是指我国现代教育理念下高校教学要以马克思列宁主义为指导，坚持社会主义人才培养方向，向学生传授科学知识，并结合知识教学对学生进行德育教育，以完成立德树人的根本任务。

我国现代教育理念下高校教学的科学性与思想性是辩证统一的。现代教育理念下高校教学的科学性是思想性的基础，思想性是科学性的内在属性和重要保证。这一原则是现代教育理念下高校教学的教育性规律的充分反映，是现代教育理念下高校培养"德、智、体、美等方面全面发展的社会主义建设者和接班人"的必然要求，使现代教育理念下高校立德树人的根本任务得以落实，体现着中国特色社会主义现代教育理念下高校教学的根本方向和特点。

贯彻科学性与思想性相结合原则的基本要求包括以下几个方面。

（一）现代教育理念下高校教学要确保科学性，向学生传授知识

现代教育理念下高校教学的科学性，是指现代教育理念下高校教师向学生"传道授业解惑"的知识内容必须是科学的、正确无误的。为了便于学生理解教材知识，教师授课力求通俗易懂、生动形象，打比方、举例子、看视频，或者为了开阔学生学习眼界，向他们介绍不同的学说和观点等都是需要的，但要保证科学性，不要庸俗化、低俗化和极端化，更不能有违背国家宪法和法律的言行，不能向学生传播错误的思想观点、内容。此外，教师一旦发现自己的授课中有错误，就要及时纠正。

（二）现代教育理念下高校教学要贯穿思想性，对学生进行德育教育

现代教育理念下高校教学的思想性，是指现代教育理念下高校教学中内在的

能够对学生思想政治道德品质产生影响的特性。整个教学中教师要根据不同学科课程的特点对学生进行德育（思想政治道德教育），充分发挥现代教育理念下高校教学"立德树人"的教育性作用。从内容上看，一是理想信念教育，包括马克思列宁主义、毛泽东思想、"三个代表"重要思想、科学发展观、习近平新时代中国特色社会主义思想等方面教育。二是社会主义核心价值观教育，引导学生树立正确的世界观、人生观和价值观。其中，现代教育理念下高校教学要引导学生将牢牢把握"富强、民主、文明、和谐"作为国家层面的价值目标，深刻理解将"自由、平等、公正、法治"作为社会层面的价值取向，自觉遵守将"爱国、敬业、诚信、友善"作为公民层面的价值准则，将社会主义核心价值观内化于心、外化于行。三是中华优秀传统文化、革命文化和社会主义先进文化教育，弘扬民族精神和时代精神。从形式上看，一是现代教育理念下高校思想政治理论类课程教学，要充分释放让学生直接进行德育的强大作用，让学生坚定马列主义和毛泽东思想信仰，用习近平新时代中国特色社会主义思想武装头脑。二是现代教育理念下高校其他人文社会科学、自然科学类等课程教学，要积极挖掘不同学科教材的思想性，在教学中对学生渗透德育。例如，文学、历史学、艺术学等学科类课程教学，要充分利用其蕴含丰富的德育因素（如爱国、敬业、诚信、友善），潜移默化地对学生进行德育；理学、工学、农学、医学等学科类课程教学，要强化对学生进行爱国主义情感、科学精神和科学态度等方面培养，促进学生树立勇于创新、求真求实的思想品质，以达成"课程思政"目标。

（三）现代教育理念下高校教师要不断提高自身的专业水平和思想修养

现代教育理念下高校教师要不断钻研业务，不断提高自己的专业水平（专业知识、能力等水平），养成严谨治学的科学态度，形成科学的世界观和方法论，并运用于把握教材内容，指导教学实践。同时，现代教育理念下高校教师要以德立身、以德立学、以德施教，不断提高自己的思想道德修养，充分利用自己对学生潜移默化的影响作用，结合所教学科的特点创造性地对学生进行思想政治道德教育。只有这样，才能保证现代教育理念下高校教学的科学性与思想性的统一。

二、启发性与创新性相结合原则

启发性与创新性相结合原则，是指现代教育理念下高校教学要充分发挥教师的主导作用和学生的主体作用，注重学思结合。调动学生学习的主动性、积极性，激发学生的积极思维、创新思维，促进学生在融会贯通地掌握知识的同时，培养创新精神和创新能力。

现代教育理念下高校教学坚持启发性与创新性相结合原则，目的是为国家培养具有社会责任感、创新精神和实践能力的高级专门人才。

贯彻启发性与创新性相结合原则的基本要求包括以下几个方面。

（一）现代教育理念下高校教学要调动学生学习的主动积极性

现代教育理念下高校教学中，教师要充分调动学生学习的主动积极性，包括学生的学习动机、兴趣等。这是学生学习的内在动力，是学生学习主体作用发挥的首要条件。同时，针对部分学生学习目的不明确和责任感不强的问题，教师还应对学生的学习目的、态度等方面进行启发引导教育，增强学生学习的责任感和使命感。

（二）现代教育理念下高校教学要激发学生的积极、创新思维

孔子说"不愤不启，不悱不发"。启发的关键在于创设一种问题情境。所谓问题情境指的是一种具有一定困难，需要学生努力克服（寻找达到目标的途径），而又是力所能及的学习情境（学习任务）。学生的积极思维和创新思维常常是由问题情境而引起的。现代教育理念下高校教师要根据课程的教材特点和学生的学习实际，在教学过程的各个环节，都要考虑如何从教学的重点、难点来创设问题情境，以激发学生的积极思维和创新思维，并采取具体的措施、切实实现学习目标。例如，教师授课时要启发学生敢于对某些已知事物产生怀疑而再思考；敢于否定某些自己一向认为"是"的事物，通过再认识，发现其中的"非"；能进行"由此及彼"的思考，朝着前向、逆向、纵向、横向的发散思维；发扬教学民主，开展课堂讨论，鼓励学生各抒己见；实验（实训）中引导学生创造性的设计、报告等。这样进行的教学，有利于培养学生的创新精神和创新能力。

现代教育理念下高校教学的启发性、创新性要以学生掌握知识为基础，并与发展学生学习的认知能力（观察、记忆、思维、想象等能力）、探索能力和实践能力等方面相结合。同时，教学要"注重因材施教"关注学生不同的特点和个性差异，发展每个学生的优势潜能和创新能力。

教学要有创新性，就需要教师有创新意识。对此，严复有一段话：其于为学也，中国夸多识，而西人尊新知。中国人认为懂得的东西越多越好，学到的东西

越多越好。今天我国政府和大学都强调创新,但大学教师做研究真正凭好奇心驱动的很少,而好奇心更能驱动创新。另外,严复认为"创新教育不是奢侈品"。创新教育不仅是重点大学的事情,也是高职、中专、技校的事情,这些学校同样有责任培养学生的创新技能。同样,创新教育也不只是优秀学生的事情,每一个大学生都有创新潜能,只不过很多学生的潜能还没有发挥出来罢了。

三、专业性与综合性相结合原则

专业性与综合性相结合原则,是指现代教育理念下高校在实施专业教育的教学过程中进行综合化教育。这是一条反映高等教育本质特性的教学原则。

高等教育是一种专业教育,以培养学生将来从事某种专业(行业)工作为目的,也就是为社会培养各级各类的高级专门人才。

当前我国现代教育理念下高校实施的专业教育,是根据学科领域(如本科教育12个学科门类、高职教育19个专业大类)和社会行业(职业)部门的分类而设置专业,其教学组织单位为院(系)等。现代教育理念下高校的教学过程主要是围绕着专业而展开的,并且随着学生年级的提高,教师在教学过程中的专业理论知识的传授和专业技能的训练所占的比重也越来越重。

现代教育理念下高校实施的专业教育,是现代科学发展高度分化和社会分工的产物。同时,要看到科学发展的高度综合和社会分工的整合趋势,对现代教育理念下高校人才培养提出了综合化的实然要求。相应要求现代教育理念下高校教学的专业性和综合性的结合,为社会培养专业知识扎实、综合素质高、实践能力强的高级专门人才,这也是现代教育理念下高校教学"专才教育与通才教育统一规律"的集中体现。

贯彻专业性与综合性相结合原则的基本要求包括以下几个方面。

(一)现代教育理念下高校教学要扎实进行专业教育

我国高等教育(学历教育)应当符合的学业标准是:第一,专科教育应当使学生掌握本专业必备的基础理论、专门知识,具有从事本专业实际工作的基本技能和初步能力。第二,本科教育应当使学生比较系统地掌握本学科、专业必需的基础理论、基本知识,掌握本专业必要的基本技能、方法和相关知识,具有从事本专业实际工作和研究工作的初步能力。现代教育理念下高校本科、专科(高职)的各种专业培养方案(教学计划)、各门课程和各个教学环节,都要根据上述标准扎实地进行专业教育，提高专业人才培养质量。

（二）现代教育理念下高校教学要适切进行综合化教育

我国现代教育理念下高校教学在专业教育中进行的综合化教育，可分为两大类型：一是通识课程贯穿大学生的四年或三年学业之中进行。二是通识课程集中于大学生的一、二年级学业之中进行。从中培养大学生的人文、科学（科技）等方面的综合素质，也提升了大学生专业学习的水平。还有的高校是按学科大类进行的综合化（复合型）教育，即某一学科门类的综合化教学。

当前，值得审视的是我国部分现代教育理念下高校教学在推进综合化教育中，存在着学科专业教育及优势被弱化的突出问题。对此，我们很需要回归大学之道——遵循高等教育的人才培养规律，大力重塑现代教育理念下高校的学科专业教育，也就是现代教育理念下高校教学在以实施学科专业教育为主的同时，适切地进行综合化教育。

例如，我国首批"双一流"现代教育理念下高校的建设，必然是建立在一流学科的基础上的。无论是一流现代教育理念下高校还是一流学科，都突出了学科建设的要求。即便是"双一流"大学，也都需要落实具体重点建设学科。这些本质上都在引导高校检讨自己的优势与特色，而不是什么专业学科都去做、都去建设，这显然是对过度综合化的一次调整，是一次对现代教育理念下高校的重新塑型。

四、理论与实际相结合原则

理论与实际相结合原则，是指现代教育理念下高校理论知识教学要联系实际进行，注重知行统一。引导学生从中去理解和运用知识，从而学以致用和培养实践能力。

理论与实际相结合原则，反映了我国高等教育目的（方针）的要求和教学的间接经验与直接经验的统一规律。学生学习的理论知识，主要是间接经验、书本知识，是人类的已知真理。这就要求教学注意理论联系实际，防止理论与实际脱节。

贯彻理论与实际相结合原则的基本要求包括以下几个方面。

（一）现代教育理念下高校教学要联系实际传授理论知识

现代教育理念下高校教师在传授理论知识时，首先要讲清基本理论（理论知识的重点、难点），同时要讲清产生这些基本理论的实践基础和这些理论的实际运用。因为各门学科课程的特点不同，所以教师授课联系实际的内容、方法也不同。教师对理论知识的传授，要联系的实际有诸多方面，如学生的知识、能力、思想实际，科学知识在经济建设和社会发展中的运用实际，科技特别是高新科技的运用实际等。

（二）现代教育理念下高校教学要加强实践性环节及训练

现代教育理念下高校教学的理论联系实际，要通向生产（产学研）、社会实践等。通过课堂讨论、案例分析、模拟、实验、实习实训、社会实践、毕业论文（设计）与综合训练等环节让学生参加教学实践性活动，达到印证理论、应用理论去分析、解决实际问题和培养实践能力的目的。

现代教育理念下高校教学为了加强实践性环节，课堂讲授应当"少而精"，重视知识的简约化、结构化，让学生重点掌握本学科、专业必需的基础理论、基本知识和基本结构（方法）。要构建现代教育理念下高校课堂讲授与实践（实训）整合化的教学模式，更加重视大学生学习本专业必要的基本技能、实践能力和就业创业能力的培养及训练。

同时，现代教育理念下高校应通过校际联盟、校企（行业）合作等途径来助推实践性教学的实施。面向当前和未来产业发展需要，主动优化学科专业布局，促进现有工科的交叉复合、工科与其他学科的交叉融合。要突破"围墙思维"，主动对接地方经济社会发展需要和企业技术创新要求，深化产教融合、校企合作、协同育人。要增强学生的就业创业能力，培养大批具有较强行业背景知识、工程实践能力、胜任行业发展需求的应用型和技术技能型人才。

最后，要强调的是现代教育理念下高校教学的理论联系实际，必须正确认识教学中理论与实际的辩证统一性，既要防止理论脱离实际的教条主义，又要防止以实际代替理论的经验主义。当前，我国部分地方普通本科现代教育理念下高校向应用型发展的教学改革尤其要防止经验主义。

五、教学与科研相结合原则

教学与科研相结合原则，是指现代教育理念下高校把科研引进教学，培养学生的科学精神、科学态度、科学方法和科学研究能力。这是一条反映现代教育理念下高校教学特殊性的教学原则。

19世纪初,德国的洪堡提出具有划时代意义的大学理念:"通过科研进行教学"和"教学与科研统一",并在他创办的柏林大学付诸成功实践。从此,这一理念成为世界各国大学共同遵守与普遍推崇的原则。

当今,我国重点大学("双一流"大学)与一般大学,本科院校与高职高专院校的人才培养层次,虽然有明显的区别,但科学研究作为现代教育理念下高校人才培养的有机组成部分,则是所有现代教育理念下高校人才培养教学过程的共同属性,它反映了现代教育理念下高校教学过程的特点和规律,也就是教学与科研的结合渗透在高等学校教学过程的一般形态中,以适应新时代中国特色社会主义建设对创新人才培养的客观诉求。

贯彻教学与科研相结合原则的基本要求包括以下几个方面。

(一)现代教育理念下高校教学和科研要全程性融合

从其活动的过程来说,一方面是现代教育理念下高校教师将科学研究的宗旨、方法、手段及成果体现于教学过程的各个环节中,实现教学过程的科研化;另一方面是现代教育理念下高校教师将教学目标、内容、环节等结合到科研过程之中,实现科研过程的教学化,从而达到"教研融合"。在现代教育理念下高校教研融合过程中,教师要及早引导大学生参与科学研究。国内外教育实践表明,大学生早期参与科学研究,既是培养创新人才的重要途径,也为促进学科发展和提升科研水平提供了生力军。大学生参与科研不仅给教师带来启示和反思,有助于促进教师科研和教学水平的提升,而且直接促成了研究成果的产出和学科建设水平的提高。在国内外高水平大学中,大学生通过参加科学研究和技术研发取得创新成果(如发表高水平论文、申请发明专利、研发实用系统、社会调查咨政等)的事例并不鲜见。

从其活动的途径来说,一是结合各门课程的教学,尤其是专业课程和提高性的选修课程,在经常性的各种教学活动中实现同科研的结合。教师把最新的科技信息和科研成果引入教学中,如中国科学技术大学"把课堂设在科学研究最前沿"。又如,教师在中医学类专业教学中向学生介绍中国药学家屠呦呦获得诺贝尔生理学或医学奖的巨大科学成就——《青蒿素的发现:传统中医献给世界的礼物》;教师在物理学、天文学专业教学中引导学生注视美国科学家对"引力波"的最新发现等。教师在教学中如能向学生呈现在一些科学技术上和新时代国家建设中亟待解决的难点问题或者重大问题,对引发学生的科学探求和创新意识,培养学生的科研志向是很有裨益的。二是通过课程论文或设计、毕业论文或设计以及某些为培养科研能力而开设的课程，如文献检索、科学研究方法等课程实现同科研的结合。三是结合教学组织学生参加学术、科技、生产、社会调查及"三下乡"服务等实践活动，也是有效的科研训练方式。这种教学与科研融合化的模式，对学生来说有利于加强专业基础、拓展知识面和提高创新能力，尤其有利于培养科研能力及科学精神、科学道德和科学方法，不断提升人文和科技素养，既增强为新时代中国特色社会主义建设做出贡献的使命感和责任感，也为学生的自主创新发展和可持续发展奠定基础。

（二）现代教育理念下高校教师要提高科研水平和能力

现代教育理念下高校教师要一手做教学，一手做科研，也就是"教研相长"——"结合教学做科研，以科研促进教学"。教师在教学中，只有坚持不懈地做好科研工作，才能提高自身的科研水平和能力，并促进教学水平和质量的提高。教师只有做好科研工作，才能不断地将自己研究的新成果体现在教学内容中，才能真正实现"教学与科研统一"；教师也只有有了足够的科研经验，才能更好地指导学生的科研活动。

例如，河北农业大学的几代师生以科教兴国、科教兴农为己任，从农林学专业理论知识教学的实际出发，创新实践教学路径，走出校门、走向农村、走进农民，服务"三农"，长期扎根山区，"把论文写在太行山上"，综合开发太行山，走出一条科研进山、振兴贫困山区的"太行山道路"和"太行山精神"，让科研成果转化为农民沉甸甸的收获，为贫困地区群众脱贫致富做出了突出贡献。

上述关于高等学校的几个教学原则，都有其科学依据、内涵和作用，从不同方面对现代教育理念下高校教师的教学工作提出了基本要求。这些教学原则又是相互联系、相互作用的，是一个有机统一的整体，不能孤立地看待每一个原则。现代教育理念下高校教师在教学工作中既要把握每条教学原则的精神实质，又要着重把握教学原则的整体功能，全面地加以贯彻，创造性地综合运用，以提高教学水平和教学质量。

第二节 现代教育理念下高校教学制度的价值理念与创新原则

制度建设与实践创新作为现代教育理念下高校教育教学和人才培养质量的重

要保障，是尊重高等教育规律，培养学生创新精神和实践能力的需要，也是办人民满意教育、建设创新型国家、构建和谐社会的需要，现已成为现代教育理念下高校教学改革的重要研究领域。现代教育理念下高校教学制度创新的供给侧亟须更新，以适应诸多需求带来的巨大挑战：分析教学中存在的制度问题，探讨教学运行、教学管理、教学服务的理念基础、价值精神和创新原则，有利于健全立德树人落实机制，扭转不科学的教学保障与评价导向，建构以培养德智体美劳全面发展的人才培养体系。

制度一般指要求大家共同遵守的办事规程或行动准则，也指在一定历史条件下形成的法令、礼俗等规范或一定的规格。教学制度作为一种特殊类型的制度，与一般的社会经济、政治制度本质上是一致的，都是一种规范体系。制度的制定是为了更多的人创设适应有效教学的制度环境或者教学环境，也是对少数不当教学行为的约束和限制。良好的教学制度能够保证教学活动按照预期的方向顺利、有序进行。教学制度是提高教学质量的关键环节，分析教学中存在的制度问题，探讨教学运行、教学管理、教学服务的理念基础、价值精神和创新原则，有利于建构创新人才培养的保障机制。

一、现代教育理念下高校教学制度构建存在的问题

高等教育的发展已经实现精英教育向大众教育转化，教育的规模与数量发生了翻天覆地的变化。现代教育理念下高校教学制度的建立和完善变得越来越困难，一方面，现代教育理念下高校之外的学习变得越来越简单，途径也越来越多，在很多专业领域，维基百科、TED视频、应用程序、在线课程、论坛、游戏及聊天室迸发出来。智能学习系统的开发和应用场景在现代教育理念下高校教学中也非常常见，相比传统教学，在线课程、混合课程几乎建立在完全不同的原则基础之上，使学习时间更自由，教学材料更丰富，学习内容被切割成更多的小块。这些都鼓励了那些学习自觉性更高，对教师、辅导员、教学管理人员依赖甚少的学习者，网络、电子资源成为他们学习的中心。在斯坦福的一门慕课中，来自全世界的400名学生完成得比斯坦福大学最优秀的学生还要好。换言之，斯坦福最优秀的学生被一帮自学者打败了。另一方面，教学制度中的评价系统也正在发生变化。可汗学院在提供与教材匹配的在线课程的同时，通过数据控制器检索所有学生，获取大数据信息，学生的网上行为被一一记录，时长、频次、作业完成时间、反馈及时性等，这些有助于帮助教师全面把握学生的学习成效。姑且不

论数据分析器是否存在道德考察和伦理考量，学生和教师确实在此评价系统中受益，对看得见的学生学习能力提高，师生皆大欢喜。学生的学业表现被网络公示后，激发了学生更用心地创作。这些变化既弱化了教师作为教学管理者的作用，也弱化了传统教学制度的功能。在高度解析化的社会，传统教学制度面临被替代的危机，我国教学制度改进的理论和实践应对表现出滞后性。

我国已经成为世界上高等教育规模最大的国家。全国各类现代教育理念下高校正在快速迈向高等教育普及化阶段。新一轮科技革命和产业变革扑面而来，新产业、新技术、新业态、新教育正迎接新的未来，国家创新发展和产业升级对人才的迫切需求前所未有。人才培养的政策环境与制度保障面临着更高要求和巨大挑战，然而，制度建设重要的理论支撑、人才支撑、平台支撑却依然相对不足，供给侧结构已远远不能满足教育需求侧结构的需要，尤其是不能满足当前现代教育理念下高校人才培养的需求。

（一）教学制度创新的理论支撑及科学化不足

我国现代教学制度除从古代《学记》等经典教育典籍中获取外，主要来自国外现代教育理念下高校教学经验，大多从美、英、俄、日、德等教学发达国家引入，结合我国本土高校、立足本土思维的制度理论研究缺失，而国外的教学制度在试用和探索阶段容易出现"水土不服"和"走弯路"的状况。在有限的对大学教学制度研究的著作和论文中，大多探讨教学管理的基本流程、制度建设的常识性知识和操作性程序，而缺乏系统化的理论研究。多数学者从工作需要的角度出发，强调教学及管理的操作性层面革新，集中在组织制度和激励制度等方面的探讨，理论深度不够，尚未形成全面的教学制度研究框架。部分高校教学制度建设一直处于探索阶段，其研究未受到足够重视，难以形成系统性的规则体系，经验管理痕迹依然很重，距离科学管理的路程还很远。

（二）教学制度建设的研究组织和平台发育不充分

现代大学已经加快了科学研究、科研发展的步伐，很多高校设置了高等教育研究处、发展规划处、发展研究中心和相关研究室等机构，但研究大多定位为宏观政策研究，对具体微观的教学制度，主要还是在教务处，教学研究室等部门。通过长期的办学实践，陆续出台了有助于科研发展的规章制度，有效激励了科研成果的孵化。相比而言，教学的制度建设、制度研究、制度实践本应由参与教学活动的群体共同负责的工作被片面地看作是教学管理部门的职责，教务处成为既是制度研究主体，又是制度执行的主体，没有形成全校多元研究和教师群体共同关注的研究对象。很多学术造诣高的教师、研究型的科研组织很少关注教学质量和相应制度的建构，其对教学及其教学保障相关制度的热情明显低于对科研成果的追逐，这也使得教学制度研究深度不够。伯尔曼指出"一项制度要获得完全的效力，就必须使人们相信制度是他们自己的"，在就需要吸纳多元利益相关者共同研究教学制度，多元共建的制度是"经得起重新谈判的考验"的教学制度。

（三）教学制度改革创新的路径创新不够

教学制度需要适应人才培养，尤其是创新人才培养的现实需求。受"路径依赖"和传统行政化思维的影响，集权式的制度生产方式，往往缺乏制度生成的创新路径，使得大学教学管理制度存在制度适应不良，忽视教育教学和大学教师身心的特殊性，难以有效培育大学教师良好的教学行为。当前，制度的文本数最已经超越了以往的任何时期，大学通过制度的刚性和约束作用，适应了管理的需求，却忽视了育人的保障，制度控制的刚性容易导致教学管理制度的理性增长，控制代替了激励，教师会有消极的情绪，学生会产生逆反心理。良好的管理应当"既有纪律，又有自由；既有统一意志，又有个人心情舒畅"。在教学管理的制度生成和过程执行中，需要创新更多的制度生成路径和实施路径，让控制与教学自由之间达到一种平衡，刚柔相济，统而不死，放而不乱，既要有教师和学生的接受度，又让师生在育人过程中充满获得感。

（四）教学制度创新的方式方法单一陈旧

大学教学人员作为具有主观能动性的"理性经济人"，他们的教学行为选择要受到个体情感需要和物质利益需求的影响。制度设计需要从分析主体、时间、空间、文化、心理等因素入手，掌握并运用有效的基本方法，对教学习惯或已有条件进行更新。然而，由于制度依赖和惯性思维的影响，任何变化均需要付出相当的工作量，甚至会因为调整一定的利益格局，制度创新往往成为费力不讨好的实施，但由于制度创新的方式方法单一，很难提出有建设性的创新方式方法，难免会造成主观主义和命令主义的错误倾向，不易及时把握教师和学生的感情，造成激励无效，影响师生教学的积极性和教学绩效。另外，制度之间的衔接也缺乏相应的机制，因而选择适当的方法，并有效组合，从而达到事半功倍的效果。我国高校教学制度建设大多采用借鉴历史、整合其他高校教学制度为力己所用的方式，缺乏制度创新的合理性解读程序，没有很好地开展深入系统的研究和实践。

二、高校教学制度建设的价值理念

历史制度主义认为制度是一种"连续的结构",社会学制度主义认为制度是"文化规范"和"认知框架",理性选择符合学校教学实际的制度框架文本,把制度建设成"规则的集合"。目前,保证教学质量和提高教学水平已成为高等教育改革的主要内容,前者是大学内部功能定位所决定,后者是人才竞争中的市场确定。在加强高等教育教学改革研究的同时,推进教学管理制度建设,克服制度中的弊端,发挥制度建设在管理、评价、诊断、反馈中的积极作用,切实解决大学人才培养中的实际问题,为教学改革提供良好的制度环境,已是不容忽视的问题。通过制度的制定,逐步转变教学思想、教学内容、教学方法等内容的人性观、教学观和管理观,树立高效教学管理制度建设的新理念,是推进和切实保障教学改革的重中之重。

(一)坚持立德树人的理念

德为才之资,树人先立德。习近平总书记在全国教育大会上指出,"培养什么人,是教育的首要问题"。高校具有人才培养、科学研究、社会服务和文化传承的四大功能。人才培养是其最核心,最根本的功能,贯穿其他各项功能之中。大学作为高素质创新人才培养的重要基地,要准确把握立德树人的深刻内涵和实践要求,并将之贯彻到人才培养全过程、全体系和全环节之中。未来世界的竞争,归根结底是人才的竞争,科技的竞争,特别是创新人才的竞争。人才培养的质量提升取决于三方面的因素:观念、制度、人才。"观念形成现实,历史是观念的竞争而非利益的竞争"。管理观念的来源主要是管理对象即人性假设的发展演变,从以控制奴役为主的"宗教人"发展到以管理效率与技术趋向的"经济人",再到如今以知识创新与资源增值的"知识人""创造人"。高校建设和改革的基本出发点是"以人为本",落实立德树人的根本要求,准确把握高等教育基本规律和人才成长规律,让学校所有工作都能真正回归常识、回归本分、回归初心、回归梦想。首先在全校上下统一"以人为本"理念中对教师和学生的人性假设,现代高校师生首先是具有知识水平,探索能力和创新精神的"学术人"和"知识人"。"办学以教师为主体,教学以学生为中心",归根结底管理制度的设计是"为人"服务,切实加强制度的"为人性"和"育人性"。

（二）全面协调与可持续发展理念

人才的培养是全面发展的人才培养，当前，基础教育负担重，高校学生负担相对较轻。教育部前部长陈宝生指出，要狠抓大学教学质量，坚持科学发展观，落实"以本为本，四个回归"，确保教学工作的中心地位。制度的"普适性"要求制度设计必须统筹兼顾，综合协调，而教学制度的指向性则要求制度设计在人才培养过程中应充分适用，切实扭转当前评价的"四唯"倾向，建立科学合理的多元评价机制。从现实来看，当前高校效益来源，还很大一部分依靠学生学费收入，部分大学存在扩大招生规模的需要，缺乏注重质量的理性。加强规模与质量相互匹配，在制度设计上促进规模、质量、结构、效益协调发展，正确处理和保障教学与科研的协调关系，以科研带动教学，以教学促进科研。改善师生交往关系，从以教师为中心转向以学生主动发展为主，"学生中心、持续改进"，充分对话交往，发挥教学民主。

（三）质量优先与质量保障理念

习近平同志指出，中国特色社会主义进入了新时代，我国经济发展也进入了新时代，基本特征就是我国经济已由高速增长阶段转向高质量发展阶段。质量优先是质量时代的产物，强调高质量发展，意味着人才培养的高质量供给、高质量需求，高质量资源配置、高质量投入产出。教学管理的质量包括教学质量、人才培养质量、公平道义的关注以及制度文化建设等，质量是制度建设优劣得失的重要指标，把握和关注这些质量要素是良性制度建设的前提。教学制度作为教学工作的重要保障，是对学生学有所得、学有所成的全面负责。我们所说的质量是全面发展的质量，其维度是立体，多元和动态的。不仅仅是知识质量，要建立健全具有参与性、公开性和透明性的各项工作制度、管理制度和评价制度，使学校坚持的质量精神成为全体师生共同遵守的行为准则，自觉为学校的质量目标和质量方针实现而努力。

三、高校教学管理制度建设的创新原则

关于制度的形成，施密特提出了一个强大的"观念性逻辑概念"，即制度形成的根本动力来自观念，其直接动力在于法于观念而生成的话语。高校教学管理制度需要根据人才培养目标和规格要求，尊重传统又不拘泥于传统，适度的维持

与适度的创新组合。高校教学制度的创新，一是有赖于主体的自觉和理解，尊重制度的规范作用与引导作用，承认制度的价值并自觉遵从和执行。二是有赖于内生需求和动力，制度建设本身有追求"健全和完善"，力求理性与德性相统一，追求制度的理性和张力。三是有赖于周期性的等待与坚守，如万物有周期，制度的优劣得失既需要时间检验，也需要时间去被认知和认同，在改革与坚持之间应当有静待花开的耐心，避免制度建设一直在变动之中。因此，我国高校教学管理制度建设既要有辩证的思维，又要有科学的理性，追求创新又坚持原则。

（一）继承与创新相结合原则

管理的核心内容是在现有管理效能基础上有所提升，维持是基础，创新是方向，维持是保持现状，是求变创新发展的基本和载体。制度的发展需要保存制度的延续性和稳定性，否则既会让制度环境不可捉摸，主体也会显得无所适从。教师和学生在人才培养的努力中，容易缺失努力的参照和方向，尊重传统制度的管理优势，运用现有教学管理中的优秀经验，重用现有运行模式，将经验管理进行科学化转化的一个必要环节就是，教学管理经验的制度化、标准化和专业化。教学单位和相关部门需要改革教学管理制度，一方面，要正确对待"破"和"立"问题，谨慎推进和大胆创新相结合；另一方面，必须承认，创新毕竟是一个过程，既非流行的口号，也非终结的目标必须充分考虑大学人才培养的实际，把握办学和教学的规律，仔细思考部分制度"维持"和坚守的意义，既不能不顾办学规律，又不能固守成规、一成不变；既不能为创新而创新，又不能不顾办学实际，创新是维持基础的发展，维持是创新的逻辑延续。

（二）制度建设与实践创新相结合原则

"星星会固定地按照自然法则运转不同，人类在法律之下却有着自己自主的行为选择"，教学管理制度不是固化的文本形式，创新的前提就是调查研究和理性思考。创新是一个逐渐完善、螺旋前进的过程，创新是在规范基础上的创新，制度建设始终是规范层面的东西，只有通过不断的实践探索、科学创新，才能把制度建设中的相关思想落实到具体的实践中。通过实践的创新探索，不断总结经验，又为进一步的制度建设提供有力佐证，并为丰富制度体系奠定基础。教学管理制度的变革性和创新性，已经在人类教育活动实践中所应用，还将继续成为一个生机勃勃的规范体系。保留制度中富有成效、合理的内容，实现教育的可持续发展，必然要有制度建设的创新精神和勇于实践探索的精神。

(三)整体把握与细节处理相结合原则

教学管理制度是一个复杂的制度系统,在制度设计时要充分把握全校教学工作的整体框架,面向全体教师和学生,关注教学的所有环节与基本条件,从整体把握教学管理的内容体系,同时要重视制度设计的论证,充分考虑具体制度细节的可操作性与可测量性,确保制度运行合理有效。既全面管理又重点把握细节处理是整体把握的必要保障,在整体中注重细节,在细节中体现整体。制度的建设和完善需要充分考量决策层、执行层、监督层的彼此衔接。在不同的制度体系中,还需要注意交接界面的细节把握,既要注重制度体系中的内部环节的一致性和有效性,同时还要注重外部制度和内部制度的彼此呼应,教学制度与人事制度,财务制度、后勤保障制度之间也需要衔接和配合。

(四)民主与集中相结合原则

"制度建构了个人选择方式以及对行为的有效塑造"。信息时代的到来,人与人之间越来越透明,教学行为也越来越被可视化和可量化。教学制度中既要充分尊重决策的强推进性,又要注重师生个体在教学行为中的表现特征,注重师生在教学中的话语权与表达方式,集思广益和集体智慧越来越被教学决策者重视。数字化校园越来越重要,数字化、智能化管理普遍存在教学过程之中,个体被行为数据分析得越来越透明,人与人的差异被解析得越来越透彻,用普遍的制度去约束或引导教学行为的难度越来越大。

大学作为底蕴厚重的学术机构,是一个松散联合的组织系统,校院系及各学科专业之间在教学管理流程和方式上也存在着巨大差异,教学人员的情感机制和教学运行的复杂网络,也很难依靠统一的教学管理制度达到理想的管理效果。哲学家温迪·楚指出,程序将会成为一切"不可见的却又有着巨大影响力的事物"。与此同时,数字化社会的到来,诸多新兴技术正在倒逼高校教学改革,诸多以人为本的教学创新正在变成现实,如同人工智能汽车能够提升道路的安全性和使用率,其正向价值显而易见。但是,为此我们也要为无人驾驶修改诸多的制度,交通法、保险制度、基础设施配套等。

第三节　现代教育理念下高校教学管理如何贯彻以人为本原则

高校是教育事业的主阵地，其教学质量的高低与社会的发展有着直接关联。高校教学管理作为高校管现工作的服务领域，需要贯彻以人为本的理念，这既是实现培养高质量人才目标的需要，也是教学互动逐步开展的保证。在高校教学管理工作中贯彻以人为本理念应突出以教师为本，以学生为本，建设一支行人本理念的管理队伍。

一、以人为本理念与现代高校管理

"以人为本"的理念是中国共产党在发展真理的道路上实现的新突破，摆脱了传统以物为发展中心的观念。传统的发展理念将物质财富的增加作为社会进步的物质标准，没有充分注重人的发展和人的自由度问题，出现了"见物不见人"的现象。新时期"以人为本"理念打破了这一发展的标准，将人的全面发展作为社会发展与进步的标准，更多地将人作为各项工作的中心，以追求更加和谐的社会关系。以人为本的思想是一种系统概括的思想，指导社会发展和各种管理带物，不同领域有着不同的体现形式。对高校教学管理领域而言，坚持以人为本思想的管理，就是以师生为主体，追求师生全面发展和自由发展，从师生的自我管理基础出发，按照教育的整体目标引导教育教学活动，通过组织师生活动实现全面的自由发展的管理。

二、高校教学管理中贯彻以人为本原则的现实意义

高校教学管理是"建设、改革和管理"的有机融合，是通过一定的管理程序和管理手法对教学活动进行规划、组织、指导和控制，最终实现教学目标的过程，涉及内容广泛，是高校管理工作的服中之重。高校教学管理贯彻落实以人为本原则，确立以学生和教师为中心的管理模式，有利于激发学生和教师的学习工作积极性，有利于各项工作的开展，共有以下几个方面的优势。

有利于调动多方的积极性。高校管理涉及的三个最主要的管理因素是学生、教师和管理人员，其组成了高校教学管理体系。以人为本的贯彻落实还需要更好

地协调三者的关系，充分调动工作积极性和创造性，发挥更好的管理作用。建立高效的教学管理模式，需要从招生注册开始，细化教学计划、教学过程、学籍管理等环节，符合实际，科学可行。只有以人为本的高校教学管理，做到以学生、教师和管理人员为核心，才能真正发挥管理体系的学习工作热情。

有利于创新人才的培养。创新是发展的核心动力，没有创新就没有新技术新思想，发展也就失去了动力，以人为本的高校教学管理提出了创新人才培养的有效途径，因为学校本身就是培养创新人才的地方，全面发展、具有创新思维和创新能力的人才对社会发展来说至关重要。以人为本的高校教学管理突出了创新意识教育，强化主观创新观念，不再束缚和限制个人的发展，以充分的发展刺激创新能力的发展。以人为本的高校教学管理还转变了传统的人才观念，以更加符合时代需求的模式进行人才培养，摒弃陈旧落后的课程设计，增加现代化的内容，以新发展和新成果引导学生发挥主观能动性，提高创新能力。

有利于多层次的教学管理。教学工作是高校的基础工作，教学管理则是保证基础工作顺利开展的关键。以人为本的教学管理从制度上和规范上都与社会需求紧密结合，围绕科学管理体系健全管理层次，进一步明确了具体的管理职责，教学过程中各个方面都能按照既定的方式进行，活动双方也有更强的参与性，不仅提高了教学活动的质量，也提高了教学管理的效率。

三、高校教学管理中以人为本原则的具体要求

高校的教学管理不仅是一个庞大而复杂的系统，最主要的管理对象包括教师、学生和管理人员；高校的教学管理而且是一个全面的系统，体现了以人为本的思想，管理对象相互关联又独具特色。高校教学管理以人为本的原则主要突出在以下几个方面。

高校教学管理要突出以教师为本。要在高校教学管理中突出以人为本的原则，就必须将以人为本的目标细化，明确具体的管理措施，把以人为本落到实处而不只是停留在理论上。在教学管理中，以人为本原则主要表现在以教师为本上。确定教师的地位并明确教师的职责，充分为教师着想，维护教师的根本利益。

贯彻以教师为本的原则，首先要在教学活动中肯定教师的指导作用。教学活动作为一种社会活动，具有改造客观世界的作用。教学活动中，教师是主导者，是实践者，更是改革者。学生是教学活动的客体，也是实践对象和改革对象。教师的主体地位决定了相应的职责，教师要实践教学活动，要进行教学活动的设计

和指导，也就是说教学活动是教师的"主战场"。突出以教师为本的原则，就要在教学活动中突出教师的导向作用，这个导向作用主要体现在教学内容、教学方法和教学组织的设计与实施中。

高校教学管理要突出以学生为本。教师的主体地位体现在教学活动的主导作用，那么相应的我们也需要肯定和重视学生在教学活动中的主体作用。坚持以人为本，学生在教学活动中的中心地位坚定不移，高校的教学管理要处理好师生之间的关系，以达到最好的教学效果。

首先，学生是教学活动中获取知识的主体。在教学活动中，学生要学习新知识，掌握技能，提高思想道德品质，提升综合素质能力。所谓教学，教是为了学而存在的，教的效果也直接体现在学生的学上，教学质量也就是学生的学习质量，这一系列的活动都体现在学生转化知识的行为方式上，所以说学生在教学活动中有着不可忽视的重要性，如果说把学生作为知识的"容器"，学生始终就会处于一个被动的状态，知识的转化过程几乎没有学生参与教学活动怎么可能协调进行，学生也得不到应有的发展。因此，教学管理中，要明确突出以学生为本的原则，将教师的导学和学生的主体作用相结合，强调以教师为本的主导作用，同时不忽略以学生为本的学习过程。相应的，如果学生不会学习，不去主动地学习，教师采取的教学手段就得不到任何效果，也就无法突出以教师为本的主导作用。

其次，要注重教师与学生的互动过程。现代教学理论中对教学活动中师生关系有了更加科学的观点，因为师生之间的沟通为知识的流动提供了一个良好的"网络"，双向地调动了教师和学生的参与积极性。学生在与教师的沟通中，主体地位充分体现出来，学生感到自己受到了更多的重视，增强了学习的信心，体现了更强的师生信任度，有利于教师通过教学手段达到预期目标。

最后，学生是充满活力的。学生在学习活动中主体地位的体现就是能动性，这个能动性极大地反映了学生的活力。如果教学活动中，每一个学生的优点和特点都得到了表现，学生就会感到自己受到了更多的尊重，从而激发学生的潜力得到更加全面的发展。学生的活力不仅体现在课堂上，还体现在课堂外的各项互动上，所以以学生为本，更要注重学生的全面发展，学生自学能力的培养、创新意识的培养和实践能力的锻炼，都需要在教学管理中得到落实，这样才能让学生行自己的权利，更加积极更加全面地发展自己的各项才能。

高校教学管理需要一支有人本理念的管理队伍。由于受传统观念的影响，加上专业知识的缺乏，在部分管理者的理念和思想中，还没有真正树立服务理念，仍然重管理轻服务，缺乏与教师、学生的沟通和交流的能力，这种缺乏"人本管理"的理念既不利于激发师生的教学热情和内在潜能，也不利于管理人员在工作上创新，还不适应现阶段高校改革和教学管理发展的需要。在高校教学管理中贯彻以人为本原则，还需要建设一支有人本管理理念、专业知识丰富、具有一定的组织管理能力和管理协调能力的高素质管理团队，他们能结合当代高校教学实际情况发现问题并及时解决问题，对高校教学活动有一定的调控功能，并且不断更新先进的管理理念和管理手段，以适应不同社会环境下的管理工作。

总之，高校教学等理中，首先，要确立服务意识，服务于人才是真正将人作为工作发展的中心。其次，应为管理者提供发展空间与培训机会，学习科学的管理理念和管理手段与方法。最后，要明确管理目标，想学生所想，解教师所急，满足教学活动发展的各种条件，让师生在良好的环境中都能得到充分的发展。

第四节　现代教育理念下教师专业化的高校教学质量监控原则

教师专业化与教学质量监控是教育实践研究中的热门及焦点问题，在厘清二者内涵、分析二者相关性的基础上，高校教学质量监控应遵循以下三个原则上下贯通，一是以上级要求为依据与以教师意见为参考相结合。二是动静结合，进行常态化的相对稳定的量化考核与实施动态的评价过程相结合。三是宽严相济，严格按照教学质量监控标准及程序实施评价测量与进行弹性管理相结合。

在高校系统的教育教学过程中，师资队伍质量是影响教育教学质量的关键，教学质量监控是保障教学质量达到预期目标的管理活动。高校在实施教学质量监控过程中，应避免出现因制度标准的统一性、程序性以及不灵活性导致的阻碍教师专业化发展的弊端，充分发挥标准规范的考核对教师专业化的引导与促进作用，实现高校以质量谋发展，以质量促发展的目的。

一、内涵阐释

教师专业化。教师专业化，最早提出是在1966年联合国教科文组织和国际劳工组织的《关于教师地位的建议》中。我国教师专业化的提法，最早在1993年《教师法》中规定"教师是履行教育教学职责的专业人员"。之后，于1995

年确立了教师资格证书制度,加强了对教师专业地位的确认,促进了教师专业化的发展。

教师专业化的内涵,因对其考查的视角不同,而体现出差异性。对高校教师发展而言,教师专业化是指教师通过传授学业知识实现良好的教学效果,使学生在德、智、体等方面全面发展,为社会培养合格人才。对高校人才培养目标而言,一是体现为高校教师因具有丰富的专业知识而成为某一学科的专家,二是肩负着教育学生成为有用的社会人的重担,要培养学生正确的世界观、价值观、人生观。

基于以上分析,可以得出,教师专业化是教师在教育实践中持续进步的动态发展过程。不仅包含教师专业知识的不断学习与充实,也包含教师职业态度以及教育教学方法的持续改进,其核心体现为教师内在专业结构的改进与教学水平的提高。

教学质量监控。教学质量问题一直是各高校关注的焦点,在我国高等教育大众化的形势下,教学质量监控问题也受到越来越多高校的密切关注,不仅是研究的热点,也是亟待加强的重要工作。教学质量监控指的是计划、评价、监督、反馈以及调节的全面持续运行过程。高校通过依据上级教育部门的相关规定要求,制定相应的教学标准与规范,评价、监督教育教学过程的各个环节,包括对学生学的监控、教师教育的监控,以及教学管理过程的监控等全方位,其可以概括为以提高教育教学质量为目标,促进高校的教育教学工作按预期的计划进行,并最终实现培养目标的活动过程。

二、相关性厘定

教师专业化与教学质量监控在内涵上具有差异性,但二者也存在密切的相关性。

二者的关联性。从各自内涵看,虽然教师专业化与教学质量监控因针对具体问题的角度不同而呈现出差异性,但二者也存在密切的相关性。首先,二者目标的一致性。教师专业化与教学质量监控的最终目标都是提高教育教学质量。其次,二者内涵的相互包含,对教师教育教学的评价是教学质量监控的主要内容,教师通过专业化发展也是实现监控标准、提高教育教学质辰的有效保障。再次,二者在运行过程中的相互扶持,教学质量监控对教师教育教学行为制定了标准。规范不仅是教师专业化发展的要求,也对教师专业化发展起到引领的作用。因此,教师专业化发展能够促进教学质量监控目标的实现,教学质量监控的实施推动了教师专业化发展进程，二者相辅相成。

二者的不适应性。教师专业化与教学质量监控的最终目标都是提高教育教学质量，具有目标一致性。然而，在教育教学过程中二者体却现出不适应性。一方面，教师专业化发展是动态过程，具有自身的规律，在教师发展成长的不同阶段，会体现出专业水准、专业理想等各方面的差异性，而教学质量监控却只能以制定出的较为优秀的教师的教学行为及效果作为评价标准。另一方面，由于高等教育本身的特点，学科知识的复杂性，高校教师的专业知识、能力和素养会存在差异，高校教师在教育教学理念、方法以及专业追求等方面会体现出一定的独特性。可见，教学质量监控在促进教师专业化发展过程中存在诸多不适应的环节。

三、原则分析

鉴于以上分析，在教学质量监控过程中，应以考核标准为纲与以人为本相融合的理念，既要考虑质量监控标准与规范的制度约束作用，也要考虑教师专业化发展的动态性过程，在发挥教学质量监控规范作用的同时引导与促进教师专业化发展。

（1）上下贯通。上下贯通原则主要是指以上级要求为依据与以教师意见为参考相结合。教育过程的复杂化致使教师专业化不是单一的过程，教学质量监控不仅要遵守上级部门，如国家、地方的教育发展政策与规划，制定高校的教育教学质量监控标准，同时也需关注教师的感受和需求，在教学质量监控标准制定和实施监控过程中加强与教师的沟通，将教师在教育教学过程中的总结体会以及对教学质量改进的意见建议作为提高教学质量监控与管理活动的重要参考，从教学管理方面发挥教师对提高教学质量的重要作用。

（2）动静结合。动静结合原则主要是指进行相对稳定的常态化的量化考核。作为教学管理活动的教学质量监控工作，必须有监控的标准作为依据，考核标准的科学化、量化有助于考核的实施，并且考核标准要具有一定的稳定性，质量监控的实施也要形成常态化。然而，鉴于教师专业化的动态性与阶段性特点，其影响教学质量的重要因素不是仅仅依据程序化、量化的考核方式就能够测量与控制。因此，在监控实施过程中应针对教师专业化的不同发展阶段，体现出评价的动态性特征以及教师的进步性特点。

（3）宽严相济。宽严相济原则主要是指严格按照教学质量监控标准、程序实施与进行弹性管理相结合。一方面，要严格按照相关政策文件要求以及高校办学实际，制定科学合理的质量监控标准规范，并实施严格的质量监控以保障日常教学的正常运行；另一方面，在对监控目标实施严格考核的基础上体现管理的个性化。例如，对教师按时上下课、按程序调停课、课程开课学时数以及开课学期等的监控要严格按照要求落实；由于教师因处在不同发展阶段所体现出来的专业知识专业态度等的差异性要区别对待。因此，在教学质检员监控过程中应针对教师所处的发展阶段及个体工作状态，对高校教师实施个性管理，在质量监控过程中考虑到不同教师所处的发展阶段，对其教育教学行为进行差异化的考核评价。

教师专业化是提高教育教学质量的基础，是一个不断趋于完善的发展过程，在教学质量监控的实践中应秉承制度规范与人文关怀相结合的理念，消除教学质量监控对教师专业化发展的不利因素，扩大教学质量监控对教师专业化发展的促进与引导作用，这也是广大教育工作并需要在实践中不懈努力与奋斗的目标。

第五节　高校创业教育课堂教学体系的构建原则

开展课堂创业教育是为了培养学生创业意识、提高学生创业能力、缓解学生就业压力。创业教育的目标是培养人的创业思维、创业意识和创业技能等各种创业综合素质，课堂教学是高校开展创业教育的主要形式。本节通过分析我国创业教育课堂教学的背景和意义，提出改进我国高校创业教育课堂教学体系的基本策略框架，为高校更好地实现创业教育目标提供参考。

一、创业教育课堂教学体系的现实背景

大学生毕业首先想到的是何处工作或继续深造，但是很少有学生会考虑自己是否可以创业，同时很多没有上过大学或者读书很少的人开始寻找创业的发展方式，以更好地实现自己的人生目标。我国高校的学生找工作多数以就业为主，开展创业教育课程的高校相对较少，因此学生很少拥有创业意识，即使有，也常会被一些现实情况抹杀。这种现象既影响了学生的就业质量，也对社会的经济发展产生了一定的负面影响。

高校培养人才的目标是为了经济社会发展的需要，为社会提供各方面人才。高校不仅要培养学生的素质、增加学生的知识，还要培养综合型人才，加强学生的创业实践能力，这是高校提高人才质量和自身发展实力的内在要求，开展创业

教育是经济社会发展的必然趋势。创业教育的目标是培养学生创业的基本素质，目前我国很多高校都陆续将创业教育纳入学生的学习范围，创业教育的效果直接取决于创业教育体系是否合理构建和实施，构建符合创业教育规律的课堂教学体系对完善创业教育体系和实现创业教育目标具有重要意义。

二、创业教育课堂教学体系的构建原则

建设合理的创业教育课程体系是创业教育的发展重心之一，构建课堂创业实践主要是树立学生的创业意识，培养学生的创业能力，挖掘学生的创业思维，激发学生的创业兴趣创业教育课堂教学体系可以总结为"三个结合"的构建原则。

（一）创业课程和专业课程相结合的原则

创业教育要与专业教育相结合，体现在课堂教学上就是创业课程与专业课程的结合。专业课程是指根据各学科培育目标和要求所开设的专业理论知识和技能的课程；创业课程是指为培养学生创业意识和创业能力而开始的课程如《创业导论》《创业管理》《商业计划》等。创业课程和专业课程的结合分为两个层次：第一个层次是两类课程在基础性和普及性上的结合和搭配，使学生既具有专业能力，又具备创业能力；第二个层次是两类课程在课程内容上的深度融合，将学科特点融入创业教育中，基于学科开发出具有专业特色的创业课程，如《旅游创业》《科技创业》等，将创业教育立足专业技能之上，将专业知识渗透到创业教育之中。在第一个层次和第二个层次的结合基础上可以将创业基础课程设置为必修课程，将创业专业课程设置为选修课程。

（二）理论课程和实践课程相结合的原则

创业教育理论课程是指创业基础知识课程，通常有规范完整的教学大纲和教学计划，是创业教育的基本功；实践课程是指对创业知识和创业技能进行综合运用的课程，紧密地围绕着创业实践。通过系统的理论课程和灵活的实践课程合理配置，使学生将创业基础知识深度理解和掌握，通过实践课程来体验、内化为自身能力，形成创业教育的一个完整体系，既传授了创业知识和原理，又培养了创业能力。为使二者相互结合，要有创新的教学方法与之适应，在课堂教学中要以案例研究、创业者现身传教、创业模拟实训、现场体验和测试等为实践课程的依托；同时以问题为导向，通过教学互动、角色扮演等方式充分促使学生思考，调

动学生积极性，要特别强调案例研究，以精选的案例增加教学的鲜活性。

（三）第一课堂和第二课堂相结合的原则

创业教育的开放性、参与性特别突出，第一课堂和第二课堂是创业教育并行的两个重要环节，通过第一课堂的学习和训练，学生可以掌握系统的创业知识；通过第二课堂的创业活动，学生训练专业的创业技能。例如，举办"挑战杯""创业大赛""创业俱乐部""创业孵化""创业者巡讲访问"等活动，并整合教学、科研、学工、创业园、校友会等学校和社会资源，为学生提供富有实效、丰富多彩的第二课堂。在高校育人体系中，第一课堂、第二课堂在人才培养上各有分工、各有侧重。高校实践育人工作，不应把第一、第二课堂割裂开，应坚持将第一课堂、第二课堂相结合的原则。第一课堂是高校人才培养的主阵地，在培养学生方面挥着重要作用。开展好实践育人工作，离不开第一课堂。第二课堂是课堂教学以外的育人活动，是第一课堂学习的有效延伸、补充和发展，在当前，第二课堂发挥着越来越重要的作用。鉴于实践育人的特点，实践育人应与第二课堂紧密结合。首先，第二课堂所拥有的生动性、灵活性等特性是与实践育人功能一样的特点。相比第一课堂，第二课堂形式更加生动丰富、学生主观能动性更加得到激发，这些特性与实践育人功能实现的本质诉求紧密相关，学生主动参与的积极性直接影响和决定实践育人的效果。因此，实践育人离不开生动活泼、丰富多彩的第二课堂教育。其次，第二课堂活动具有实践育人功能，就是实践育人的一种形式。例如，志愿服务活动是高校思想政治教育工作的重要载体，是第二课堂的主要育人形式之一，同时，也是实践育人的重要载体和形式。它在引导大学生服务社会、奉献他人的同时能实现锻炼自己、增长才干，实现育人效果。第一课堂与第二课堂有机结合，是做好高校实践育人工作的关键。第一课堂能规范实践育人形式，开展教学实践活动，提升学生实践技能。第二课堂能激发学生参与实践活动兴趣，组织开展形式多样、内容丰富的实践活动，直接为学生提供实践平台。只有坚持将第一课堂与第二课堂相结合，开展实践育人工作，才能提升学生的实践技能与实践热情，并为开展实践活动提供实践平台。第一课堂与第二课堂有机结合，是做好高校实践育人工作的关键，第一课堂能规范实践育人形式，开展教学实践活动，提升学生实践技能。

第四章 互联网时代高校教育管理模式改革的理念

第一节 融入开放性的思想

我国现阶段的高等教育已经从原来的精英教育转化为大众化教育，受教育者的求学情况、知识基础与以往相比发生了很大的改变。政治辅导员和班主任要指导学生正确面对竞争，面对择业，面对压力，引导学生规划人生，培养学生有宽广的胸怀和健全的人格，努力把德育融入学生成才、就业的全过程，要主动管理育人，提高工作效率和工作水平，创造更好的育人环境和氛围。

一、建立优秀的管理团队

如何适应时代的要求，培养社会需要的人才，是从事学生管理工作者的永恒话题，同时对学生管理领导干部提出了更高的要求。学校高层领导应加强对学生管理工作重要性的认识，挑选一批思想素质高、工作能力强、具有一定学生管理经验的工作人员担任学校学生管理的领导工作，经常性地组织并开展对各分校、教学点学生管理领导干部的专业培训，全面提升学生管理干部的素质。通过各种方式组织开展校与校之间的学生管理工作的交流，请具有学生管理工作经验的管理人士讲解、传授管理经验，并通过讨论交流，共同提高，共同进步。

学校应建立导学教师引进、培训、考核、交流的整套制度。完善引进程序，严把入口关，力争把有能力、责任心强的导学教师引进来。建立严格的导学教师培训、考核制度。导学教师应对以现代计算机网络为主的多媒体现代远程教育技术有较深的掌握，能熟练运用计算机网络等媒体技术获取教学资源，并能配合辅导教师进行教学资源的整合，组织和指导学员开展网上答疑、BBS 讨论、双向视频等网上教学活动，利用 QQ 群，E-mail 等与学员进行日常沟通。完善导学教师的流动计划，打破以往导学教师队伍建设的封闭体系，激活用人机制，拓宽导学教师出口，加强对导学教师的提拔，解决导学教师的后顾之忧。

解决导学教师流动性较强、流失率较高的问题，必须加强导学教师的专业化建设，其中最主要的就是更新观念，尤其是更新领导的观念，全面提高导学教师的综合素质。导学教师在工作了一段时间以后既会积累一定的工作经验，也会认识到自身不足。如果学校能制定一套完整的培训机制，给他们更多的培训学习的机会，不管是对学校还是对导学教师本人来说都是双赢的。另外，还可以加强导学教师之间的沟通与交流，使导学教师的业务能力不断提高，确保导学教师在工作中发挥其应有的作用，保证教育培养学生的质量。

二、注重培养优秀的学生干部

学生干部队伍应真正发挥先锋模范作用，真正发挥战斗堡垒作用。学校应健全团支部、学生会组织，主动让学生组织成为学校与学生、教师与学生沟通的桥梁，通过民主推荐、个人竞选产生学生干部队伍。帮助广大学生树立和培养学习自信心。一方面，肯定他们在以往的学习和工作中取得的成绩，使他们充分看到自己的优点和能力；另一方面，循序渐进一对一式辅导，将他们在现在的环境中遇到的问题总结归纳，然后反馈经验。在交流沟通过程中，教师要注意交流态度，避免挫伤学生的学习积极性。

要充分尊重学生，成人学生的自尊心相对来说更强，并且更容易受到伤害，老师的教育手段要不断改进，积极与学生沟通，减少代沟的出现。在沟通的同时，鼓励学生在学习之后要在自己原有的领域有所创新，帮助他们做好职业规划和人生规划。在思想教育过程中，教师应尽量避免用说教的方式，毕竟这些学生都是成年人。强硬的教育态度只能引起学生的逆反心理，他们不仅不会配合教师的教育工作，甚至会放弃继续学习。对个别学生要单独关注，因材施教，明察暗访，找出学生学习成绩不好的根源和影响因素，并与周围同学和其他老师一起努力解决问题，最大限度地激发他们的学习动力。

三、通过加强校园文化氛围引导学生的学习和发展

开放式教育的学生多以参加远程教育学习为主，他们渴望交流、有丰富的校园生活，他们可以感受来自众多同学的支持与友谊。学校应主动提供学生情感交流、培养兴趣和寻求帮助的平台，这个平台能够促进学生之间交流沟通，传承成

长经验，解答学生疑惑，碰撞智慧思想，传递情感关怀，培养同学友谊，消除学习孤独感，增强学生对身份认同感的归属感和凝聚力。营造积极向上的校园文化氛围，促进学生的管理、学习和发展。经常性地开展校区、班级之间各种比赛活动，增进学生之间的友谊，根据不同学生学习专业的不同，有针对性地聘请相关行业的专家学者到学校举办讲座，吸引学生的积极参与。并用各种比赛的形式加强同行的良性竞争，使同学之间互相帮助，共同进步。对学生学习的积极性导学教师应合理引导，帮助其树立明确的学习目标，使其学生既有针对性还能自我检测和反馈。

第二节 坚持以人为本的理念

随着现代教育的发展和教育改革的深入，以人为本的学生管理将最终取代传统的学生管理，这是学生管理改革和发展的必然趋势。人是管理中的首要要素，因而提高人的素质、调动人的积极性、促进人的全面发展是增强管理效果的关键。科学发展观的本质和核心是坚持以人为本。坚持以人为本，不仅在人类思想发展史上具有重要的理论价值，也会成为当今高校的一种新的办学理念。

一、什么是以人为本的管理

以人为本的管理模式是指以人为中心，在确立学生主体地位的基础上，围绕调动学生的主动性、积极性和创造性来开展一切管理活动，这种管理模式是高校学生管理模式发展的必然走向。以人为本的学生管理工作理念，就是要以人为出发点，充分尊重学生作为人的价值和尊严，充分尊重学生的人格、个性、利益、需要、知识兴趣、爱好，力促学生全面发展，健康成才，并能可持续发展。

以人为本的管理在处理人与组织的关系时，并不否定和排斥组织的目标，而是应将人的自我发展和自我完善作为组织目标的组成部分。高校学生管理中坚持以人为本的管理思想，就是指高校学生管理工作必须以调动学生的积极性、做好学生的工作为根本。具体而言，就是要在高校学生管理过程当中坚持将教育和管理的对象——所有学生作为全心全意为之服务的主体。树立"以人为本"的高校学生管理理念，营造良好的服务氛围，对学生能起到潜移默化的作用。高校从教学到行政管理，从学生学习到后勤服务，都要不断深化教育改革，转变教育观念，转变过去那种以学校为主体、以教育者为核心的工作思路和工作方式，变管理为服务，"树立一切工作都是为了学生的健康成长"的管理理念。以人为本的高校学生管理就是以学生的发展为高校工作的出发点和落脚点，一切为了学生，使学生德、智、体、美全面发展。具体而言就是要理解学生，尊重学生，服务学生，信任学生。

二、实现以人为本的管理模式的必然性

人性化管理是以情服人来提高管理效率的，人性化管理风格的实质就在于只有充分尊重被管理者的自由和创造才能，才使得被管理者愿意以满足的心态或以最佳的精神状态全身心地投入学习和工作当中去，进而直接提高管理效率。人性的管理是情、理、法并重的管理，而不是放任管理，也就是我们提倡的教育人性化。对高校学生实行以人为本的管理模式抓住了学生管理中核心的因素，因为学生管理就是人的管理。人的需求、人的属性、人的心理、人的情绪、人的信念、人的素质、人的价值等一系列与人有关的问题均成为管理者悉心关注的重要问题。这是高校学生管理的出发点和落脚点。

高校的基本职能之一就是为社会发展教育和培养人才，大学生已经具有了成为国家栋梁的基本潜质和条件。在教育和培养的过程中，要充分调动大学生的主动性、积极性和创造性，为他们提供能激发其创造性和自主创新性的氛围。要实现这一目标，高校学生管理就必须是人性化管理，实施以人为本的管理模式。首先要转变教育管理观念，树立科学的人才观。切不可用一种人才模式去苛求学生，限制学生个性的发展。学生管理工作者要有着眼于未来的宽广眼界和不拘一格育人的胆略。其次是要着重提高教师的综合素质，强化管理者的人格魅力。

在新形势下，主观上学生群体已经不接受传统的高校学生管理模式，客观上高校管理所面临的形势也不能使这样一种模式维持下去。招生规模的扩大，贫困生数量的增加，个性培养和创新教育日益被高校所重视等这些因素都要求高校学生管理必须抓住"学生"这一根本，转变管理理念，提高教师的综合素质，强化管理者的人格魅力。进行人本化管理，其实是对教师尤其是学生管理者提出了更高的要求。以人为本，促进高校学生管理和谐发展是时代发展适应大学生全面发展与个性发展的必然要求。

三、构建以人为本的学生管理模式

（一）加深对学生的本质认识

高校学生管理，无论是计划和任务的确定，还是内容和形式的选择，都源自对学生的认识和把握，源自对学生发展中各种矛盾的深刻洞察。实际上，任何个体都有其自身具体、独特、不可替代的需求。不同个体的需求在整个群体中不是孤立存在的，它们之间是相互联系和作用的。就高校学生管理而言，学生对自身所处管理环境的感受，对自己在学校中的地位，对学习、恋爱、人际关系、就业等个人发展需要得以满足的程度，都是影响管理效果的重要因素。离开了对这些因素的认识、洞察和把握，高校学生管理就成了无源之水、无本之木。因此，我们只有全面考虑学生的个体情况，重视个人需要在管理中的地位和作用，并把它们看作运动的、变化的，高校学生管理才能做到有的放矢，提高管理效率，收到预期的效果。

（二）营造以人为本的校园文化环境

环境是人们赖以生存和发展的自然条件与社会条件的总和。校园文化环境，是指与校园文化的形成与发展密切相关的外部条件。校园文化环境包括校园的物质环境和校园的精神环境两部分。校园的物质环境是以布局成型的姿态出现的物质环境，主要是指校容，如建筑物的布局、室外的绿化、美化，室内的整洁、美观、大方等。校园的精神环境主要是学校的传统习俗，校风、人际关系、心理氛围、文化品位及活动构成的气氛等。人的发展及才能的养成，是遗传、教育、环境共同作用的结果。就学校而言，这种对人的发展以及才能的养成产生影响的环境，就是校园文化环境，校园文化环境对学校的教育工作及师生员工的生活有着不可低估的作用。开展丰富多样、多元化的学生集体活动能够培养学生崇高的理想和高尚的道德情操，能够使学生的兴趣爱好和特长得到良好的培养与充分的发挥。在一个优良的集体中，学生的不良习惯及意识也比较容易克服，因为集体的影响、优良作风对学生思想品德的形成和发展都会起到巨大的促进作用。

（三）构建以学生为中心的管理模式，实现学生自我管理

作为教育工作的重要方面，在管理工作中确保学生的主体地位，尊重和维护学生自主学习的权利，就要保证教育主体的主观能动性得到充分的发挥，使他们

的个性得到充分的张扬,使学生的潜力和发展的潜质得到充分的挖掘。积极实践学生的"自我管理、自我教育、自我约束、自我服务、自我发展"等,不断培养和提高学生独立思考问题、分析问题、解决问题的能力,这不仅是改进学生工作,为学生的自主发展提供更大空间的需要,也是我们这些年来在学生管理工作中的成功经验。实际上学生的"自我管理",就是一种民主的、开放的、人性化的管理,它更加有利于实现学生成才的目标。

四、加强以人为本管理

做好学生管理工作,需要大家不断地努力,通过多和学生沟通,了解学生,从而更好地做好学生管理工作,立足学生所需、学生所想,实实在在地为学生做好服务。在管理方面,教师应该更多地阅读教育学方面的书籍,更好地了解现阶段学生的所思所想,知道怎样处理出现的问题,同时做学生管理工作的老师需要有满腔的工作热情和无私奉献的精神,这是一名管理者应该具备的,时时刻刻关心学生,了解学生的需要,从更人性的方面出发。另外,也需要建立合理的晋升培训机制,鼓励管理工作做得好的老师,只有这样他们才能更有动力地做好管理工作。

五、提高学生管理工作者的素质

以人为本的管理理念体现出管理的自主性、民主性、灵活性和发展性等特征,这对学生管理工作者提出了更高的要求。所谓"教书育人"就是通过"教书"这一手段和过程达到"育人"的目的。高校各门课程都具有育人功能,所有教师都有育人职责。学校道德教育的成效在很大程度上是由教师的道德素养所决定的教师及各类管理人员要从不同的方面对学生的行为产生影响和作用,确立全员育人和全程育人的观念。学生工作者要深刻认识并准确把握经济社会形势和发展趋势,面对这些变化所带来的影响,能够因势利导做好学生的教育引导工作。

建设一支高素质的学生工作队伍,一方面是高职院校要按照要求认真做好建设规划,做到与师资队伍和其他管理人员队伍的建设统一规划、统一实施;要明确条件、坚持标准,切实做好人员选配工作;要周密计划、合理安排,扎实推进人员培训工作;要提出目标、严格要求,不断增强学生工作者的责任感;领导和有关部门要对学生工作者思想上重视、工作上支持、生活上关心、政治上爱护,使学生工作者都能够随着形势的发展和工作的进行不断提高素质和水平，以满足事业发展的需要。另一方面要求学生工作者加强自身修养，明确神圣职责，增强责任观念，树立服务意识，努力学习，积极实践，深入思考，大胆创新，不断探索新形势下学生工作的新路子、新方法，不断总结适应新形势、新情况下的学生工作的新经验、新成果，在全面服务学生成长成才的过程中发展自己，实现自身的价值。

以人为本的学生管理要追求以新奇制胜，关注学生的日常生活和学习生活中行为表现的细枝末节，把为学生服务放在重要位置，创造性地进行管理。只有坚持"以人为本，和谐发展"的管理理念，适应现代科学发展观的要求，倡导积极向上的学习观、人生观、价值观，实现学生管理模式的改革与创新，才能真正促进学生的全面发展、和谐发展和可持续发展。

第三节　提高教育服务意识

现代教育以促进人的现代化和主体的全面发展为中心。主体性、发展性是现代教育的本质规定。基于此，现代教育倡导"教育是一种服务"的教育管理理念，它强调教育者（教师）以满足受教育者（学生）个性发展，为受教育者创造全面发展和主体生成的情境和条件。它概括了当今教育的经营态度和思维方式。在如何开展教育管理和教育活动问题上，相对传统的教育管理理念，它具有自身的特点。教育服务理念体现了现代教育以人为本的精神，突出了主体，突出了主体的生成和主体性发展；以培养现代主体人格为根本。它直接着眼于人，着眼于人的发展。

一、教育服务理念为改革高校学生管理提供内部驱动力

我们的教育理念是培养人、改造人、塑造人，这具有很大的合理性和教育价值。我们应树立高等教育服务理念，能够促使高校树立责任意识、市场意识和竞争意识，促使他们关注社会与受教育者的个人教育服务需求，推动高校自觉自主地进行改革，把握市场动向，完善服务体系，增强效益意识，提高服务质量。

要求高校学生管理者树立教育服务管理理念，就是期望在形成教育服务理念的同时，一方面使管理者意识到自己与服务、服务与学生的密切关系，因而去尝

试改变对学生的态度，尝试用一种全新的视角去看待学生；另一方面，让管理者从根本上认识到传统管理的问题所在。服务理念首先是将服务对象当成自己一切服务工作的对象和焦点，将学生的满意或不满意作为衡量管理业绩的重要指标，在客观上就迫使管理者去反思原来的管理理念，并努力去接受新理念、新方法。这样才能形成一种内在动力去推动他们进行改革。

二、教育服务理念为引导高校学生管理提出新的目标

学生是共性和个性的统一。共性是指学生的群体属性，个性则指学生的个体属性。处于同一年龄阶段的学生，由于他们生活经历的相似性，他们的身心发展在同一规律支配下，表现出某些相同或相似的属性和特征，即共性。这些共性只是相对而言的，由于个体间遗传因子、家庭背景、社会环境及教育影响的差异，学生的身心发展无论是在内容上还是在水平上都是千差万别的，学生的性格、兴趣、爱好、智力、能力不完全相同，即具有个别差异。这种个别差异是绝对的，是不以人的意志为转移的。这是学生管理者必须面对的事实。

树立高等教育服务理念，不仅能够让我们意识到学生共性和个性的差异，还能够让我们意识到：高等教育服务的生产者是教育工作者，他们通过消耗智力和体力，而生产出适合不同教育对象需求的、具有多方面性能的教育服务，处在生产领域。学生则是高等教育的消费者，处在消费领域。这种理念为高校学生管理实践提出了新的目标。

作为提供教育服务的教育者，在学生管理中应以学生为本，尽量满足学生（作为消费者）的需要。不同的学生有不同的需要，同一学生不同时期的需求层次也不尽相同，需求的多样化决定了教师工作的复杂程度。要生产出优质教育服务，以满足不同人的所有合理需求，教师就要自觉地树立以人为本的服务理念，"弯下腰去"掌握学生的思想动态，不仅要了解他们需要什么，喜欢什么，想些什么，关心什么，拥护什么，反对什么，兴趣何在，还要了解不同年龄学生身心发育的规律和特征。要深入到课堂，深入到食堂，深入到学生宿舍中去，深入到学生活动的各个方面，只有这样，才能从学生的角度制定出符合他们身心发展需要的管理规章，才能努力完善他们的个性，充分发挥他们蕴藏在主体内部的创造潜能，才能受到更多学生的欢迎和喜爱。另外，教师还要了解学生需求的变化。社会在变，时代在变，生活环境在变，学生的思想观念也会随之发生变化。这就要求教师要不断调整教育方式，随时了解以前的规章还是否符合发展的实际，以前的教

育方式、教育手段还是不是学生愿意接受的。

三、教育服务理念为高校学生管理创造新型师生关系

传统的教育理念认为，学生是教育的客体，教师是教育的主体。受这种教育理念的影响，在学生管理中，教师和学生之间是管理者与被管理者之间等级式的、指挥与服从的关系。

树立高等教育服务理念，要求教育者重新审视以前的师生关系，树立起新型的师生关系。

从高等学校教师方面来看，在教育服务生产过程的师生关系中，学生作为教育服务消费者，在教育过程中占有重要地位，教师必须予以尊重，教师作为教育服务生产者，不能不认真考虑作为教育服务消费者学生的意见和要求。这意味着教师只有改变角色意识，树立服务理念，从提高服务质量、保证消费者满意的角度出发来考虑一切，才能做到因材施教。

从学生来看，意识到接受高等教育是对高等教育的消费，意味着他们必须树立独立意识和自主观念，他们必须对自己的选择和行为负责，不能完全依赖学校和老师。这种新型的师生关系有利于在学生管理中师生平等地、朋友式地、相互尊重地交流对话。管理者只有从观念上意识到对学生进行管理就是对学生的一种服务，教师才可能真诚地去爱，真诚地付出，新型的师生关系才可能得以建立。在这种新型的师生关系中，学生管理倡导以"爱"为核心的情感管理。

爱是一切教育的起点，是开启学生心灵的一把金钥匙，也是教育引导和管理学生的一种精神动力。只有爱学生，教师管理学生才能做到十分耐心，了解学生才能非常细心，为学生服务才会一片热心。爱学生的最有效途径就是和学生交朋友，成为学生的良师益友。这样，一方面，可以唤起学生管理者的友爱之心，使学生管理者乐于并善于与学生交友；另一方面，可以使学生将学生管理者看成值得信赖的人，并向管理者敞开心扉，吐露心声，心悦诚服得愉快地接受管理。

四、在学生管理工作中树立服务意识的几点建议

（一）建立一套科学、规范、完善的学生工作制度

高校应按照国家有关法律规定，依据本校实际情况制定完整的、可操作性强的程序、步骤和规章制度，并以此规范学生的行为。完善学校的规章制度应确定

制度主体，不仅学校领导参与，管理者参与，作为被管理者的学生也要参与，这样才能充分体现学生的利益，实现"以人为本"。

学生管理制度应当完善，不仅要注重实体内容，还应当注意到程序内容。例如，学生处分制度，应当列明学生在哪些情况下会受到处分，同时应有学生辩护机制和申诉机制。在所有的程序都进行完之后，再由决策机构来认定处分该不该执行。

学校应有快速的反应机制，国家一项新的学生管理政策或者法规出台以后，学校应快速制定出相应的实施意见。除了这些强制性的规定，还应当有一系列的自律性的规定，使学生明确在集体生活中行为自律的重要性而自觉规范自己的行为。

（二）发挥学生主体能动性，变被动管理为自我管理

在工作中要注意调动好学生自身参与管理的积极性，让学生积极参与学生管理工作，改变学生在学生管理工作中从属和被动的地位，不单纯地将学生看作教育管理的客体，以利于消除大学生对其被管理的逆反心理，实现大学生的自我管理。学生管理中宜推行以学生工作外指导下的，以辅导员、学生干部为调节的，以学生自律委员会为中心的相对的学生管理方式。这样既能锻炼学生的能力，同时又达到了管理的目的。

（三）完善对学生管理者的选拔模式和培训机制

提高学生管理工作者的待遇，建立一支专业稳定的学生管理队伍。

1. 学生管理者的选拔模式要创新

如今的学生管理工作者的选拔制度存在一定的缺陷，有的是毕业生为了留校做老师而将从事学生管理工作作为以后成为任课教师的跳板；有的则是通过种种关系安排进来。因此，在这样的情况下，学生管理工作者既难保持高度的热情，管理水平也不一定很高。新的选择模式只有面向全社会，以完善的选拔机制来完成对学生管理工作者的选拔，这样才能招募到各类人才，使学生管理队伍进一步扩大并提高管理质量。

2. 学生管理者培训机制要创新

学生管理工作是一项很灵活多变的工作，需要管理者有足够的经验和专业知识来处理各种突发事件，因此，对管理队伍的专业培训显得尤为重要。在新型学生管理模式下，任课老师是一种了解学生情况和反馈情况的角色，同时宿舍管理者也是一个重要的角色，因此，原来这种专业性的培训机制针对的主要是校、院、

班三级的学生管理工作者要改变,应面向专业课教师、学生辅导员和宿舍管理员。对学生辅导员、宿舍管理员要注重教育学、心理学、管理学方面知识的更新与培训以及他们对突发事件的应急能力,让他们将"学会管理"与"学会学习"结合起来,使学生管理工作者能不断超越自我,从而培养出一支专业稳定的学生管理队伍。注重专业课教师对学生工作相关知识的了解程度的培训,使他们从被动到主动关心学生的成长,关心学生工作,从而在各高校树立全员育人的思想。

3.关注学生管理者的待遇

学生管理工作需要管理者保持极大的耐性和工作热情。管理工作相当烦琐,使得很多管理者不能维持工作的长期性,而管理者的经常变动则会影响学生管理工作的开展和完善。因此,提高学生管理工作者的待遇,使其能稳定地从事这一工作是非常必要的。

第五章　互联网时代高校教育管理模式改革的途径

第一节　管理层面

一、管理者提高自身的综合素质

随着我国高等教育的逐步普及以及与国际接轨，各高校面临着激烈的竞争，高校管理者也面临着新的任务和挑战。高校学生管理者除要承担教师应尽的责任之外，还因其管理者的身份，要承担更多的特殊责任，这就要求其必须全面提升自身的综合素质。

（一）高校管理者的责任体现——促进高校教育发展和推动大学生成长成才

一所高校的好坏在很大程度上取决于这所高校领导者的水平，高校管理者的能力素质对高校的发展和大学生的成长成才有着至关重要的影响。然而，近年来在从事高校学生管理的这个群体中，却有个别管理者存在着责任感不强的现象，影响着学校的发展和大学生的成长成才。为了使高校学生管理者对其所处的时代和所肩负的责任有一个具体深入的认知，高校学生管理者要注重自身管理能力的提高，不断地吸收新的信息，不断地实践和总结，培养良好的执行力和良好的沟通协调能力。

管理能力的提高是一个学习和训练的过程，过去已有的知识和能力固然重要，但并不等于说我们就可以用过去的知识和能力应对现在及未来，要用发展的眼光培养自我的责任意识。管理者要注重对高校学生管理方法的研究，提升自身科研素质，明确管理的目的，为其管理素质的提高奠定基础。因此，高校学生管理者素质的提升是培养创新人才的保障。高校管理者的责任必须体现在促进高校建设发展、推动大学生的成长成才的需要上。

1. 促进高校教育发展的责任

目前，高校学生管理者基本上都接受了系统的高等教育，掌握着先进的科学技术和管理方法，是高校发展中一支朝气蓬勃、出类拔萃的队伍，他们应该努力用自己的聪明才智为高校的发展尽一份力量，为大学生成长成才服务，这是历史赋予他们的不可推卸的责任。高校学生管理者接受了正规而严格的治学熏陶，探求着自然与社会的最新宝藏，因此有能力更有责任和义务，促进中国教育的发展，在高校之间竞争的舞台上一显身手，推动高校的进一步发展。高校学生管理者要对祖国的教育和人才的培养有着高度的关注与思考，对建设有中国特色的社会主义教育、办好人民满意的大学有着比较深刻的理解，能积极投身于高校的建设，为不断推进高校的发展而努力。

2. 推动大学生成长成才的责任

对高校学生管理者而言，不仅要注重自我的发展，更重要的是要挑起高校教书育人的重担。高校学生管理者要在办人民满意大学的道路上实现自身的发展，并以此促进高校教育的发展和大学生的成长成才。责任感的重要性是不言而喻的，责任感的培养和增强，既需要高校学生管理者本身的努力，也需要社会外界条件的帮助来共同完成。学校要提供各种各样的锻炼机会，使学生能够真正接触社会和以成熟的观点认识社会现象，宣传倡导良好的社会风尚，坚决批判和抵制不良社会风气和社会现象，从而培养其自身判别是非、应对复杂局面的能力，只有这样才能帮助大学生明辨是非。

（二）高校学生管理者的素质优化——全方位、多角度相结合

高校学生管理者在工作中除了集思广益、博采众长，还应具备管理、规划、发展、远景展望的能力，工作不能停留在表面上，必须有计划，有总结，这样才能保证执行的效果。同时在执行过程中绝不能随遇而安，要打破因循守旧的观念，树立大胆创新的观念，自觉运用创新思维，这就必须培养自我管理能力与社会责任感。

1. 注重知识更新，加强责任引导

高校学生管理者要在意识到自己责任的同时，把它升华为一种自觉的内心信念，升华为义务感，并形成强烈的社会责任感。培养自我管理能力，要把高校学生管理者所具备的政治素质、业务能力、增加工作经验等作为能力管理的主要内

容，根据高校学生管理者的具体情况和需求，有针对性地加强学习与培训，保证获得工作必需的工作技能和方法，促使高校学生管理者运用自己的理论优势帮助大学生成才，促进学校教育的发展。高校学生管理者作为教书育人的责任主体，既具有公民的权利和意识，也必须有办人民满意大学的责任意识，从而引导高校学生管理者正确认识个人与社会的关系，认清承担社会责任是实现自我价值的必由之路和强化构建和谐学校的思想基础。个人与社会之间既有区别又有联系，是共生共存、辩证统一的。发挥高校学生管理者的主观能动性和创造性，使他们善于运用科学理性的思维去分析问题、解决问题，充分发挥高校学生管理者自身的优势，鼓励自我发展，勇于创新。

2.注重能力管理，拓展创新载体

高校学生管理者要培养健康的心理素质，锻炼坚强的品质并增强抗挫折能力。高校学生管理者在学生管理工作中常遇到不顺心的事情，他们会感到委屈、郁闷，这种心情会在很大程度上影响工作的效率和准确度，甚至使得其要面临的情况愈加困窘，所以要注重培养自己的心理素质。高校学生管理者要有坚定的职业精神，只有对自己的本职工作付出热情和心血，才能真正把事情做好，在繁重而枯燥的工作中，高校学生管理者只有选择耐心与认真工作，才能不折不扣地完成教书育人的任务。孔子云："吾日三省吾身。"如果每一个高校学生管理者都能经常对自己的表现进行反思，不断克服自己的惰性和私心，那么高校的学生管理水平就能日益提高。高校学生管理者最终的目的是为学校发展服务，为社会培养优秀合格的人才。高校学生管理者只有具备社会责任感，才能培养出社会需要的人才。对高校学生管理者能力管理和社会责任感的培养需要二者之间的良性互动，这是高校学生管理者全面、和谐、自由发展的必要途径。

二、切实落实高校学生管理工作

在高校学生管理工作中，辅导员扮演着重要角色，不仅要管理学生，还要教育学生，对学生的学习和日常生活进行正确引导。对高校学生管理工作中辅导员的角色分析，能促进辅导员更好地对大学生开展教育和管理工作。高等学校的建设与发展在国家改革开放以及经济社会深入发展的背景下逐步进入新阶段。高校辅导员需要承担的责任很多。例如，落实大学生德育教育、落实学校规章制度、组织大学生参加各种教学活动、为大学生提供专业辅导和择业辅导、疏导大学生心理、帮助大学生解决困难、在大学生中发展党员等，可以说高校辅导员的责任重大。

（一）辅导员在高校中的地位及作用

1. 管理协调

高校辅导员要对学生进行无微不至的关怀，做到事无巨细，让学生感到温暖。例如，指导学生如何管理日常事务、如何管理班级规章制度、如何组织班级活动、如何动员和促进学风建设等，高校辅导员在班级管理工作中要付出足够多的汗水和心血。高校辅导员被高校师生公认为"学生工作管理员"，其在工作过程中要协调校内各部门与学生之间的关系，做到与校内各个环节有效衔接，充分发挥高校的管理育人作用。

2. 纽带桥梁

通过辅导员可以架起高校与学生之间沟通的桥梁，辅导员要负责收集掌握和处理学生的意见及要求，遵守学校政策法规、规章制度，组织学生开展各种校园活动。由此可见，高校辅导员加强学校与学生之间的沟通，能够为高校的育人工作创设和谐稳定氛围，促进高校管理工作的高效稳定运行。

3. 教育疏导

高校辅导员采取近吸式教育模式对大学生进行教育，教育工作涵盖大学生的各个方面，不只停留在思想教育层面。高校辅导员进行的重点工作是帮助大学生进行职业生涯规划，促使大学生树立远大理想，使大学生在学习、生活和工作态度方面端正态度，为高校培养高素质人才提供保障。

4. 成才导师

辅导员会影响到学生的各个方面，如思想观念、价值取向、处事态度、行为方式以及学习成绩等。优秀的辅导员可以对大学生产生积极影响，辅导员是大学生进入大学生活以后面对的第一位导师，其负责大学生四年的学习和日常生活，并且对大学生的学习和生活予以引导。大学阶段学生身体发育以及思想成长逐渐成熟，辅导员对大学生能够产生潜移默化的影响。

（二）高校辅导员工作策略

1. 身体力行，做个"好榜样"

第一，与其他课程教师相比，辅导员可以与学生进行交流的时间更长，所以辅导员很容易在学生心目中树立良好的榜样。学生的素质直接受到辅导员素养的影响，因此辅导员要不断提高自身的综合素质，时刻注意自己的言行举止，做到以身作则，为学生树立良好的榜样。

第二，有很多优秀学生可以作为榜样，教师要积极发现并且要善于利用，使学生能够感受到身边同学的榜样力量，激发学生的学习积极性。辅导员可以选取一些有代表性的学生作为榜样，发挥其带头作用。

第三，辅导员要积极组织学生开展学习榜样活动。例如，学习雷锋榜样活动、鼓励学生到社区做义工、到养老院慰问老人等，充分发挥学生的助人为乐精神。

2. 全面发展，做个"多面手"

第一，辅导员是学生学习上的引导者。辅导员在学生工作方面不仅要发挥管理者职能，也要发挥教育者职能。辅导员要将教授学生有效学习方法作为出发点，要积极学习并且掌握相关专业知识，并且通过课程教学和活动教学等方式向学生传授学习方法。

第二，辅导员要做学生的知心朋友，要关爱学生。大学阶段的学生还处于成长阶段，辅导员要给予学生更多的关心和爱护。辅导员要及时了解学生的学习和生活状况，及时帮助学生解决学习和生活过程中遇到的问题，要让学生感受到辅导员带来的温暖，赢得学生的尊重和信任。

第三，辅导员要对学生的就业进行指导。大学生临近毕业时就业方向往往不明确，辅导员要引导学生设计职业生涯规划，让大学生对自己准确定位，在明确自己就业目标的前提下，制订符合自身实际的职业生涯发展规划，促进自身职业目标的实现。辅导员要积极组织学生开展职业生涯评比活动，使学生能够根据自身发展实际制订职业生涯规划。另外，辅导员还要积极引导学生进行社会实践，让学生在社会实践中学习知识，积累经验，帮助学生实现顺利就业。

三、掌握高校学生管理的关键点

学生管理工作是高校整体工作的重要方面。在具体的实践中，学校的教育管理工作者应注意把握其中的几个关键环节，主要包括：入学教育、学生干部选拔、评优评模组织纳新、军政教练员选拔等。只有全面把握大学生管理的关键环节，才有可能使大学生的管理工作走上更加规范而又科学的轨道。

（一）入学教育环节

高校的招生对象为高中毕业生。高等教育实行的是自我教育、自我管理和自我服务的管理模式，而大多数中学生的自我管理能力和自我约束能力较差。因此，高中毕业生如何实现向大学生的过渡和转变，入学教育是大学生管理工作的第一个关键环节。在入学教育方面,学校要重点搞好军政训练,从队列、内务、学籍管理规定、日常行为规范、考试制度等方面进行教育和强化训练。另外,学校还要使学生真正明白,只有科教才能兴国,中华民族要想在世界上永远立于不败之地,首先就要发展教育事业。学校,同时要使学生了解本省乃至全国各行各业尤其是本专业的发展现状和前景,使学生尽快树立一种"今天学知识,明天建祖国,现在准备好,将来去奉献"的职业道德观念,使"奉献自己、服务他人、努力打拼、不断创新"的信念成为他们的终生追求。

(二)学生干部选拔环节

在学生眼里,班干部的经历有助于他们今后的发展。因为当了学生干部,不但荣耀,而且是党组织纳新的优先对象,同时学生干部的经历会对他们今后的就业产生积极的影响。

"不想当将军的士兵不是好士兵"这种想法并不能说完全不正确,一些学生当了学生干部后,因其本身自制力较差,很难做到"以身作则,率先垂范",同时给自己的学习也带来了很大的压力,给学生管理工作带来了不利影响甚至后患。所以,在选拔学生干部上,必须要坚持原则,把那些品学兼优,具备一定组织能力,在学生中威信较高的学生选拔上来,是至关重要的。在选拔和配备学生干部时,辅导员应当在新生入学前首先审查相关教学班新生的档案信息资料,全面掌握学生的思想政治情况和家庭基本情况,将那些政治上可靠、学业上优秀的新生作为学生干部的备用人选。新生报到后,辅导员可以提名一些优秀的学生担任班委会、团支部临时干部,经过1~2个月的实践考察,履行民主推荐的程序,分别确定正式班委会和团支部的学生干部人选。

(三)评优、纳新环节

在学生管理方面,评选"优秀团员""三好学生""优秀学生干部""优秀毕业生"以及奖学金的评定、党组织纳新是建立良好的班风、学风和校风的重要激励机制。"优秀团员""三好学生""优秀学生干部"以及奖学金的评定,每学年评定一次,"优秀毕业生"每届学生评定一次,党组织纳新一般每学年进行两次。每次评优、评奖和党组织的纳新工作,高校学生管理部门都会印发相关文件和要求,各系部和辅导员要按照文件精神认真抓好落实,认真履行职责,真正把那些政治上可靠、学业上优秀的学生评选上来,把那些拥护党的领导、积极要求上进的学生早日吸收到党的组织中,把评优和组织纳新的激励作用发挥到最大。

四、掌握高校学生个体管理的艺术

（一）制度的规范和激励功能在高校学生管理工作中的显现

规范性制度和激励性制度在高校学生管理中都有其存在的合理性和价值。分析制度这两种主要功能的价值取向和限度，并不是要否定规范性制度在高校学生管理中的作用，而是要注重两种制度功能的价值取向和限度，在各自的层面上发挥其有效性。大学生已具有很强的独立人格和尊严，有非常明确的是非观和价值判断，他们基于自身理性进行价值认知和选择。规范性制度应是对学生的权利和义务进行准确的定位，保障学生完整的公民权和受教育的权利，明确大学生作为公民和学生应有的行为规则与责任。所以，规范性制度的内容是对大学生行为的基本的限定，对符合大学生基本行为规范提出遵守要求和对不符合的行为给予强制性处理。

更多的高校学生管理制度应以积极引导的价值取向，激发和激励每个学生的个体价值，充分肯定和体现学生的个体价值，增强学生积极向上的愿望和动力。激励性制度可以有效地启迪、打开学生的价值世界，提高他们的价值判断能力、选择的意识与能力，敞开他们通向可能生活的价值路径，让他们面对开放的、无限沟通的社会生活空间，从容、自主地建构个人的价值世界，成为生活的主体。人才有基本要求，但没有一致的标准，对人才自身的发展，要通过多样的激励措施和多层面的肯定来促进。

（二）以激励性制度引领高校学生管理工作的价值创新

在高校学生管理工作中加强对激励性制度的重视，要从激励性功能出发进行适当的目标定位：一是实现对学生的不同认识，引导其不同个性的激发与彰显，推动其明确自身的价值取向。二是改变管理者的工作方式，逐步弱化强制性特征，突出以服务为主的角色意识，给学生创造一个既渗透制度规范，又充满生机与活力的实践提高平台。三是达成人才培养方式的转变，避免制度规范性的固化趋同，帮助学生在个性可以得到发展的情境中通过自我学习、自我管理和自我服务，实现自我价值。

（三）制度设计

高校学生管理工作创新应高度重视制度创新，并努力使之健全、规范与科学。

完整、成熟、合理、先进的学生管理制度，反映着一所学校德育工作的理念与机制，反映着学校人才培养的目的与要求，反映着学校学生管理工作的思路、模式与方法，同时也综合反映着学校学生管理工作的境界与水平，以及全体人民实现中国梦的憧憬和希望。理性把握学生管理工作中制度功能的特点以及制度设计的原则要求，在突出制度执行的严肃性、规范性和教育性的同时，更注重加强制度设计，注重制度的激励功能的发挥，是实现高校学生管理工作价值创新的重要途径。

制度设计要建立健全评价机制，优化绩效考核激励机制。正如柯尔伯格所言，道德发展取决于规则如何被理解，而不是取决于文化内容。我们从这句话得到启发的是，规则带给他人得以理解到的是什么，是一种限制性的价值传输，还是一种开放性的价值引导？一般意义上，学生的行为要求与个人自身的发展目标是相一致的，限制向内，开放向外。通过制度激励性功能的发挥，将对学生的教育价值的引导渗透于学生个体成长的过程之中，无疑应该是高校学生管理工作的基本出发点和重要归宿。

制度设计就是要把个人的道德理性与生活结合起来，通过发挥制度的静态与动态有机结合的激励性功能，强调细化管理、量化管理。在生活中验证、丰富、实践个人的价值理念，并且逐步形成稳定的道德行为习惯，形成个人在日常生活中稳定的道德思考、判断、选择以及行动的基本方式，从而实现学生在综合素质提高方面保持一定的张力和维度。

第二节　学生个人层面

一、发挥学生的主动性

大学生的自我管理，包括大学生对自身的生理、行为等方面的自我认识、自我感受、自我料理、自主学习、自我监督、自我控制、自我完善。具体来说，大学生自我管理就是通过反馈和分析自己的三个方面，即了解自我长处、管理自我目标，并学会做事和与人相处。

（一）自我管理的入门——了解自我长处

了解自我最重要的就是找到自己的长处——这是大学生首先要做的事情。也许要用整个大学在校的时间,但越早发现对大学生将来的发展越有利。发现长处不能靠闭门苦想,而要通过实践检验并实施反馈分析。所以,作为大学生,要敢于尝试,在大学学习期间要尽可能地涉猎广泛的书籍,在假期时要抓住每一个实践机会。一个有效的方法是,无论何时,只要你做出了一个重要决策或采取了一项重大行动,都要把你期望的结果记录下来。三至六个月后,把实际结果与你的预期进行一下比较。通过比较,就清楚明了在众多的抉择中,有些是自己没有天赋、没有技能干好的,而在某些方面上你却一点即通,上手很快。人生短暂,只有善于明白自己长处的学生才能够懂得深入学习自己擅长的东西,只有从"人流"向"一流"冲刺,才不会在自己能力不足的领域里浪费精力,从"非常笨拙"争取做到"马马虎虎"。一个人的成就,只能建立在长处和强势上,不可能建立在短处和弱势上。

当然,一个人的成长是动态的,特别是对可塑性强的大学生而言,其具有的长处也是不断发展补充的。长处既可以靠挖掘,也可以靠培养。为了更好地生存,人的无限潜能也能帮助自己激发和形成新的长处。因而,寻找长处不是固有的模式和框架,而要不断定期进行反馈分析,只有将寻找长处、培养长处与发挥长处统一于实践,才能让长处充分发挥作用而真正成为一种竞争的优势。

在大学,学生在不断地学习生活中难免有诸多抱怨,对自己对身边总有着这样的不满意和那样的不顺心,这也很正常。也许对很多人来说,当年轻有精力时,却没有做事的外部条件;当外在条件成熟时,可能人老没精力了。所谓"非才之难,所以自用者实难!"只有善于自我管理的人,才善于自用其才,才能在广阔天地间让长处充分发挥,抓住机遇,走向成功!

(二) 自我管理的核心——目标管理

在明确了自己的长处之后,接下来就是目标的管理。"'做正确的事'比'正确地做事'更重要"。目标就是"做正确的事"。它包括以下几个方面。

1. 设立目标,让生活有明确的方向

不想当将军的士兵不是好士兵。作为一名大学生,首先要志向远大,目标明确。设立目标,要把握三个要点,一是你的目标一定要结合你的优点,围绕你的长处来构思。设立的目标,要能强化你的长处,专注于你的长处,把潜在的优势转化为现实的优势。二是目标必须具体,不能含糊其词,任何人都不可能去实现一个模糊的目标。例如,你打算考某个资格证、打算毕业时考研、并且打算毕业后找一份什么样的职业等,一定要把资格证的名称、考研的专业、职业的性质确定下来。三是目标要适中,既不能眼高手低,也不能自卑自贱。虽古人云:"取法乎上,得乎其中;取法乎中,仅得其下。"但我们设立的目标如果超过自己的知识、能力水平了,那么目标就会成为空中楼阁。

2. 要分解目标,让你随时充满紧迫感

目标可区分为长期目标、中期目标、短期目标三类。长期目标要瞄准"未来",要把眼光放到毕业后的人生当中;中期目标是当你设定了长期目标后,将它分为两半的目标。若设定一下 10 年期的长期目标,中期就标定为 5 年。接着将 5 年再分成两半,直到实现 1 年期的短期目标时,短期目标是你应该最为关注的目标,其一般不要超过 90 天,这样才能取得更好的效果。通过这样分解,你就可以把有限的精力放到实现当前的目标中去,全力以赴。

3. 自我管理的重要内容——学会做事和与人相处

自我管理最终是要去服务社会,融入他人,而不是一味地管理"自我"。所以自我管理很重要的作用和意义是在于它的社会性——学会做事和与人相处。学生经过了大学教育,最终是要进入社会的,所以在大学教育中,在学生自我管理的内容中,重视社会性素质能力的提高是十分关键的。归根结底——"学会做事做人"。做事,除了做好事,还要提高工作效率,以最佳的方式完成。做人,除了做好人,还要做个成长快、成功快、受人欢迎和敬佩的人。

4. 学生自我管理在高校管理工作中发挥着重要作用

学生自我管理渐渐成为高校学生管理重要的一面,具有显著的作用。

第一,能够有效地提高大学生的主动性,增强解决实际困难的能力。"自我管理"是以大学生为主的管理模式,大学生将扮演管理者和被管理者两重身份,学生既主动参与管理,又接受来自自己的管理,充分体现了学生的主体性。

第二,有利于塑造大学生独立性品质,增强社会责任感。"自我管理"实质上是学生的自我约束。在高校规章制度的监督下,增强学生的自我控制能力和独立感,加强学生的主观能动性,使学生在学习生活中,对自己负责,对他人负责,对社会负责。

第三,能够帮助学生认识自我,发展自我。"自我管理"是一种软性的管理,学生在学校制度的约束下,能够充分了解自己的真正需要,在进行自我教育的过程中,有效弥补自身的不足,实现自我发展。

第四,有助于丰富学生的校园生活,增强学生的实践能力。学生如果自我管理,就能积极地去开展校园活动,丰富文化生活,增强交际能力,同时社会实践能力也会有所加强。

5. 学好做事做人有几个基础

（1）顺应良好的个性习惯

尽管我们说大学新生是站在同一条起跑线上，但他们实际上是带着各自将近二十年的人生履历进入大学生活的，一般都有自己的习惯。帮助学生区分他们习惯中哪些是好的习惯，哪些是坏的习惯，并设法改掉坏习惯是非常重要的。例如，在学习方式上，有的人是阅读者——通过读收获最大；有的人是倾听者——通过听收获最大。只要能学到知识，这两种就都是好习惯。

（2）合理利用时间

大学生要学会掌控时间，就是要合理利用学生拥有的时间和精力资源去获得知识与能力。我们要帮助学生学会善于协调两类时间：一是他控时间，如学校安排上课、实验的时间；二是自控时间，即属于自由支配的时间。一个人每天效率最高的时间只20%，所以要用20%的时间做80%的事情。此外，锻炼身体并不是浪费时间。

（3）借助他人的力量

一件事情的成功通常是多方面合力的结果，而我们每个人的能力是有限的。因此，你要善于利用这些资源和能力来完成共同的任务。所谓聚沙成塔，众人拾柴火焰高！

（4）善于沟通

大学生生活的圈子小，人际关系相对简单，但学生要学会把所处的环境看成是练兵场，培养与人相处的技巧，学习建立良好人际关系的能力。沟通，只要生活在社会上，就要与人打交道，相互沟通至关重要。了解别人，也让别人了解自己。只有互通有无，才会有 $1+1>2$ 的结果。要了解别人，就要学会换位思考，站在他人的立场上来分析问题，以同情的心态接受别人的观点。培养自己迷人的个性、得体的衣着、善意的微笑、诚挚的言谈、积极的进取心，从而让别人了解自己，欣赏自己。通过沟通，建立起牢固的人际关系网，你就有了生产力。

善于做人做事是一个较大的范畴，涵盖很广，市场上也有很多相应书籍和碟片。学校管理做得再好，对大学生来说只是一种外部的知识传输和秩序的强制执行。此时的大学生正在积极发展探索、发现、分析、解决问题的能力，也正处在一个自我分辨、自我抉择的时期。这种积极的、主动的认识自身主体的意识是很重要的。作为素质导师的最主要的工作其实并不在于把学生管理多好，而在于如何给予学生好的观念方法和建议,为他们创造一个良好的成长环境,让他们更好地自我管理,引导他们走向成功。

6.高校学生实行自我管理的实践途径

(1)创造大学生自我管理环境,实行有效的自我管理

环境的作用对一个人的发展是有很大影响的。环境包括人和物两方面。大学生是学校的主体,是建设文明校园的主力军。高校只有充分发挥学生的自我管理作用,才能建设文明校园,才能培养出合格的大学生。宿舍是学生主要的生活场所。因此,宿舍氛围的营造是一个重要方面。合理良好的宿舍环境对于培养大学生的自我管理能力会发挥很大作用;教室是学生学习的地方,保持教室的安静是每个学生必须遵守的首要原则。

(2)制定大学生自我管理的一些制度,引导大学生进行自我管理

要使大学生进行有效的自我管理,就必须有相应的制度来约束。实行自我管理,并不意味着放任自流,而必须有一些制度作为底线,否则,难以把握大学生的发展方向,违背高校人才培养的初衷。因此,相关制度的建立,对大学生的自我管理起着一定的引导和约束作用。总之,要想有效地实行大学生自我管理,高校全体师生必须意识到自我管理的必要性,在班主任辅导员或学生管理工作者的指导下和一些相关制度的约束下,充分挖掘学生的潜力,增强学生自我控制能力,在自我管理中全面发展。

二、提高其参与程度

大学生参与高校管理,既是其作为教育消费者与接受者的重要权利,又是其保障自身利益的合法权利。为更好地促进与提升高校管理中的学生参与,需要完善学生参与高校管理的机制和提升学生参与高校管理的品质。

随着高等教育市场化程度的逐步深入,高校收费制度和招生录取方式的逐渐变化,高校与学生的关系日益从"管理者和被管理者"的关系转变为"服务提供者与消费者"的关系。伴随大学生成人意识与消费意识的增强,其既应享有依法参与高校管理的权利,又应基于自身合法身份,获得保障自身正当权益的权利。

在高等教育大众化、民主化趋势日益显著的今天,如何科学理性地赋予学生参与高校管理的权利,如何妥善合理地保障学生的权利诉求,是值得教育者谨慎思考与深入探讨的问题。

（一）学生参与高校管理的特征

学生参与高校管理，既是学生作为教育消费者的重要权利，又是学生保障自身正当利益的合法权利。

1. 学生参与高校管理的基本内涵

关于学生参与高校管理的含义，典型的有"全面参与说"和"部分参与说"两种。前者强调学生全面参与学校的各项管理，大学生参与管理是指为实现高校教育与管理目标，大学生从高校正式的组织机构中分享一定的管理权，承担一定的管理责任，在参加高校发展的计划、决策、资源协调和管理中，推进高校管理的民主化、科学化。后者主张学生部分参与学校管理，大学生参与学校民主管理是指在学校管理过程中吸纳学生参与学校和学生利益直接相关事务的评议、管理和监督。它既是学校民主办学的重要途径，也是学校尊重、培育学生主体性，造就创新人才的重要渠道。上述两种观点都以高校管理民主化和科学化为出发点和落脚点。然而，学生身心发展水平的差异性以及学校本身所固有的管理职能，决定了学生参与学校管理是以促进学生主体性发展为前提，所以学生参与管理更多的是从学校的教育教学活动、校园文化建设和学生学校生活等方面来强调其主体地位和作用，促进其主体性的发展并提升学校管理的科学化水平。也就是说，学生参与高校管理的本质既是高校管理工作中的一个重要环节，又是高校学生教育的一种重要手段。

2. 学生参与高校管理的理论基础

国内学者从法律法规和政策的视角为学生参与学校管理寻找合法性与合理性支撑。1998年，联合国教科文组织在世界高等教育大会上发表《21世纪高等教育：展望行动世界宣言》指出：国家和高等院校的决策者应将学生视为高等教育改革的主要的和负责的参与者。2005年我国教育部发布的《普通高等学校学生管理规定》第四十一条明确规定：学校应当建立和完善学生参与民主管理的组织形式，支持和保障学生依法参与学校民主管理。2011年，教育部《高等学校章程制定暂行办法》第十二条明确提出：章程应当明确规定教职工代表大会、学生代表大会的地位作用、职责权限……维护师生员工通过教职工代表大会、学生代表大会参与学校相关事项的民主决策，实施监督的权利。

3. 学生参与高校管理的实现形式

在我国，学生委员会（学生会）是高校最基本、最普遍的学生组织和学生参与高校管理的机构，充当学校和学生之间相互沟通的桥梁和纽带。学生会的基本原则是坚持服从党的领导和维护学生利益的一致性，因此学生会既要维护党和国家的利益，又要兼顾广大学生的利益。学生会通过一定的渠道和途径参与学校的日常管理，参加有关对学校工作的监督和评议。根据《中华全国学生联合会章程》规定，学生会的基本任务之一就是沟通学校党政组织与广大同学的联系，通过学校各种正常渠道，反映同学的建议、意见和要求，参与涉及学生的学校事务的民主管理，维护同学的正当权益。作为学生自我管理的组织机构，学生会在理论上既是学生参与学校管理的主要途径，又是学生进行自我管理的重要组织。

（二）学生参与高校管理的策略探析

学生参与高校管理应该是一个循序渐进的过程。高校应充分重视学生参与管理的权利，落实学生参与管理的权利，为学生参与学校管理提供更适宜的环境与更完善的制度保障。

1.重视"学生权利"，更新学生参与高校管理的观念

支持和促进学生参与高校管理，在本质上是尊重学生作为消费者与受教育者的合法权利与合理诉求。大部分高校管理者都认为以大学生的现有能力和素质还无法胜任复杂的管理工作，所以在保证学生参与高校管理的方面通常持相对保守的态度。

2.赋予学生权力，完善学生参与高校管理的机制

明智地分享权力并不等于削弱权力，反而可以多出成果。通过构建与完善相关的学生参与机制，更多地赋予学生参与学校管理的权力，是未来高校管理体制改革的重要趋势之一。

（1）构建并完善高校学生管理听证制度

近年来，听证制度在我国法治建设过程中发挥了举足轻重的作用，把听证制度引入高校，使其作为保证学生参与学校管理的制度保障，已经引起了人们的广泛关注。目前，我国各高校纷纷建立学生管理听证制度，探索与学生成长需求相适应的学生参与学校管理制度体系，保障学生参与学校管理的合法权利。

（2）实行高校学生代表大会提案制度

学生参与学校管理是我国现代大学制度建设的要素之一，健全的现代大学制度理应为大学生参与管理提供有力保障，借鉴教代会模式施行学代会提案制度，应当成为保证学生参与高校管理的组织保障。

（3）完善学生参与高校管理的规章制度

建立和完善学生参与学校管理的规章制度是学生参与学校民主管理和高校依

法治校的制度保障。近年来，国内各高校积极探索推进大学生参与民主管理的途径和办法，努力为保证学生参与学校民主管理提供有力的制度保障。

3. 优化"学生参与"——提升学生参与高校管理的品质

促进学生参与高校管理，不应仅仅停留在低层次、低水平的"形式阶段"，而应致力于层次的提高和品质的提升，达到有效、积极和高水平的"实质阶段"。

（1）提高大学生参与高校管理的层次

参与高校管理可分为三个层次，初级层次以行使知情权、监督权和建议权为核心；中级层次以行使行动权、咨询权和评议权为核心；高级层次以行使决策权、表决权和投票权为核心。目前我国大学生参与学校管理的途径和方式还主要集中在初级层次或者中高级层次的初级阶段，如高校普遍设置的校务公开栏、校长信箱、校长接待处以及实行的学生助理制、学生评议制等，都只停留在知情权、监督权、建议权等初级阶段和层次。学生组织、学生干部参与管理也仅仅停留在宿舍、食堂等生活服务管理层面，对学校重大方针的决策根本无从参与。鉴于大学生身心发展的特殊性以及群体功能的特殊性，学生参与高校管理的范围和程度可以是有限的，但学生作为学校主体参与学校各个层次管理的权利却是不可忽视的。高校应充分尊重学生参与学校重大决策领域管理的权利，让学生真正享有"参政议政"的权利。

（2）创新大学生参与高校管理的方法

随着网络技术的成熟以及高科技产品在高校的广泛应用，学校可以充分借助当前先进的技术和科技手段拓宽学生参与学校管理渠道。例如，南开大学通过微信App来专门用于校园信息咨询、交流和反馈等事务，学校不仅能够用它发布各种公告信息，还可以将其用于向学生征集各方面的提案和意见，成为"随时随地任何学生"参与学校事务管理的一种新的便捷途径。此类形式创新与方法创新，能够打破以往学校管理工作在时间和空间上的限制，提高管理工作的效率，使学生参与学校的管理更加人性化和现代化。

（3）增强大学生参与高校管理的能力

大学生作为由成年人组成的群体，已经具备较成熟的思想和独立判断的能力，同时兼具较强的可塑性和培养空间。高校应当重视对学生参与学校管理能力的培养，创造机会让更多学生关心和了解学校的发展并积极参与到学校管理当中，尤其要鼓励学生参与教学管理、干部选举及奖惩制度等事关自身发展和切身利益的重大事务。

第三节　环境层面

一、营造健康积极的高校学生管理大环境

随着网络技术的发展，网络文化建设已经成为社会关注的热点，随着网络信息技术的进步，网民的数量在剧增，网络文化业态呈现了多元化的趋势，它对我们的工作、学习、生活产生的影响也越来越大。高校网络管理中心是全校网络运行的主要支撑平台和防范不法分子利用网络破坏学校稳定的堡垒，是展示学校整体风貌的"窗口"，是学校重要的舆论宣传阵地。

（一）提高学生的文化素养、自我调节与管理能力

培养和提高大学生网民对有害信息的自觉抵制意识和能力，对建设社会主义网络思想阵地具有基础性的意义。首先，要使青年学生学会做自己的心理医生。青年学生的情感丰富而又容易冲动，因此要学会保持健康的情绪，适时宣泄不良情绪，找到合理表达自己诉求的方法，防止过度迷恋网络游戏，就显得非常重要。其次，要使他们学会合理安排自己的生活，建立合理的生活秩序。现在个别大学生尤其是大学新生，生活自理能力较差，有的甚至难以适应大学的集体生活。另外，有的大学生不能进行正常的人际交往，不能与人建立良好的人际关系。最后，培养学生的道德自律意识。学生阶段是一个人的人生观和世界观的形成与定型阶段，因此教育他们在网络社会里遵守起码的行为准则，自觉加强修养，树立正确的人生观和世界观，显得非常重要。

（二）营造积极健康的校园文化环境

学校应该有意识地组织力量开展网络信息完全方面的科学研究，利用技术的力量对侵入网络的有害信息进行处理，努力净化网络环境，将有害信息拒之校园网外。学校应该加强校园文化建设，丰富学子的业余文化生活。首先，要以学生为本，积极开展充满时尚和青春活力的文娱活动，想方设法来吸引学生的兴趣和注意力。其次，及时对沉迷网络游戏的学生给予关心和帮助，为他们营造一个积极、健康的学习和生活氛围。最后，学校适度介入网络游戏，最大限度地控制不

健康信息的进入，为学生创造一个积极向上的、健康有序的网络文化环境。

（三）加强网络监管力度，有效管理网络文化

现代大学生，受世界经济浪潮的影响较深，对新鲜事物的探索和尝试较为积极。但是，由于涉世未深、自我控制能力差，大学生一不小心就会做出违反国家法律和社会道德的事情。高校可以发挥思想政治教育的优势，引导大学生明是非，辨美丑，不制作、不传播、不散布有害信息，树立良好的网络道德品质，自觉抵制不良文化的侵蚀。

（四）以学生为本，创新高校网络思想政治教育

树立科学发展观，就要尊重大学生的主体意识，以学生为本，通过教育目标、教育过程、教育手段、教育方法的设计，凸显大学生的主体地位，增强其网络主体的自主性和创造性，提高大学生对网络的驾驭能力，在知识积累、能力锻炼的同时，促进大学生的全面健康发展。

二、与校园文化建设有机结合

高校校园文化是以高校的校园为空间，主体是高校的学生、教职员工，主要内容是课余活动，基本形态是多学科、多领域的文化，广泛的交流和特有的生活节奏，它是具备了社会时代发展特点的群体文化。它是社会主义精神文明在高校的具体表现，是一所高校所特有的精神风貌，也是学生政治文明素养、道德品格情操的综合反映。简而言之，高校校园文化是以教师为主导，学生为主体的，在特定的校园环境中积淀形成的与社会时代发展密切关联且具备校园自身特色的人文氛围、校园精神和生存环境。

（一）校园文化与学生管理的基本内涵

1. 校园文化的内涵

校园文化是指由全体师生员工在长期的教学实践过程中培育形成的共同遵守的道德标准、价值观念及行为规范。它以学生为主体，以校园为主要空间，以育人为导向，以精神文化、环境文化、行为文化、制度文化建设为主要内容。环境文化是校园文化的基础，主要包括"硬环境"和"软环境"；精神文化是校园文化的灵魂，包括校风、学风、教风、作风等。

2. 学生管理的内涵

学生管理是指高校学生管理工作者通过各种手段，对学生在校期间的学习、生活和行为进行管理和规范，旨在维护高校正常的教育教学秩序和学生的生活秩序，保障学生身心健康，促进学生德、智、体、美全面发展。

3.校园文化对学生管理的重要意义

校园文化与学生管理具有密切的关联性。第一，二者目标一致。校园文化与学生管理都以育人为目的，以为社会培养高素质的综合型人才为目标。第二，二者主体一致。校园文化以学生为主体，学生是校园文化建设的参与者与受益者。学生管理同样以学生为主体，学生是学生管理工作的中心。鉴于校园文化与学生管理在提高学生综合素质、培养复合型人才的一致性，加强校园文化建设必定可以推动教育管理工作的完善和创新。学生思想和行为内容不断眼神，新的发展时期的教育管理离不开"学生本位"的教育思想。充分发挥学生的主观能动性，对于学校和学生的发展以及校园文化的建设大有裨益。因此，一切为了学生，为了学生的一切，尊重和保护学生的人格和天性等先进的教育理念必须被广大教育管理工作者所接受和运用。校园文化作为一种群体性文化，通过长期的沉淀与升华，形成了人们共同遵循的价值标准、行为规范和崇高追求。同时校园文化所具备的导向、陶冶等功能，潜移默化地影响着学生的思想和行为。学生在特定的人文环境的熏陶下成长，将会形成健康的人生信念和价值追求。

（二）构筑良好的校园环境文化，为高校学生管理提供物质保障

学生管理是以服务学生为根本目的，为学生构筑良好的、有序的校园环境是管理学生的前提。高校校园环境文化首先是包括校园物质文化环境，它是指高校为师生员工学习、工作、生活、娱乐等活动提供的物质条件。高校的物质文化环境是高校校园文化的"硬件"，也是高校学生管理工作的基础环境或基础条件，如果没有良好的校园物质文化环境，高校校园文化就无法健康地发展，高校学生管理工作也会缺乏相应的物质保障。

（三）创建科学的制度文化，促进高校学生管理和谐有序

高校校园文化，是社会整体文化的一部分，必须加以科学引导和规范，因而要创建科学的制度文化。制度文化是校园规范化建设和制度化建设的集中体现，这要求高校学生管理必须在各种制度、规章的约束下进行，规章制度对教师教学行为的约束、对学生行为规范的养成、对校园健康向上氛围的形成有着很大的促进作用，这也将促进高校学生管理和谐有序地开展。

（四）校园文化建设促进学生管理工作的基本途径

1.加强校园环境文化建设，提升服务学生能力

校园环境文化可称为校园物质文化，与精神文化相对。它是校园文化中的基础系统，是校园文化建设的前提，是精神文化的有效载体和实现途径，也是校园文化的直观体现。

（1）重视校园"硬环境"的建设

所谓"硬环境"又称物质环境，主要包括校园建筑、校园景观、教学设施、体育文娱设施及周边环境等，这些能看得到、摸得着的实体无不反映学校的教育理念和精神风貌，物质环境是开展育人活动不可或缺的基础和物质保障。

（2）重视校园"软环境"建设

"软环境"是相对"硬环境"的一个概念，也是一种精神环境，主要包括校园内的人际氛围、舆论氛围等。人际氛围主要指校园内的各类人际关系，包括教师与学生、学生与学生、教师与教师、领导与教师之间多层次的人际关系。每个人都不是孤立存在的个体，高校学生所有的学习和娱乐活动都是在与人交往的过程中实现的，大学是个小社会，社会交往是大学生社会化的根本途径。

2.加强校园精神文化建设，营造和谐育人氛围

（1）重视传统教育

中华优秀传统文化是中华民族的根基和血脉，也是大学生身心成长的指路明灯。高校教育工作者要坚持"取其精华，弃其糟粕""传承与创新相结合"等原则，通过各类教学和文化活动，如实践教学、演讲比赛、征文大赛、文艺会演等活动形式，传播优秀的传统文化、自强不息的进取精神等。同时，深刻挖掘学校的文化底蕴和历史传统，讲清楚学校的历史和文化，使学生感受到学校的魅力所在，从而激发学生的自尊心、自信心以及爱国、爱校情怀。学生管理工作者只有本着与时俱进的原则，融入先进的教育理念，才能不断深化校园精神文化。在优秀传统文化熏陶成长下的学生，更易于塑造健全的人格、培养高尚的品格，这与学生管理工作的目标相一致。

（2）加强校风建设

校风即学校的风气，是一所学校鲜明的个性特征，它体现在全体师生的精神风貌上。校风是一个多层次、多要素的动态系统结构，涵盖教风、学风、作风、班风等各类校园风气。良好的校风有利于学生思想品德、道德情操、行为习惯的形成。因此，校风建设是育人的关键环节。教师是人类心灵的工程师，加强师德

建设、提高教师的业务素质有利于形成良好的教风。良好的教风对学生学习知识、培养能力意义重大。班级是学生获取知识和提高素养的主要场所。和谐、向上的班集体对学生的学习兴趣、道德品质、行为习惯和良好学风的形成有着促进作用。为加强班风建设，首先要对班级日常管理进行严格要求，用制度来约束学生言行；其次要营造浓厚的学习氛围，通过互帮互助、嘉奖优秀等方式激发学生的学习动力，培养学生良好的学习习惯，使每个学生都能成为群体的典范。此外，宿舍是学生生活起居的唯一场所。良好的舍风有利于学生养成好的生活习惯，如早起早睡、勤奋上进、锻炼身体、读书看报等。好的生活习惯对学生进入社会、成家立业有着长远、深刻的影响。为加强舍风建设，需要严格宿舍制度，对不遵守宿舍制度的学生加以管教和约束。另外，还要发挥学生干部的榜样作用，带动普通学生养成健康的生活习惯。

3. 加强校园制度文化建设，建立完善规章体系

（1）完善规章制度体系

校园规章制度是全体师生共同遵守的行为准则。对学生来说，规章制度犹如一面镜子，时刻提醒学生正其观、端其行，避免其违反纪律、误入歧途；对学校来说，规章制度是学校文明的标志，学校力求在育人实践中加强"制度化、科学化、规范化"的管理，努力使各项工作有章可循。严格的规章制度能保证教学工作的顺利推进，是学生成才的重要保证。因此，建立和完善科学的规章制度体系尤为重要。

（2）提高规章制度执行力

学生管理工作以学校各项规章制度为依据，规章制度的执行力影响着学生管理工作的成败。科学的规章制度是学校各项工作开展的保障，但若有令不行，有章不循，有错不罚，则再好的规章制度也是纸上谈兵。所以，提高规章制度的执行力是保障各项制度落到实处的根本途径。

第四节 体制建设层面

一、加强法治化建设

高等院校作为社会一个不可或缺的组成部分，其科学、文化的传播能够直接

影响我国的法治化建设。同时，在我国社会主义法治化建设方针的指导下，加强全社会公民的法律意识和法律素质，实行高校学生管理工作的法治化是非常必要的。

（一）高校学生管理工作法治化建设推进的具体措施

高校学生管理工作法治化建设的推进，其主要目的在于营造一个良好的法治氛围，在促进学生全面健康发展的同时，为社会经济建设做出力所能及的贡献。结合高校学生管理工作开展的现状，可以从以下方面采取措施，从而推动法治化建设。

1. 制定完善的法律监督管理制度

高等院校在学生管理方面有很多权力，这些权力具有一定的意志性以及单方强制性。长期以来，我国在法制建设上还存在一定的不足，对高校的学生管理工作也缺乏司法审查，很多在校大学生的合法权益得不到维护。要制定一个完善的高校教育法律体系，依法规范高校管理工作，以促使司法程序充分地贯彻到高校学生管理工作过程中，通过法律的途径使学生的权利平衡得到保障，保护大学生的合法权益。

2. 开展专题教育讲座，传播法治理念

高校学生管理工作的法治化建设，首先应对学生的法治理念进行培养。在众多法治化教育手段中，专题教育讲座是较为有效的一种。学校可以邀请一些较为著名的讲师就大学生感兴趣的某一内容进行教育和引导。

3. 提升高校学生管理工作队伍素质

在高校学生管理工作中，一个高水平、高素质的管理队伍能够有效地提升学生管理工作的效率。高校不但可以在思想教育工作者中挑选一些理论知识相对扎实，而且具有一定工作热情的人员，对其进行法学理论的相关培训，让这些思想工作者掌握法律专业知识，并鼓励其考取相关的证书和更高层次的执业资格，将这些掌握法律专业知识的思想工作者作为学生管理工作的中坚力量。另外，学校也可以在校外聘请一些专职的法律相关工作者，组建成一个大学生法律救助的组织，与一些司法单位建立一个长期稳定的合作关系，共同受理申诉的各类案件。

4. 建立正规的管理程序

实现法治化的重点，在于管理的具体程序。学校还要设立听证制度，对学生的知情权进行进一步的保护。学校应建立相应的申诉体系，让学生拥有为自己辩护的权利，并设立有效的司法救济体制，对学生的合法权益实施最大化的保护。

5. 充分利用"校地联动共学共育"环境，营造法治化氛围

加强和推进大学生法治教育，仅仅局限在校园内是不可行的，只有让学生与社会实际进行接触，学生所掌握的法律知识及形成的法律理念才能派上用场，否则就是纸上谈兵。结合"校地联动共学共育"实践活动的背景来看，校园作为根本的基地，承载着这一实践活动的资源需求，同时为大学生法治教育工作的开展提供了实践的平台和渠道。

6. 坚持平等，服务学生

高校应有平等、履行义务的意识，满足学生的合理要求。对教学不重视，对后勤服务关注不力的情况高校应尽力改变，这是履行国家交给学校的义务，也是高校履行对学生的"服务"。

总而言之，就高校学生管理工作的法治化建设来说，教师应起好模范带头的作用，为学生法治化理念的形成奠定基础和条件。

二、健全管理机制

应顺应大学生的特点，创新管理模式，建立健全管理机制，在加强学生管理队伍建设和相关的规章制度建设等方面有针对性地提出对高校学生管理工作可供操作的对策和建议。

（一）建立科学的学生管理机制，强化管理队伍建设

解放思想，更新观念，建立"以学生为本"的科学管理机制。人是教育的基础，也是教育的根本。一切教育必须以人为本，这是现代教育的基本价值。所以，笔者认为高校应树立以学生为本的教育管理核心理念。

（二）规范管理，完善规章制度

规范规章制度制定程序是关键。目前，高校的规章制度一般都是由有关职能部门负责起草，法治工作部门负责审查，经校长（院长）办公会议审议通过后，由学校公布施行。从学校的实际、学生的实际出发，把学生管理的内容和要求体现在管理的各项制度中，使学生在日常的学习和生活中受到潜移默化的教育。同时根据不断变化的新形势，及时调整和完善相应的管理制度，做到与时俱进。

三、提升信息化管理水平

（一）高校学生管理信息化建设的必要性

高校学生管理的信息化建设是高校学生管理进步的内在要求，信息化平台的建设也为高校学生管理工作提供了具体的服务内容。除了教学管理工作，学生管理工作也是高校管理的一项重要工作。高校作为国家教育的重要主体，关系到国家教育水平的发展和社会进步。高校学生的教育工作不但是专业知识和技能的培训，还包括大学生心理健康以及发展综合素质的提升。高校学生辅导员是学生日常事务和学习生活的辅导者和管理者，对学生的发展和成长起着重要的作用，越来越多的日常事务和学习管理工作，都能够通过信息技术和网络技术实现，信息化建设已然成为学生管理工作的一个有效途径。

（二）高校学生管理信息化建设模式

推动高校学生管理信息化建设，关键就在于对学生管理工作的相关信息进行采集和处理，将这些信息按照一定的信息处理规范，建立学生信息管理数据中心，采用一系列计算机技术开发学生管理工作的业务系统，实现对学生信息的管理，并在网络平台上实现多部门的学生信息管理服务，为学生提供一体化的信息服务。学生通过信息化管理模式能够更快更准确地获得信息，学校能通过信息化管理平台更加高效地处理学生信息，从而整体提高高校的管理水平。

（三）高校学生管理信息化建设策略分析

1. 充分认识到信息化建设的重要性

信息化浪潮的到来将高校信息化建设的问题推上了全新的战略高度，高校作为国家教育活动的基本单元，对社会发展和科教强国的策略起着至关重要的作用，我们首先要充分认识到信息化建设的重要性。深入理解信息化系统的优势，从人为角度优化管理工作，借助信息化系统能够实现更快更好的管理。

2. 提高管理人员水平，加强信息化建设队伍建设

为了更好地推动高校学生管理信息化建设，还要从管理者入手。建立健全的管理系统，管理队伍非常重要。管理队伍是学校管理决策的制定者，是管理制度的执行者，是管理工作中协调者，对管理水平有着较大影响。

3. 明确建设目标，整合管理资源，加快信息化建设步伐

高校学生管理的信息化建设要有明确的发展目标和发展规划，信息化技术的不断发展决定了教育管理同样需要宏观的规划。信息化建设在既定的目标下，按照不同机构和不同阶段，不断统一并完善系统，避免管理系统中出现因为信息交流困难而无法实现管理职能的现象。

4.不断完善管理信息系统，具体化管理功能

推动高校学生管理实现信息化建设，就要在硬件具备的条件下不断完善管理信息，利用好管理信息系统来开发功能模块。除了运用先进的管理体制，还要借助管理平台落实各种管理功能，让信息化管理落实到每个管理环节，提高学生管理的整体效率。

第六章 加强高校教学信息化建设

第一节 高校教学信息化管理工作

信息化教学环境建设是学校实现教学信息化的基本前提和重要基础，信息化教学环境建设水平决定了学校能够实现的教学信息化程度。学校要想推进教学信息化，首先就必须建设信息化教育软硬件环境，如建设校园网、建设多媒体教室、建设多媒体计算机网络实验室、建设教学资源库等。如果没有这些信息化教学环境建设，教学信息化是无法实现的。

教学信息化需要信息化教学资源的支持，信息化教学资源是教学信息化的核心内容。信息化教学资源可以依靠学科教师自制，也可以从市场上购买。从当前的教学信息化发展阶段来看，市场上与课程内容相关的信息化教学资源库无论是在内容上还是在类型上已经非常丰富，通过市场购买和校际共享可以较好地满足教师在日常教学中对信息化教学资源的需要，减少教师制作课件的压力，让教师能够将更多的精力和时间放在教学设计与信息化教学环境的创设上。因此在经济许可的情况下，学校或者教育主管部门购置教学所需的信息化教学资源库是一个明智的行为。

目前，教学信息化的发展已经从前期的强调教学信息化基础设施建设的速度与规模阶段转到现在的重视信息化教学效果的阶段，教学信息化不仅关注软硬件资源的建设，更关注教学效果的提高。对如何提高教学信息化的教学效果，联合国教科文组织认为需要广大教师拥有信息化教学环境下的必要素养与能力。经过较长时间的深入研究，联合国教科文组织制定了《教师信息通信技术能力标准》指出，为了使教师能将信息技术融入课堂，成功地实现信息技术与学科教学的整合，教师必须具备四个方面的素养与能力：构建学习环境的能力、信息技术素养、知识深化能力和知识创新能力。虽然这个标准并不是绝对的，但是对我们推进教学信息化进程具有积极的指导作用。

在高校教师信息技术能力培训中，经常将使用以计算机和网络为代表的信息技术能力的培养作为教师培训的重点，培训的内容集中在计算机的基本使用和办公软件的使用上。在某博文《教育技术是个球》中就提到一个案例，教师脱产一周主要是学习Flash制作，教老师们怎么做一个飞来飞去的球。从教师培养的角度来看，使用信息技术的能力属于教师信息素养的一部分，特别是随着教师信息技能的不断提高，教师培训应当突破这一限制，将培训的重点引向提高学习知识的能力、知识深化的能力和知识创新的能力。

信息化教学效果的提高与否，在很大程度上取决于教师进行信息化教学的能力，使用计算机的能力和制作课件的能力只是其中的一小部分。有研究表明，教师信息化教育的能力与使用信息技术的能力并没有直接的相关性，只要教师具备基本的计算机操作技能和多媒体教学软件的使用技能，就完全有能力进行信息化教学活动，而教师信息化教学还需要其他知识和技能的支持。

从教师培训角度来看，对教师进行信息化教学方法的培训比对教师进行信息技术使用技能的培训更为重要。

虽然可以通过培训来提高教师的信息化教学理论水平和技能，但是教师信息化教学技能并不能简单地通过短期培训来获得，在教学实践中进行学习是最有效的一种方式。在教学实践中创设良好的学习和讨论环境，促进教师在正式学习之外开展各种非正式学习活动，如定期组织听课、评课、说课活动，组织信息技术支持下的各种新课程的教学观摩活动，开辟教师教学研讨中心，提供案例和资料供教师观摩和研讨，让教师能够有更多的机会接受新的教学模式和教学方法，扩大教师的专业视域。从前期的研究看，随堂听课和评课是提高教师教学能力的最有效方式，在专家的指导下进行定期的听课、评课活动，参与信息化教学研究项目，参加各种专题研讨会都可以达到这一目的。

当前不少教师的视阈被局限于学校课堂教学的范围，其教育教学行为处于较低的层次、较窄的范围，教师的工作被窄化为"教书"。教师将教学信息化主要集中在知识传递和学生成绩的提高上，不注重对学生创新思维的训练，不重视对学生探究问题、分析问题的能力和意识的培养。因此教师在教学实践和专业学习的过程中既不重视知识创新能力和知识深化能力的培养，也缺乏这方面的意识。教师在教学实践中这种局限的视阈限制了他们的教学行为。社会转型要求教师教育向质量提高型转变，提高教师的教育理论素养成为当务之急，而参与专业研讨会、广泛阅读权威期刊中的前沿研究论文是扩大教师视域、培养教师信息化教学能力的最快捷的方式。

目前教学信息化还处于一个不断发展的阶段，信息化教学的模式和方法还不成熟，需要各个学科的教师根据各个学科的特点，探索适合本学科的信息化教学模式。在当前的信息化教学模式的探索过程中，具体学科教学模式的研究，通常是学科教师根据自己的教学实践和经验进行总结的结果。学科教师在信息化教学一般原则的指导下，可以结合学科教学内容、教学目标和学习者特点，探索合适的信息化教学模式。

教学信息化对以校长为代表的教学管理者角色提出了新的要求。在教学信息化的进程中，校长是关键。校长及其领导集体的教育技术领导力是其教育技术素养在管理层面的一种反映。根据有关研究，教育技术领导力包括四个方面内涵：教学信息化系统规划能力、信息化教学与课程改革领导能力、教师专业发展领导能力和教学信息化规制建设能力。校长及其领导集体的领导力在决策、管理、服务、评价四个方面影响了学校的教学信息化进程，校长及其领导集体的信息技术知识与技能、理解和应用信息技术的能力、信息化的管理水平等制约了学校的教学信息化发展规划与实现。与学科教师的信息技术教学能力不同，校长及其领导集体的教育技术领导力不是一种知识和技能，更多的是一种影响力、洞察力、凝聚力、协调力与决策力，是属于个体知识和技能的"软"层面。教学管理者是否具有教学信息化所需的能力，无疑会影响学校教学信息化的实施。

第二节 高校信息化教学资源建设与平台打造

一、信息化教学资源及其分类

教学资源是指那些可以提供给学习者使用，能帮助和促进他们学习的信息、技术和环境。教学资源不但在传统教学过程中占有重要的地位，在信息化教学中也是一个重要的支撑条件。信息化教学资源是指以信息技术为支撑的教学资源。

信息化教学资源包括信息、环境和技术这三类资源。其中，信息资源是指各种数字化形式的能够为教学所用的知识、资料、情报、消息等，包括图片、文本、音频、视频、网页、数据库、虚拟图书馆、教育网站、电子论坛等；环境资源指构成信息化物理空间的各种硬件设备，如计算机设备、网络设备、通信设备，以及形成网络虚拟空间的各类系统软件和应用软件；技术资源是指支持信息化教学得以顺利展开的一切技术手段。

二、教学资源的建设现状

资源是教学信息化建设的核心内容，《教育信息化2.0行动计划》里提出了八大实施行动，而资源建设及服务位列首位，教学资源的重要程度可想而知。教育信息化2.0提出了建成和完善数字资源公共服务体系、优化"平台+教育"服务模式与能力以及实施教育大资源共享计划等重大目标。要想推动教育改革，教学资源建设是关键。

（一）教学资源共建共享现状

我国的基础教育资源建设已经取得了初步成果，包括建设了国家教育资源公共服务平台；各省、市及区县也都建设了各自的资源库或资源平台，部分有条件的平台与国家级平台实现了初步用户互认。基础教育资源包括内容性资源与工具性资源两大类，内容性资源包括教学课件、多媒体素材、教学案例、课程视频、电子教材与题库试卷等。工具性资源包括软件工具、实验平台、网络学习平台等。不论是国家级的资源平台，还是各省、市、区县的地方级资源平台，都涵盖了小学至高中各个年级的教材相对应的资源内容，科目包括数学、语文、英语、物理、化学、生物、历史、地理，而音乐、美术、体育、信息技术等素质培养学科的内容与基础学科相比要少得多。

在职业教育领域，我国的教育资源建设取得了不错的成绩。例如，现已形成了国家、省、学校三级职业资源库建设体系。高职教育的19个专业大类已经被资源库全覆盖，中职教育也被覆盖大部分，剩下的还有待于继续开发与完善。资源库共建共享与学习成果认证制度也已经建立了起来。职业院校和行业企业教育资源的整合在全国范围内也取得了一定的成果。

在高等教育领域，我国的各高校不仅能够自己独立完成课程的开发与建设，而且学校与学校之间、学校与企业之间能够合作开发教学资源，实现教学资源的共建共享，很多高校的精品课程已经免费向大众共享。值得一提的是，教育资源的区域协作模式已经初步形成。

继续教育领域积极推进MOOC(慕课)、网络课程、微课等数字资源课程建设。

不同高校之间组建联盟，联盟成员之间秉持共享发展与协同创新理念，精选输出优质资源，择优引进外校资源，共同制定资源研发的技术标准，打破教育资源开发利用的传统壁垒，推进校际资源的共建共享。

由此可见，智能时代，随着技术的发展以及政府的大力支持，我国教育资源建设已经取得了一定的成果，资源数量相当可观，资源库的建设已经较为普及，但是也存在一些问题。例如，疫情防控期间，对教师资源的使用情况进行调查，结果并不乐观。现有教师的资源使用率并不高，调查结果显示，国家级的使用率仅仅只有32%，而省级的竟然还不到20%。调查结果说明，我国现有的教学资源虽然内容丰富、数量可观，但是能符合教师需求的并不多。这主要表现在资源的类型不够完整、得到教师认可的优质资源较少。教师和学生需要的不是单一的教学资源，而是能够满足他们个性化需求的教学资源。过泛的教育供给与精准的教育需求之间呈现出结构性失衡。教学资源的数量和质量的分布存在着不均衡的现象，教育发达地区的教学资源数量明显要多于教育欠发达地区，其教学资源的质量也要远高于欠发达地区。这种不均衡还表现在资源类型上，工具性的教学资源数量要远远少于内容性教学资源。随着教学信息化的发展，对教育资源的服务意识要求虽然越来越高，但是我国的教育资源公共服务却明显跟不上教学信息化发展的需要。各级资源服务平台的建设秩序混乱，缺乏统一的管理，各级平台之间的互联互通还有待进一步深入，区域之间协作还有待进一步加强，以便更好地实现资源共享。

（二）智能时代新的资源观

未来的教育必然是基于网络环境的更加开放的教育，是更加重视学生个性化和多样性的教育，是引导学生主动探究和快乐学习的教育，是让所有孩子都能享受到优质教育资源的教育，因此未来数字教育资源的发展必然是基于个性化的数字教育资源服务和教育教学模式的创新。

陈丽教授认为，互联网使得人类借助新的手段将全部智慧汇聚，出现知识回归现象，将形成一个不断吸纳新知识、不断传播新知识的生态体系。教育资源作为教育内容的载体，也会随之呈现新的特点。

（三）智能时代教育资源共建共享新模式

（1）以市场为主导的资源共建共享机制。智能时代，学习方式的变革、学习需求的多元化、网络文化理念的侵入、技术的不断革新等诸多要素共同催生了我国数字化教育资源建设的新动向和新机制，教育资源共建共享由无序的状态逐渐转向市场调节的状态。

（2）多主体参与的资源建设模式。智能时代，教师、学生不仅是教学资源的使用者，他们还会参与到教学资源的开发建设中。教学资源不再是仅靠专业人员来开发与建设，每个社会大众都可以成为其开发与建设的主体。多主体共同参与的资源建设模式主要表现出以下几个特点：第一，去中心化。教学资源建设的主体由专业人士变为每个使用者。第二，使用者贡献。由于知识是不断流通与传播的，教学资源的使用者在使用教学资源的过程中生成的过程性数据会成为资源库的一部分，对资源的建设起到完善的作用。第三，动态变化。整个资源建设的过程是一个开放、动态的过程，资源在其中以用户需求和相关过程数据为依据，实现进化和再生。第四，内容与过程数据相结合。过程性数据与资源服务是教学资源必不可少的一部分。第五，资源服务数字化。教师在基于资源进行教学支持和指导时，其服务外化为数字化的智力资源，并被记录下来转化为过程性资源，流转到不同区域和机构，促进了社会化协同服务模式的形成。

（3）完善的技术支撑和政策保障体系。教育资源建设和共享是一个庞大而复杂的系统工程，既需要智能化的技术（云计算、大数据、人工智能、物联网、语义网、区块链技术、虚拟仿真技术等）支撑，也需要创新的建设机制（资金投入机制、资源配置机制、利益分配机制、有偿共享机制等）和完善的制度（技术标准、资源标准、服务标准、管理标准等）保障。

三、教学信息化数字资源建设

（一）数字教学资源的特征

与传统教学资源相比，数字教学资源在数量、结构、分布、传播范围、类型、载体形态、内涵、控制机制、传递手段等方面都有明显的差异，呈现出很多新的特征。

1. 处理数字化

这是指将声音、文本、图形、图像、动画、视频等信息经过转换器抽样量化，由模拟信号转换成数字信号。因为数字信号的复制、传输的可靠性远比模拟信号高，所以对它的压缩、解压、纠错处理较容易实现。

2. 存储光盘化

光盘存储信息容量大，体积小，可以实现快速查询和检索。一张 CD 光盘可存储 3 亿多个汉字，可以存储 A4 文本 650000 页，可以容纳上千幅照片，可存储 5 个小时的调频立体声和 72 分钟的全屏动态图像。目前广泛使用的 DVD 光盘存储容量是 CD 光盘的数倍。

3. 显示多媒化

利用多媒体计算机技术可以存储、传输、处理多种媒体的学习资源，如声音、文本、图形、图像、动画等。这与传统的单纯用文字或图片处理信息资源的方式相比要更加丰富多彩。

4. 传输网络化

数字信息可以通过网络实现远距离传输。学习者只要通过一台能上网的计算机，就可以获取自己需要的信息资源。

5. 教学过程智能化

教学软件的专家系统提供了对教学过程中的信息资源使用的实时监控、数据采集、分析和帮助等机制。监控能根据学生的不同特点选择最适当的教学内容和教学方法，并可对学生的学习特征进行有针对性的个别指导。它不仅能发现学生的错误，指出学生错误的根源，还能做出有针对性的辅导或提出学习建议。

数字化的教学资源具有数量大、类型多、多媒体、非规范、跨时间、跨地域、跨学科、多语种的特点，文本、数据、图形、声音和视频等均列其中，分布式存储成为数字化教学资源存在的主要形式。从整体看，数字化教学资源还处于一种无序状态，信息分布和构成缺乏结构和组织，信息资源发布具有很强的自由性和随意性，质量缺乏必要的控制。面对这些问题，我们更需要用"慧眼"去粗取精，去伪存真。

（二）数字教学资源的来源

数字化教学资源的来源主要有三种，分别是对现有资源的数字化改造、师生共同创作数字化资源和专业人员开发建设数字化资源。

1. 对现有资源的数字化改造

就目前我国存在的教学资源来说，大多数都是过去教育教学实践中积淀的非数字化教学资源，包括印刷品、音像制品等，只有少数是近几年开发的数字化教学资源。这些非数字化资源的数量特别庞大，其中精品数量也不少，就今天而言，教学价值也是极高的。将这些非数字化资源改造为数字化资源，不仅可以带来经济效益，还可以带来一定的社会效益；既可以挽救有价值的教学资源，还可以节约教育经费，缓解教学资源的匮乏。

在现有的资源当中，我们可以使用数字相机、数字扫描仪等仪器将图片和文字材料转化为数字化教学资源，使其可在计算机上加工、处理和传输。对音响材料来说，我们可以使用计算机软件、相关设备等对其进行改造，使其成为数字化资源。随着信息化技术的不断进步，在教学中使用更加广泛的是数字化音像资源，传统的模拟设备正在被取代。

2. 师生共同创作数字化资源

随着数字化教学和数字化学习的产生，出现了一种新型教学资源，即师生共同创作的数字化资源。该类教学资源具有三种基本类型。

（1）展示型作品。一般情况下，用来展示的作品是学生作业的电子稿，教师在教学过程中可发布部分优秀的、典型的学生电子作品，供其他学生观摩和学习。

（2）师生交流作品集。学生与教师之间的相互交流是主要来源。交流作品是教师就某一问题，通过师生之间的交流来解答学生的疑难问题。

（3）教师对学生进行评价的作品集。通过教师教学评价活动，教师对学生作品进行评价并给出分数。

3. 专业人员开发建设数字化资源

数字化资源的主要来源是专业人员开发建设的资源，开发和建设过程如下。

（1）初期制作。获取所需要的素材，按照一定标准对素材进行分类，并且描述出素材的格式、类别等属性。

（2）素材集成。初期制作之后的素材，虽经过分类，但还是比较零散，没有形成完整的教学功能，这时就需要对各种素材进行处理，将其集成为完整的教学单元。对文本、图像、声音、动画及影像等素材，创作人员使用多媒体集成软件对其进行集成编辑。目前，PowerPoint、Authorware、Flash等是常用的多媒体素材集成软件。经过集成处理的素材，具有较强的教学功能，在教学实践中可直接使用。

（3）内容标引。完成后的素材，还要经过专业人员对其进行标引。标引工作包括分析资源内容、给出主题、对资源设计关键字等标示，为资源检索提供方便。

（4）质量检查。检查的内容包括标引的正确性，图像、声音及视频质量，文件大小，格式等。

（三）数字教学资源的优势和缺憾

与传统的教学资源相比，基于计算机和网络的数字教学资源有其独特的优点。教学资源的类型多种多样，内容繁杂。传统的教学资源需要耗费大量的时间和精力来管理。基于计算机技术，尤其是数据库技术的数字信息资源，在分类、存储、查询、输出时都可以做到有条不紊、高效优质。教学资源管理的高效性为利用资源带来了方便和快捷。光盘和大容量硬盘的使用，让教学资源，尤其是教学素材的运用变得更加方便。网络技术的运用克服了地域的局限，使教学资源的传输更加便捷。运用各种软件制作的动画、视频等数字化教学资源，可以使教学中动态、直观的信息的使用量大大增加，这些动态演示在可控性方面得到了极大的改善。但是，网络上的数字教学资源也存在着一些问题，如网站地址的频繁变动，会造成信息链接的不稳定，信息内容保存时间短；信息资源发布有很大的自由度和随意性，缺乏必要的质量监控和管理机制；信息检索准确度不高等。

（四）数字教学资源库的建设

1. 数字教学资源存储的基本要求

在获取了大量的教学资源之后，就需要对其进行分类存储。教学资源的存储必须满足存得上、找得到、读得出、信得过、用得起五方面的要求。

第一，存得上就是要具备完备的资源收集提取策略。第二，找得到。要求对资源有科学的描述，为资源的提取提供方便。第三，读得出。对找到的数字资源，要能够方便地将资源还原呈现出来。第四，信得过。让资源的托管者、资源的管理者和资源的使用者都确认系统是可信的。第五，用得起。教师在选择资源、建设系统时，应该考虑到学校的经济实力，即必须保证能用得起这个系统。资源使用成本包括系统建设成本和运行维护成本。一般情况下，运行维护成本远远高于系统建设成本，它是影响系统能否持续运行的关键因素。

2. 数字教学资源库开发的原则

在建设和开发数字教学资源库时，需要遵守以下原则。

（1）教学性原则。数字教学资源库的建立不仅要满足教与学的需求，还要有助于解决各种问题，包括教学重点、难点、关键内容等问题。在安排学习进度、呈现教学信息的时候，不可忽视教与学的原理，应对其进行充分的考虑。

（2）科学性原则。数字教学资源作为传授学科知识的教学资源，所反映的内容必须正确，目标必须明确。

（3）开放性原则。对教师和学生来说，数字资源是教学素材，资源库中应该尽可能包含教师和学生参与制作的作品。

（4）通用性原则。当今最新的数字技术和资源设计思想在数字资源中都有体现。在一定的技术标准规范下，数字教学资源应满足不同教学情境和形式的学习。

（5）层次性原则。应对数字教学资源进行分块管理，以便学习者自主选择需要的资源，满足各知识水平学习者的需求，将数字教学资源的潜能最大限度地发挥出来。

（6）经济性原则。在对数字教学资源进行开发的时候，我们要对经济条件做出考虑，尽量得到投入少、质量高的教学资源。除此之外，还要加大力度改造现有资源的数字化程度，减少重复建设造成的浪费。

3.数字教学资源管理的模式

我们应该加强管理教学资源库的力度，避免教学资源流失、损毁等情况的发生，以更好地满足学习者的需求。教学资源具有的相关属性包括资源名称、编号、学科、专业、适用对象、关键字、存放位置等，为了更加方便地使用教学资源，我们应该建立相应的教学资源管理系统，将各属性分别记录在系统数据库中，在使用时可自动生成树形目录索引。

（1）文件目录管理。文件目录管理是所有资源管理方式中最简单、最原始的方式。服务器上有不同的目录，将不同的资源储存在不同的目录中，借助计算机操作系统对目录进行共享，对教学资源进行管理和操作。文件目录管理模式的特点是：资源管理更加直观、简单，远程访问速度快，资源文件可以通过网络邻居或者直接下载到本地网络。但是，使用这种方法，资源的利用不太安全，容易受到病毒的攻击，并且很容易被其他人盗用和破坏。

（2）专题资源网站。相比文件目录管理方式，专题资源网站的资源管理方式针对性更强。专题资源网站有两种类型，一是主题学习资源库，二是虚拟社区资源库。主题学习资源库与国外的研究学习网站比较相似，它主要是提供各种探究活动、学习资源、谈论组，以及丰富的资源和空间，以便学生对某一主题进行研究性学习，如学习空间知识、克隆等。虚拟社区资源库对资源进行了划分，每个讨论组中包含的内容不同。用户在获取资源的同时可将自己拥有的资源与别人共享。每个版块相对独立，有专门的负责人。负责人需要对版块中的发言进行定期整理和归类，将零散、无序的内容变得有条理性和系统性，同时可以将精华资源推荐给其他用户。

（3）学科资源网站。学科资源网站的建立基础是原始资源库。每个网站以主题的方式将与本学科有关的所有资源呈现出来，并且将相关的检索方式提供给用户。将网站按照学科进行分类之后，对学科教师积极性的调动不仅具有促进作用，而且还能调动骨干教师参与资源库建设的积极性。如果有新的资源添加到原始资源库中，学科网站就会对其进行分类，将其归到所属学科网站中，并且将更新后的信息显示在学科网站的主页上。如此就可以在很短的时间内将网站的框架建起，为学科教育积累资源。在网站建成之后，学科教师既可以搜索门户网站上的资源，又可以更为精细地检索原始资源库中的资源，以此获得大量的原始资源，然后再以教学需求为依据重新组合这些资源，根据各学科的特点，再与该学科的科学研究相结合。这类网站资源充分体现了不同学科教与学的需求，网站内不仅含有题库、教案库、课件库、素材库，还含有多种具有学科特点的特色栏目和热点专题，如语文的作品赏析、读写天地，地理的旅游专题，生物的垃圾分类、环保专题，历史的文化遗址、历史古迹等。

四、教学信息化资源的平台

（一）基于钉钉在线课堂的网络云学习资源平台

钉钉是由阿里巴巴集团打造的免费沟通和协同的多端平台。学校利用钉钉群开设直播课堂，教师可以自由地为学生进行直播，学生随着教师的直播主动学习并进行师生互动，教师可以随时根据学生的反馈进行教学调整。直播内容自动保存，学生课后可随时观看回放，家长也能一同观看并进行辅导，既有利于学生的个性化学习，又有利于亲子关系的建构。

钉钉群的功能强大，可以发起群直播，如同日常课堂教学一样向学生展示PPT音视频等，利于教学辅导与讨论；可以上传课件，方便学生查看；可以布置作业，学生可以线上提交作业；可以发布群公告，方便教师发布课程信息；可以签到考勤，实时查看学生到课情况；课堂使用过程中，可以不中断课程，随时发言、提问等。

钉钉既可电脑端操作，也可以手机端操作。智能手机普及率近些年来呈现爆发式增长，并且国内4G网络已较为完善，因此每位学生在家即使没有电脑，也可通过手机接入移动互联网进行学习。此外，多家网络运营商在疫情防控期间为师生上网流量提供优惠，师生们都能享受网络提供的便利，为教育公平和教育质量提供了保障。

上教学辅导与讨论课时，屏幕上方显示视频、课件，下方是讨论区。主讲教师主要通过影音进行教学辅导，学生有问题可随时在讨论区提出、讨论，另一位教师或助教随时引导回答，真正实现了"主讲教师不中断，其他老师或助教实时回答"的辅导与讨论的教学模式。课后，师生更是可以随时进行讨论。因此，从课上到课下均可实现教学辅导与讨论完全融合。

（二）基于腾讯教育的网络云学习资源平台

腾讯在国内的知名度相当高，旗下的 QQ、微信及相关的延伸业务共同组成了一个庞大的商业帝国。

在教育方面，腾讯很早就推出了腾讯教育频道。腾讯教育是中国用户量最大的教育门户网站，将国内外优秀教育信息资源和强大的产品服务紧密结合，网站开设有考试、外语、出国、校园、博客等栏目。腾讯教育频道更主要的是作为门户网站存在，并不是面向大众提供学习机会的在线教育网络平台。

1. 腾讯教育概述

随着在线教育平台的发展，腾讯随之推出了正式的在线教育平台，即腾讯课堂和腾讯精品课，同时腾讯大学也在逐步完善，在未来也将会成为在线教育平台。

腾讯在教育领域的布局比较长远。除了教育门户网站，在上线腾讯课堂之前，腾讯还进一步地完善了 QQ 群视频直播工具、支付工具的相关条件，为腾讯课堂上线之后形成完整的闭环而提前做准备。

2013 年 11 月，QQ 正式推出了基于群的教育模式，2014 年 4 月推出腾讯课堂。这个平台聚合了优质的教育机构和教师的海量课程资源。需要注意的是，腾讯课堂从一开始就与其他互联网平台一样，定位为开放式的教学平台，帮助和支持线下教育机构入驻平台，以获得更好的教育资源及影响力。

在具体的教学上，腾讯课堂与 QQ 客户端的关系十分紧密，充分地利用了 QQ 群的优势，实现在线即时的互动教学。同时在 QQ 群中支持进行 PPT 的课程演示，更为授课者提供了白板、提问等全方面功能。

腾讯精品课与腾讯课堂在定位上有很大的区别，在内容上更为精简，主要包括考试、培训、社会公开课和高校公开课四大类。腾讯精品课的大部分课程是收费的，这些课程来自知名教师、出版社、学校及其他的教育机构，按照一定的比例分享获得的营业额。

与腾讯课堂依附于QQ群的模式不同，腾讯精品课主要以腾讯视频提供的视频点播模式为基础，进行课程教学。目前腾讯精品课的注册人数已经超过了1000万人，在国内的在线教育领域影响广泛。

2.腾讯教育的平台优势

腾讯教育的平台优势主要体现在以下三个方面。

（1）用户优势。是全球第二大社交网络，用户优势在TAB（腾讯、阿里、百度）三巨头中最明显。除了用户数量，QQ群有着天然的群聚效应，即使是其他的教育机构也会使用QQ群或者同类型的微信群。这种优势让教学机构非常愿意入驻，通过腾讯平台获得人气。

（2）技术优势。作为互联网公司，技术优势是腾讯发展至今的根本从QQ交流技术、QQ群构建技术到腾讯课堂依托于QQ群进行开发等，腾讯的技术优势为用户提供了一个便利的学习环境。同时，腾讯为授课者提供了用户关系管理，通过CRM（客户关系管理）技术来管理与学生之间的关系，能够更为方便有效地进行沟通和授课。

（3）推广优势。腾讯课堂对入驻的教育机构有一定的推广帮助，如果机构在腾讯课堂达到一定评分，那么腾讯将为其提供"万元广点通基金"，主要是用于机构的广告宣传。同时，安排专业人员进行推广指导，让教育机构在短时间内以"零成本"获得第一批固定用户。

（三）基于优学派智慧教育的网络云学习资源平台

优学平台是一个高效学习的平台，它调动和激发学生自主探究的能力，发挥学生学习的主观能动性，满足不同层面学生的学习要求，实现自主前提下的个性化教育模式。

1.优学预习，智慧可视导学

践行"先学后教"的教学理念初期，课堂的改革者经常有这样的困惑：先学是让学生学什么，学到什么程度；教师怎样检查学习效果，怎样通过学生的先学来决定教师的后教。"先学"不是让学生泛泛地看看书，而是学生根据教师所给出的学习目标和任务，带着思考，用科学的方式，结合有效的资源而展开的自主预习、主动交流和自主检测。这样的学习方式，既培养了"好学生"自主学习习惯，也培养了"后进生"独立学习的习惯。

先学的模式加上电子书包的丰富资源和反馈的数据，使得学生的预习能够有多种选择。将资源变成学习任务，用任务来确定预习内容，让先学的过程有了层次性、趣味性和个性化特点。老师能够利用教师账号随时在线查看任务完成的时间、任务完成的质量、存在的个性和共性的问题，解决了之前预习的反馈滞后性、反馈结果模糊性、学生学习被动性的问题，让学生的先学用数据的形式呈现，而这些数据更直接有效地指导了教师的课堂教学。以优学平分为依托的课前导学并没有减弱课堂的重要作用，而是发挥着"催化剂"和"发动机"的作用，实现了课堂功能的转变。

学生要成为学习的主体，意味着教师在备课时要投入更多的精力，要详细地了解学生已知、未知，哪些新知是可以通过迁移获取的，哪些知识是教师必须教授的。以往是靠教师的经验进行预设，现在可以通过导学推送相关的内容、数据统计帮助教师目标定位知识的盲点，在授课前有针对性地进行备课，教师还可以在手机中适时评价学生的作业。

课堂上学生普遍存在的、突出的或可迁移延伸的问题，借助智能统计可以一目了然，再进行分析、讨论、讲解、巩固，将事半功倍。

2. 优学互动，智慧人机对话

在传统课堂的教授环节中，教师与学生的教学互动往往是射线式的、单向的，老师教什么，学生学什么。所以，大多数学生的学习过程是被动的。而优学派电子书包给了课堂逆向的互动方式，将教师定位为服务于学生的指导者，将课堂打造为学生与自己、学生与老师、学生与学生，甚至学生与信息平台之间对话交流的场所，达到了"后教"所需要的知识与技能的需求，同时丰富了课堂的互动方式，让课堂成为交流对话、合作创新的平台。

优学派的互动教学组件中，互动题板和截屏发送这两个功能有机地结合了人机互动和师生互动这两种模式。教师在教学的过程中可以将教学任务即时发送到每个学生手中。在完成教学任务的过程中，师生都能够实时看到学生的答题进度、学生作业提交时间。学生在进度的压力下，更容易集中注意力，提高学习效率，高效完成师生互动。在教师对结果的检测环节中，既可以随机抽取某个学生的作业进行讲评，也可以随机抽取几份作业进行互评。这个学习环节，让老师的教学管理更高效，让教学更轻松，让学习更快乐，让沟通更便捷。

互动课本的应用更加丰富了传统课堂教学，将课件与课本互为补充，让师生角色适时互换，学生可针对自己的理解与感受更直观地在电子大屏幕中勾画、批注、讲解，将无声课本变成有声工具。真正实现课堂是学生思维飞扬的竞技场，让学生在互动交流感悟中提升能力。

3. 优学反馈，智慧数据课堂

现在教学活动中的评价基本以考试成绩和教师平时的观察为依据．这种没有数据统计和比对的评价本身的信度和效度往往具有局限性和片面性。在现有的大班额教学模式下，教师对一部分学生特别是中等或者中等偏下的学生的学习数据了解不够，也很难对这部分学生进行准确全面的评价和持续有效的指导。

优学派电子书包与传统课堂最直观的对比是在教学效果的及时反馈中体现出来的。它能将学生整体情况和个体差异的数据，及时、准确地反馈到教师的手中。教师可以基于这些数据的分析和比对，在讲解的环节中，精准把握学生的所需所求，建立科学的、务实的课堂。在大数据和小数据的催化作用下，实现课堂的精讲。

在课堂的互动环节之后，学生通过完成各种任务，对教学内容有了自己的认识，形成了自己对知识的总结、归纳和提炼。通过进一步的学习来检测自己对掌握知识的应用能力。每个学生在不同的智力水平下，所收获的知识和技能是有差异的。如何准确判断学生还存在哪些共性和个性的问题，是每个教师最想知道的。利用优学派的数据反馈功能，能清晰地看到学生的收获曲线。

通过数据的高峰值和低谷值，只有把握教学的短板，进行个性化的、科学的课堂讲练，才能把精讲落到实处。搭乘优学平台、构建智慧课堂可以体现现代化教育的重要性，它为教师和学生提供了系统化的"一站式"学习辅导，丰富了教师的教学方法，记录了学生的学习轨迹。

第三节　高校信息化教学方法

一、信息化教学方法的含义

信息化教学方法是教育者和学习者为达到一定目的，使用现代教育媒体而形成的教与学的活动途径和步骤。信息化教学方法是教学方法体系的一个组成部分，与其他教学方法没有本质上的差别。但是，信息化教学方法强调媒体或信息技术手段的应用，是围绕现代教育媒体的应用而形成的方法。

信息化教学方法必须依靠现代教育媒体而展开工作。这是其区别于其他教学方法的特征。在信息化教学方法中，现代教育媒体的作用是多种多样的，在不同的教学环节中其作用虽然有大有小，但它们却是不可替代的。

信息化教学方法必须依据一定的教学理论而展开工作。这是一切教学方法的共性。信息化教学方法不刻意追求某一个教学理论，各种现代教学理论对信息化教学方法都具有指导意义。此外，现代教育媒体的应用并不意味着信息化教学方法与现代教学理论就有了天然的联系，先进的思想可以影响它，传统的思想也可以影响它。从某种意义上而言，信息化教学更需要现代教学理论的指导。

信息化教学方法必须指向一定的目标，解决一定的问题。教学方法的应用要在教学目标的导向下进行，如果没有目标，教学方法就难有成效。

信息化教学方法有其结构。这一结构是根据教学的需要，应用现代教育媒体而形成的一系列步骤、环节和过程等。教学方法在实施中虽然要展开其步骤和环节等结构性因素，但是信息化教学方法的实施、现代教育媒体的应用会使这些结构性因素发生变化。有些教学活动，在现代教育媒体的支持下，可以使教学双方的步骤非同步展开。

信息化教学方法来自两方面：其一是在原有的教学方法的基础上融合了现代教育媒体的应用，使得这些方法有了新的特点，如在传统的讲授法的基础上结合了幻灯、电视等媒体的演播；其二是在运用现代教育媒体的基础上形成了新的教学方法。

二、信息化教学方法的分类

从不同的性质特点出发，可把信息化教学方法分成不同的种类。分类的目的在于明确各种信息化教学方法的概念、特点，以便能够正确选择运用。

（一）从学科性质分类

按照学科性质的不同，信息化教学方法可分为语文信息化教学法、数学信息化教学法、物理信息化教学法、化学信息化教学法、地理信息化教学法等。学科信息化教学方法是研究信息化教学媒体在不同学科中的运用方法，主要是研究信息化教学媒体对不同学科内容的表现方法。

（二）从媒体种类分类

信息化教学媒体丰富多样，各种不同的媒体在教学中有不同的使用方法。据此分为幻灯投影教学法、广播录音教学法、电视教学法、电影教学法、计算机辅助教学法、语言实验室教学法等。媒体教学法的实质是研究各种不同的媒体在教学中的具体运用，包括运用的原则、环境要求、具体方法等。

（三）依据教学内容来分类

这个分类主要有以传授知识为主要目标的播放教学法和程序教学法，以训练学生技能为主要目标的微型教学法，以检查学生学习成绩为主要目标的成绩考查法。

三、信息化教学的基本方法

目前，教学实践中可用的信息化教学方法多种多样。在信息化教学中，必定要借助一定的信息化教学方法具体运用到各学科、各课题，这就需要教师利用有限的几种基本教学方法，根据具体教学情况加以选择或综合运用，从而创造出适用于某一学科中某一课题的某一具体情景的具体教学方法。那么，面对可供选择的信息化教学的基本方法，我们究竟选用什么样的方法好，如何运用恰当的教学方法来帮助我们实现有效的信息化教学呢？这就要求我们了解这些方法，对它们进行具体的分析，讨论这样一些问题不同的信息化教学方法各有哪些特点？有哪些优势？由哪些具体活动组成？适用的范围和条件如何？当我们从这些方面对信息化教学的基本方法进行具体的分析之后，就能较好地认识它，教师便可根据教学内容的不同、教学对象的差异、教学目标的区别、教学时间的松紧和自己的特长，选择运用一种或几种基本教学方法创造出生动活泼的具体教学方法。

（一）讲授—演播法

讲授—演播法是一种最常见、最普遍的方法，该方法结合了教师的讲授和媒体播放。

将教师的讲授和新媒体播放结合起来的教学方法称作讲授—演播法。课堂教学中最常见、最普遍使用的教学方法也是讲授—演播法。教学信息传递的基本途径之一是教师的语言表达，存在历史最久的方法是讲授法。现代教育媒体的出现使得讲授法具有了现代化色彩。讲授—演播法的特点是教师通过讲授、讲解可以将语言表达的优势完全发挥出来，将教师个人的语言特色和魅力完全渗透在讲解的过程中，系统地将知识的逻辑关系和结构传授给学生，用更少的时间传授更多的知识给学生；通过演播媒体可以让学生更加直观地看到和听到所学的事物和现象，将学生对客观世界认识的时间和空间拓宽。在教师口头讲授的同时，使用多媒体展示教学的重点、难点和抽象内容，或将教学内容更加直观地展示给学生，或将情境展示给学生,使得教师的讲授得到更好的效果,这种方式既可以增加教师表达信息的能力,又可以使学生获取知识的方式变得更加丰富。

讲授—演播法结合了讲授的特点和媒体播放的特点。在讲授—演播法中,现代教育媒体扮演的角色是辅助教师讲授,如将事物或现象的图像或声音呈现出来,增加感性的材料,将课堂气氛烘托起来,使得板书更加精炼等。讲授—演播法既能以教师讲授为主、媒体播放辅助为辅,也可以媒体播放为主、教师讲授为辅。

(1)第一种典型步骤的具体活动内容。①唤起回忆、引入课题。利用媒体展示事物的图像,引起对该事物的回忆,同时引入课题。②提出问题、锁定任务。教师在对事物进行介绍的基础上提出问题,引出和锁定本节课的任务。③进行活动、实现目标。教师播放媒体,给学生观看相关的视听内容,并指导学生阅读文字材料,通过思考、向答问题等一系列活动实现教学目标。④总结完善。教师用影片和概要、简练的语言进行总结。

(2)第二种典型步骤的具体活动内容。①引入课题。用媒体展示具体事物的形象,暴露问题,把学生的注意力引入课题。②转化概念。把形象的东西转化成抽象概念。③学生活动。教师进一步提供新的材料,让学生进行思考、议论等活动。④教师总结。教师进行总结。⑤概念应用。学生在新的情境中运用所学的概念解决问题。

讲授—演播法的适用范围和条件:讲授—演播法适用于教材系统性强的学科,适于传授和学习事实、现象、过程性的知识;使用这种方法需要教师有较强的语言表达能力和运用现代教育媒体的能力,并且要求学生有较高的学习自觉性和听讲的能力。

(二)程序教学法

程序教学源自美国心理学家普莱西于1924年设计的第一架自动教学机器,形成于20世纪60年代斯金纳小步子直线式程序教学理论的提出。程序教学的理论基础是斯金纳创立的操作性条件反射学说和强化理论。

程序教学法就是在这种理论指引下组合和提供信息的一种特殊方法,是教师根据一定的教育学、心理学和教学理论,按照评定的教学对象的状况,把预先安排的教学内容分解为按一定严格的逻辑顺序排列的小单元,构成程序教材。通过一系列专门的问题和答案,然后通过教学机器由学习者操作显示的教学方法。它要求学习者及时反馈并立即决定是否进入下一个小单元的学习。实际上,程序教学可以理解为一种自学方法,每位学生都可以支配自己的学习进度,每一步都建立在前一步的基础上,并在每一步之后都能得到立即强化。程序教学法的特点是:在教学过程中,学生能够积极参与学习活动,思维始终处于高度积极的状态;能充分发挥学生的主观能动性,使学生创造性地学习;人机交互中信息反馈及时,强化有力、指导有方、评判公正;不同的学习者可以自定步调,适应个人的学习进度,有利于个别化教学。

(1)程序教学法的一般步骤。①程序材料(课件)设计。教师和程序设计人员根据需要,把内容与学习过程加以结合,设计有关程序化的教学材料(课件)的方案。②程序材料(课件)编制。程序编制人员根据设计方案,编制程序化材料。③人机对话交互学习。学生操作设备(计算机),与之对话,在程序教学材料的引导下进行学习。④总结评价。教师对程序学习的结果进行总结和评估。

(2)程序教学法的适用范围。程序教学法特别适用于下列情况:帮助优等生学习一些教师因教学时间的限制而未能讲授的扩充性的学习内容,对学生进行补习性辅导;为学生提供预备性知识;要求标准化行为的教学;开设学校由于缺乏优秀教师而难以开设的课程;开展个别化训练。

(3)运用程序教学法必须注意的问题。①选用或编制结构合理、配置适当的高质量的课件。一个好的课件应具有人工智能的特性,即在人机对话过程中,能从学生的应答反应了解其掌握知识的情况,从而做出有针对性的教学决策,以提高运用程序教学法进行学习的效果。②教会学生使用教学机器。在运用程序教材进行学习前,学生必须懂得计算机操作要领。因此,必须对学生进行事先培训。③明确学习目的,与文字教材配合使用。应用过程中应有明确的学习目的,注意与传统文字教材结合起来。用程序教材学习要求学生有较强的自主性和负责态度。④注意与常规教学方法结合起来。程序教学法虽有优点,但也存在着削弱师生之间、学生之间即时信息交往等方面的不足。因此,运用程序教学法时,必须与常规教学方法有机地结合起来,使之相互补充、相互促进。例如,学生在使用程序教材学习之前,可在教师的引导下掌握所学内容的知识背景、基本概念、术语,理解学习目的和思路,然后学生通过上机练习,消化所学知识或形成技能等。

(三)问题教学法

问题教学法就是为启发学生的思维和培养其解决问题的能力,教师与学生围绕某个实际问题而使用的教学方法。它是一种以学生为中心的教学方法。问题教学法的核心是培养学生的思维能力。信息技术在这种教学方法中起着关键的支撑性作用,它被用来呈现问题情景,作为分析、解决问题的工具。

问题教学法的特点是教学过程中更加注重师生之间的关系处理，突显教师是辅助者、引导者的作用，通常以问题情境来组织教学，以此引起学生思考，促使学生运用知识分析问题、解决问题，增强学生自主学习能力，同时借助信息技术工具建立沟通协作渠道，促进人际交往能力和团队合作能力的提高。也就是说，问题教学法以学生为中心开展教学，以问题为教学驱动力，以小组为教学组织形式，通过过程性评价促使学生能力发展。

（1）创设情境、提出问题。教师充分利用各种信息技术，如借助多媒体教学系统，通过让学生观看相关影视资料、浏览相关网站等多种方式来提出引导性问题。把学生带入问题情境之中，针对问题情境，向学生布置任务；学生接受任务，回忆早期的经验，产生学习的动机和学习的责任感。

（2）分析问题、明确问题、组织分工。在教师的组织下，学生讨论解决问题的可能方法，教师帮助学生分析问题情境，理解问题的情节和情形，进一步找到问题的本质，并对问题进行界定、阐述。教师根据学生的兴趣和能力，将学生分组，分配学习任务，提供相关资源。

（3）探究发现、解决问题。教师向学生提供有关材料、参考资料等学习资源，同时学生通过各种途径，借助并利用信息技术，查找、收集与问题相关的信息与资料；小组成员对收集到的信息进行归类、整理、分析，然后通过相互交流，形成解决问题的方案。

（4）展示结果、进行评价。各小组以幻灯片等形式陈述、展示他们在解决问题过程中的计划和任务安排，完成任务的过程，解决问题的建议、主张；最后通过自评、生生互评、教师评价相结合的方式，以过程评价为主、终结性评价为辅，对学习成果进行评价。即各小组对各自的问题解决方案自我评价，小组之间对方案相互评价，教师评价每个小组的学习成果以及在整个问题解决过程中的方案方法的优劣，并向学生提出新的类似的问题，学生尝试解决新的问题等。

问题教学法的应用需要信息技术的支持，教师能通过信息技术工具创设问题情境，学生能够利用信息技术工具获取丰富的信息资源，师生之间能够利用信息技术搭建沟通交流平台，这样才能保证其有效开展。问题教学法适用于教授各学科领域的概念、规律、理论等教学内容，适用于实践性强的教学内容。

（四）探究—发现法

探究—发现法就是在教师的安排和指导下，主要由学生借助现代教育媒体进行探索、发现问题，从而掌握知识的方法。教师借助现代教育媒体设置问题情境，提出促使学生思考的问题；学生利用现代教育媒体去搜集、查询有关信息，寻找问题答案。这是一种以培养学生创新和实践能力为目的的教学方法，该方法的主旨在于在教学中不给学生提供现成的答案或结论，而是由教师提出问题或设置特定情境的刺激，促使学生自我探索和发现问题，以类似科学研究的方法去获取知识和应用知识，从而掌握要学的知识，调动学生学习的积极性和主动性，培养学生发现问题、解决问题的能力。

探究—发现法法是一个发现问题、提出问题和解决问题的学习活动过程。学习者通过亲身活动提出问题、发现答案、解决问题，在探究活动中生成知识，获得的知识印象深刻、不容易忘记；可以发展学习者的分析、综合和评价等高级思维能力，培养发散性和创造性思维；学习者能亲身发展科学知识，帮助他们更好地理解科学的本质。在此方法的应用中，体现出来的是做中学的思想，让学生自己主动学习，亲身实践，探究知识，教师只是提供指导。

（1）教学准备。让学生了解探究—发现法的基本技能，提出探索与发现的基本要求，让学生掌握进行探究与发现的工具，提供必要的信息检索指南、专业网站的网址等，使学生知道如何有效地进行探究与发现学习。

（2）设置情境、熟悉任务。教师进一步向学生提供有关需要探究或发现的问题情境，引导学生关注有关的主题，并向学生提供必需的学习材料，以便让学生熟悉任务，进入问题情境之中。

（3）发现问题。学生在教师的要求和引导下，结合过去的知识和经验自行发现问题，确定探究的方向。

（4）搜集资料、解决问题。学生通过各种途径、形式自行搜集资料，如实地考察、调查和采访、进行实验、查阅文献、观看影视录像、个案追踪分析等。搜集资料不是目的，而是了解事物的手段。因此，接下来学生应用现代教育媒体，如计算机网络等工具，自行搜集、加工整理资料，对搜集到的数据资源进行筛选、归类、统计、分析、比较，然后在教师的指导下，得出结论或答案，解决问题。

（5）反馈评价。对学生得出的结论或答案，教师要进行点评和总结。

探究—发现法法的应用需要教师具有较强的应变能力和运用现代教育媒体的能力，同时需要学生具备自主学习能力和信息技术应用能力，尤其是计算机和网络通信技术。有了这些条件保障，才能够激发学生的学习动机，引导学生利用信息技术工具和手段，在自主学习环境中进行探究。探究—发现法法适宜教授和学习概括性、规律性的知识，适用于对未知领域的问题探究，或对已有知识进行个性化的再认识。

（五）微型教学法

微型教学法由美国斯坦福大学在 1963 年首创。微型教学法是指教师借助电视摄录设备培养学生某种技能的教学方法。由于该方法是在小教室中对学生的某种技能进行培训，培训时间短、规模小，故称之为微格教学或微型教学。微型教学法首先在教师培训上获得成功，其后被其他学科领域的技能训练纷纷采用，成为一种卓有成效的教学方法，被广泛地应用于各种职业技术训练上。它是让教学对象扮演一个职业角色，表演所要求的一系列活动，利用现代摄录设备记录这一过程，然后指导教师与角色扮演者一起观看录像，进行分析评价，找出差距，再做同样的工作直到掌握所要求的职业技能为止。

微型教学法的应用有以下几个特点。

（1）人数少、易操作、微型化。"微型课堂"由 5~10 名学习者组成，在课堂上充当"模拟教师"和"模拟学生"的人是真实的学生或受训者的同学，期间不断调换学生扮演的角色，保证每个学生接受培训和个别指导的机会是一样的、充分的，如此不仅可以简化操作方法，还可以将课堂微型化。

（2）训练时间比较短，技能比较单一，目的明确，重点突出。在教学培训过程中，分解教学内容，使综合性教学技能变为提示技能、演示技能、板书技能等单一技能。对每种技能进行单独培训，使得培训目的明确，重点突出。之后，培训者会有一段"微型课程"教学实践，对一两项教学技能进行训练，时间为 5~10 分钟。

（3）借助媒体设备，展示范例，实时记录。在进行"微型课程"的教学实践过程中，利用电视摄录设备系统展示某项技能的范例，供学生学习和模仿；也可在学生模仿训练时将实践过程记录下来。

（4）反馈及时准确，评价方式多样。完成训练后，通过视听系统重放已记录的内容，供师生点评分析，让学生及时得到反馈信息。评价方式既可以是自我评价，也可以是他人评价。

（六）模拟训练法

模拟训练法就是利用现代教学媒体模拟自然现象、运动状态和过程或者是特定的工作环境而进行实验和训练，以揭示其规律的一种教学方法。模拟训练法的特点有以下几点。

（1）突破教学条件限制，方便训练教学。由于教学受到各种条件的限制，在实验或训练的时候不能使用真实环境或事物，使用的环境或事物是由计算机等媒体模拟出来的，如此可使训练教学更加经济、省时、安全。

（2）设备与媒体的广泛应用，丰富了模拟工作环境。模拟训练法用来模拟工作环境，最初是借用机械装置进行模拟。在计算机被用于模拟训练之后，将其与机械装置相结合，在很大程度上丰富了模拟的工作环境。

（3）应用信息技术手段之后，拓展训练类型。随着信息技术手段的增加，训练类型变得更加多样化。模拟训练法主要有四种类型，分别是操作性训练、工作情景训练、试验情景训练和研究方法的训练。

运用该方法要提供可供仿效的适合学生发展的教学信息；要使学生进行仿效训练或亲自操作；要面向全体学生；教师应做好引导，及时分析、评价，明辨正误，分析原因，找出最佳思路和方法；要正确处理模拟教学法与常规的实验法、演示法、参观考察法的关系，在条件允许的情况下，要使它们有机结合起来，取长补短；要引导学生抓住事物的本质。

第四节 高校信息化教学模式创新

一、游戏化体验式学习

寓教于乐是游戏化体验式学习的主旨。

古希腊哲学家亚里士多德的《诗学》一书蕴含寓教于乐的思想。古罗马诗人贺拉斯在其文艺理论专著《诗艺》中，提出诗应该使人快乐和有益，也应该对读者有所劝谕和帮助。

虽然同属于教育范畴，但贺拉斯所谓的"寓教于乐"毕竟是针对广义的教育而言的，比贺拉斯约早500年出生的孔子则在狭义教育领域中明确提出"寓教于乐"的原则："知之者不如好之者，好之者不如乐之者。"对此，北宋哲学家、教育家、诗人和北宋理学的奠基者程颢阐释道："学至于乐则成矣。笃信好学，未知自得之为乐。好之者，如游他人园圃。乐之者，则已物尔。"

按照程颢的解释，孔子所说的乐，是果而不是因，是"学至于乐"，必然还有一个痛苦的"学"的前提。我们所说的乐，则是"乐而好学"，是先让学生"乐"，然后"好学"。

到19世纪末，英国人怀特海更为清晰地阐明快乐对学习的重要性："没有兴趣就没有智力的发展，兴趣是注意和理解的先决条件。""激发生命有机体朝着适合自己的方向发展，最自然的方式就是快乐"。

寓教于乐在当代和不远的未来最直接、最有效的方法就是游戏化体验式学习。

电脑游戏是许多家长和教师深恶痛绝的东西，但是他们无法阻止越来越多的人热衷于玩电脑游戏。其对人类的冲击远大于远古时期水患对中国的冲击，因而采取"堵"的办法肯定不行。

数年后人们就会嘲笑现在的家长和教师的办法太蠢，就像今天我们嘲笑大禹的父亲一样。所以，未来的教育要做的并不是禁止游戏，而是引导学生有效地玩适合的游戏。但是，如何引导呢？弄不好会水漫金山的。关键就看游戏的设计水平。

在教与学的过程中，不仅需要具备现实意义的大型游戏，更需要游戏为学习者营造真实的学习环境。近年出现一种严肃游戏，这种游戏对知识体系的构建几乎与现实达到完全一致，通过玩游戏完全能够轻松学到严谨完善的知识和技能。

其中一款经典的严肃游戏叫"世界没有石油"。游戏情景发生在全世界的石油已经被人类消耗殆尽之时。玩游戏时会发现，原来石油制品已经渗透生活的方方面面，人类每时每刻都离不开它们。玩家将被迫适应如何生存、生活，如何改变饮食习惯、日常细节和交际方式，如果能创造性地提出新颖的方案，或许就是真实生活中的一个发明创造。

还有一款叫"Algodoo"的仿真物理实验模拟游戏。在游戏中轻松愉快地做各种物理实验，以完成指定的任务。这种游戏平台，既可以让全球各地的人上传实验成果，也可以相互分享，甚至还可以在线同步合作。

二、个性化混合式学习

现在，无论是教育工作者还是关心未来教育的家长和学生，都认为以技术为依托的学习革命正在发生。未来的学习，一定是以学生为中心，并且是个性化、自主的混合式学习。

混合式学习模式是线上线下结合的，学生不仅要到学校接受课堂面授教学，还能在家里通过电脑、在地铁里或其他任何地方通过移动设备学习。这种模式既有传统教学的现场氛围和亲近感，又能以不断出现的新技术整合和管理学习过程的关键节点，使教与学的过程都达到最理想的效果。

混合式学习所体现的核心特征之一就是个性化。个性化教学对学生第一要有效激励，使其产生兴趣；第二定位准确，基于大数据的分析保证这一点；第三要目标可选；第四是路径有效。

当今学校所面临的深刻变革，是由学生对学习的差异化、个性化要求所促进的。首先，这种要求并不意味着淡化家庭的影响，相反更为尊重家庭的价值观，更为尊重人的自主选择和个体差异。其次，这种要求还将刺激学校既定的组织架构和规范制度的变革，接受更为丰富灵活的课程结构和教与学的组织形式。目前这些具有开拓意义的探索，将对学校教育的未来产生重要影响。未来主流的学习方式将是定制化、个性化、去标准化。学生自己制订课程计划，教师的评价会具体化、细节化，并考虑每位学生的个性，再也不会给学生排名次。学习活动不再是特定阶段的历程，而是伴随终身的教育超市，因需而定，随时服务。

个性化并不都是昂贵的，现代技术正在将大规模的个性化教育变成现实。

具有超前思想的 Alt School（教育创业公司）是一所诞生于 2013 年的微型学校，正在尝试将个性化的教学以规模化、标准化的形式运作。学生决定自己想要学什么；每个学生的教学计划、课程表、作业等都不同；学生可能上午在五年级学数学，晚上在三年级学语文。这种以学生为中心的个性化教学吸引了硅谷传奇投资人，2017 年 5 月 Alt School 拿到了来自扎克伯格和乔布斯遗孀的 1 亿美金融资，创造了美国 K12（教育名词，指基础教育）领域融资史上的奇迹。Alt School 的成功融资表明"个性化"具有极大价值，可能成为学校未来发展的重要趋势。

三、自适应学习

在互联网的学习环境中，以学习者为中心就是要让学生按照自己的需求，自主制订并执行个性化学习计划，选择合适的学习内容和策略，通过互动不断获得反馈，从而监控自己的学习过程，并且自我评估，根据评估结果调整下一步学习计划，从而得到优势最大化、个性发展的效果。

"自适应学习"与"个性化混合式学习"不仅有相交的部分，也有不同之处。例如，从技术上对照，"自适应学习"使用的技术是独立的、系统的，且会逐渐趋于成熟的平台,它可以用"个性化混合式学习"所使用的技术和途径为平台服务;"个性化混合式学习"是任意使用现有的技术和平台，没有自成体系的平台和模型。两者将来会趋于融合还是各自发展，或一者普及而另一者消亡，还有待观察。"自适应学习"的概念出现于 20 世纪 80 年代，由中国科学院心理研究所认知心理学家朱新明教授提出，开创教育界素质教育理念的先河。在其《人的自适应学习——示例学习的理论与实践》专著中，系统地阐述了学习者通过示例学习获取知识与技能的信息加工过程，率先提出自适应学习的"条件建构 T 尤化理论"。2000 年，朱新明等创建的自适应学习的认知建模获中国科学院自然科学二等奖。诺贝尔奖得主、认知科学和人工智能的创始人之一西蒙对这项研究成果非常重视，认为其"对认知心理学和学习理论做出了重要贡献"。西蒙积极向世界推广这一研究成果，先后向美国、日本及中国智能计算机高技术代表团等进行推介。

四、创客式学习形态

"创客"现象其实早已有之，但是这一理念的萌芽和提出则是近几年的事。2016 年，在一项课题研究中，中国专家发现，他们从大量现象中筛选出来排名第一的发展趋势，与世界各国专家的研究成果在某领域中重合，就是"学生从消费者转变为创造者"。

人们普遍意识到，让学生自己动手的体验式学习，不仅有助于学生高效掌握知识，还能使学生产生学习的兴趣和动力，并能自觉自然地学以致用。因此，很多学校开始探索一种新的教学途径，即发挥学生的能动性，把学生自创的内容、想法整合到教学中。中国专家把创客空间列为今后教育技术的重要发展趋势，认为这一趋势将长期影响并改变教育模式，并对其提供强有力的支持。

在工业化生产还不发达的时代和地区，人们根据自己生活所需，自主设计并制作用品，或改进他们认为不合适的东西，以解决生活难题，提高生活质量。这些工作往往都是非常有创意的。例如，在 20 世纪改革开放以前的中国，织毛衣、做煤球等很流行。女学生用牛皮纸和画报纸折叠出实用耐磨的钱包，男学生用黄泥巴制作坦克大炮等各种武器玩具，都非常有创意。但是，那时候由于信息不对称、沟通不畅，人们并不在意创意的重要性，如今有了互联网，使这种鼓励和支持互相协作、锐意创新并使人兴趣盎然、积极参加的创客运动迅速发展起来。

作为数字化时代的原住民，现在的学生得天独厚，甚至在还没有力气使用工具的时候，就能制造出各种产品。可以说，数字化所带来的变革，绝不仅是改变传统制造业，而是让产品制造者扩展为更多更广的人群，甚至可以使每一个普通人都成为创造者，形成一个规模庞大的产业。

例如，3D 打印技术能使学生方便地创造个性化物品。此外，过去仅为政府、科研机构和大公司服务的大型计算机等设备,现在已经为普通人所使用,学生可以在教室和家里的书桌上从事过去想都不敢想的世界一流的"DIY"设计。

第七章 互联网时代高校教育管理模式中的课程实践

第一节 互联网背景下的课程观

在教育过程中,课程伴随着学习者的一生。无论是在学校教育时期,还是进入社会后的职业技能教育,都是通过课程来实现知识、技能、经验等学习资源的传递。正是在不同的课程平台上,教师与学生之间实现不同形式的互动,完成教育的目标和价值。互联网教育背景下,课程的理念、课程的目标价值、课程的形态、课程的特点都与传统的课程不一样,需要构建基于多元化的价值目标和课程观。

一、课程理念重新审视——基于互联网视野下的多元视角

在互联网教育背景下,课程不仅仅局限于传统的教室,其内涵延伸到社会、生活、社区、网络虚拟课堂等方面,因此,课程理念需要多个维度多元视角来审视。

(一)学科视角下的课程概念

国内外在学科视角下对课程的定义最为丰富。广义的课程是指为了实现确定的人才培养目标而规定的教学科目的总和或体系,或是指学生在教师指导下各种活动的总和;狭义的课程则是指一门学科或教学科目,简称课。国外对课程的定义也存在很大差异,《美国新教育百科辞典》中的定义为:课程是指在学校教师的指导下出现的学习者学习活动的总体,其中包括教育目标、教学内容、教学活动乃至评价方法在内的广泛概念。国内外的课程定义皆是从静态的视角看待课程活动的,对课程的功能以及学习者的需求缺乏重视。

(二)课程作为教育社会化的方式

教育的本质是社会化的一种有效途径,因此课程也可以被视为是个体社会化

的过程。课程通常被视为是实现教育目的的手段，在这种思维之下，课程是教学过程中所要达到的教学目标、教学预期结果或者教学活动一种标准化规范。夸美纽斯认为，不同的学科形成差异的知识体系，并通过课程这一形式完成教学目标。塔巴将课程视为"学习的计划"，这种定义将课程视作个人社会化的一种有效规范。钟启泉在《课程与教学论》中指出，课程是按照一定的教育目的，在教育者有计划、有组织的指导下，受教育者与教育情境相会作用而获得有益于身心发展的全部教育内容。个体通过课程，即教育规范的约束和知识图式的积累，实现融入社会的最终目标。但是这种观点偏重学校、职业等社会性因素的地位和作用，既忽视了学习者个体的主观能动性，也未考虑学习者的需求差异。

（三）课程作为主体性经验获取的过程

杜威等学者认为，教学活动需要发掘学生自身的兴趣，自我组织并在活动中吸取经验，掌握知识。课程作为实现这一目标的途径，杜威将其定义为学生在教师指导下习得经验的过程。这类课程定义强调了学习者在学习过程中自发获取经验和知识图式的行动追求，将学习者的需求作为课程的核心。

（四）课程作为教师与学习者交互发展的活动

课程不仅是教育者或者学习者，也是社会某一方面的行动，现实中的课程需要各方行动者参与到其中的"情景"，在这种情景下教育者与受教育者交互活动并获得发展。一方面，教育者需要承担起课程中的责任，负责传授经验和知识以及科学地引导学习者树立正确、可靠的学习观念和取得教学实践所要达到的目标效果；另一方面，学习者需要在课程这种特定的学习环境中获得学术的、运动的、情感的等多元化的经验积累。

在互联网教育背景下，学习的途径变得异常广阔，信息传播的速度和方式也变得多种多样，每个人都有可能成为某一领域的信息先驱。在这种破除信息传递壁垒的环境下，课程的重心也将随之发生变化，传统的识记性知识在课程中的比重将降低，而更多的是致力于探索知识获取技巧。因此，一切单方面的知识或者经验的传递式的课程都不符合互联网教育背景下的教学目标理念。在互联网教育背景下，学习者在教育者的指导下探索问题的解决途径，并掌握知识经验积累的有效方式。

二、课程目标价值重塑——基于互联网思维下"内容技术"二元融合的视角

互联网信息时代背景下，未来课程发展总的趋势是随着学习的新特征而变化的。互联网课程学习以学习者的需求和知识技巧的掌握为核心，同时带有时空泛在特点的"个性化学习"。这种课程的变迁主要表现在价值观的变化、课程培养目标的变化、内容的变化、组织形式的变化等多个方面。传统课程到互联网课程的发展过程显现出分离与融合的双重特征。课程发展的分离与融合是指时间与空间分离和教学形式的多元化，是指知识内容、学习边界以及教学与技术的不断融合。

国内学者张倩苇认为"技术与课程都是一定历史条件下的产物"，并根据科学技术发展的不同阶段对课程发展进行划分，将课程发展的历史分为手工技术时代、机械化技术时代和信息技术时代三个时期，试图探索科学技术与课程发展之间的联系。其中在信息技术时代，以计算机为主题的信息技术对课程的实践和理论都产生了全方位的、多层次的影响。教育信息技术学将信息技术与课程实践分离，视其为两个独立但又相关联的部分进行分析，侧重信息技术的发展对于课程发展的影响。不同的时代，课程发展都处于不同的历史阶段，科技的革新推动着社会的发展以及课程的颠覆性变革。

进入到互联网时代，人类社会已经被互联网所包围，人类言行都离不开互联网的影响，这种全方位地深入性融合使得互联网技术不单单是一种与教育相分离的工具。不同于以往技术或是方法层面上的改革，互联网时代的课程进入互联网课程阶段，更多的是一种教育范式的颠覆。互联网课程不仅将互联网技术融入完整的教学过程中，而且互联网所到之处都将成为课程的素材，现代教育的发展处处显，示出互联网的虚拟化、数字化、智能化和个体化的特点。

互联网时代下新的价值目标的树立，使得整个教育领域出现重大的变革。在互联网信息技术发展的时代，互联网的发展不仅引发了信息技术的突破，而且带来了社会环境的改变。互联网课程与互联网信息技术的关系不仅仅局限于"内容—工具"的二元分离的关系，而是呈现出一种相互融合的，共生共荣的依赖关系。在互联网课程阶段，互联网作为信息技术的代表形式，从课程外在形式逐渐智能化、数字化，到课程目标、课程设计等一系列课程认知，都显露出互联网的思维，可以说互联网融入课程实践的各个方面。

三、课程观的重构——基于多元化的价值目标和需求

（一）基于个性化的全面自由发展

在互联网信息时代，个体化社会逐渐崛起，互联网教育背景下的学习也凸显个性化的服务。互联网教育时代的教育特征之一就是为学习者提供个性化的教育服务，学习者可以自由地浏览、阅读自己想要知道的东西，只需要在搜索引擎上输入词语。各个网络平台能够根据注册用户的习惯、经常浏览的页面、搜索关键词的分类，对用户进行有针对性的推送消息。互联网课程教育与平台正是根据学习者每次点击的内容进行分析，以获得关于用户的丰富的基础信息，包括想要学习的学科、所关注的知识板块、所感兴趣的展现方式，或者是对课程所看重的要素等。这些学习偏好在现实的学习环境中，虽然被忽视或者被学习者刻意地伪装，但是在互联网这种较为隐蔽的虚拟个人空间中，个人的真实想法就更好地展现出来。课程平台通过海量的基础信息以及用户偏好数据，针对不同的学习者，设计出差异化的测验、作业并推送知识。

（二）基于未来社会对人才培养的需要

互联网教育的课程体系面向培养未来社会各行各业所需要的人才。未来学校的课程应着眼于国际组织及世界各国所提出的 21 世纪核心技能培养目标，要着眼于我国学生发展核心素养框架，基于学生未来生活需要、提高学生未来生活本领和生存技能。课程设计的内容和形式都要有前瞻性和时代性。

（三）契合学生个体认知、性格、情绪等特点

互联网教育背景下的课程是让学校成为学生成长的精神家园、让学校更富生命力与创造力的课程，是让每个学生成长更加不同，让每个学生人格更完善、人性更完美、人生更完满的课程，是基于时代需要、更好地培养 21 世纪学生核心素养的课程。

（四）满足学生个性化发展需要

除了被动地根据学习者的点击习惯进行个性化的课程设计，互联网课程也突破了现实中地域与时间的壁垒，使得"一对一"的理想教学形式得以实现。在现实的传统课堂上，由于教与学是一种"一对多"的关系，受制于个人的能力和精

力的限制，教授者对学习者作业的反馈通常存在着一段空白期、一个时间差。互联网课程通过计算机等智能系统，使得每个学习者都能够在第一时间将教学过程转化为学习成果。

第二节 个性与智慧性相结合的教育课程实践

一、课程特征——"融合"与"联合"

（一）互联网教育背景下的课程与信息技术的深度高质融合

互联网信息时代的课程强调信息技术应用于教育，服务于学科知识，其出发点首先应当是学科，而不是技术。这种课程应以先进的教育理念为指导，创设情境，突出教学重难点，以教育信息资源为支撑，实施多元动态的教育评价，将自主学习、合作探究相结合。未来学校的课程要以信息技术为载体，实现课程实施方式的转变、课程实施模式的重构、课程实施效率的提高、教师信息素养的提升、学生自主学习能力的提高。

（二）互联网教育背景下的课程促进学科之间的融合

互联网教育背景下的课程强调以学习者的经验、个体生活和核心素养为基础，打破学科的固有界限，以真实问题为核心进行课程重组，重点开展"综合课程""主题课程""STEAM课程（创客教育）"等方面的探索。互联网教育背景下的课程的另外一个特征是"联合"：互联网在线课程实现了校内校外课程资源的联合。

互联网教育背景下的课程提供者，不仅是学校和教师，也可能是社区、家长、社会企事业机构。家长的参与、社区丰富多彩的活动、社会企事业和一些文化机构所开展的业务，这些都是互联网教育的课程资源。互联网教育背景下的课程实施场所，不局限于学校的空间，同时关注走向大自然、走向社区、走向社会，在移动互联网等信息技术的支撑下，学习空间得到更大程度的延展，更好地体现"泛在"课程的理念，使学习无处不在、随时发生。

互联网教育背景下的课程能有效实现知识与生活、知识与社会实践的联合。互联网教育背景下的课程可以转变过分注重知识学习、轻视实践体验的状况，增加学习者动手实践和体验感悟的机会，密切学习者与自然、与社会、与个体生活的联系，让学习者用多维度的视角去发现和解决问题，去体验和感受生活，从而培养学生的创新精神和实践能力。

二、课程体系——人才的适配性

"适"，是指适合信息时代人才的培养目标。互联网教育背景下的人才培养目标是培养个性化全面发展的、具有家国情怀的创新型人才。互联网教育背景下的课程体系突出培养信息时代人才的核心能力和素养，涵盖了知识、技能和个人品性，具体包括批判性思维、问题解决、创新、协作、数据搜集与沟通等方面的能力。欧洲议会和欧盟教育理事会通过的《终身学习关键能力——欧洲参照框架》指出，基础教育阶段要培养的学生的能力包括：母语交流能力、外语交流能力、数学能力及科学和技术基本能力、数字化能力、学会学习能力、社会和公民能力、首创精神和创业能力、文化意识和表达能力等八种能力。以此为核心，培养素质全面的合格公民。我国教育学专家周洪宇教授指出，新一轮业革命背景下的人才培养目标是培养出综合素质全面发展，具有信息化能力和综合职业能力，能够将自身价值与社会价值、人类价值紧密结合起来，亲近自然、热爱社会的高素质劳动者和创新型人才。

第三节 互联网时代高校教育课程存在的问题与未来发展

多元化互联网课程的发展既是满足学习者个性化学习的有效途径，也是国家实施信息化战略和实现终身教育的关键一环。经过20多年的发展，互联网技术取得了质的突破，互联网课程虽然在教学理念、教学方式、师生互动等方面都取得了突破，但是我们仍然需要冷静地看待互联网课程的发展及其应用效果，理性分析互联网课程发展中存在的不足和缺陷，逐步完善互联网课程设计，推动互联网教育教学目标的实现。

一、个性化定制——创建个人的"播放列表"

在互联网教育背景下,课程体系既不是固定统一的几门课程,也不是给定的一本教科书,不以同样的顺序和步调进行,而是数千种不同的组合方式。互联网教育背景下的课程体系像既可以截取、混合最爱的音乐并将之列入音乐播放器一样,也可以实现个性化定制,创建个人的播放列表,实现一个人一张课表的教学。

互联网时代已经悄无声息地进入人们生活的各个方面,上网购物的消息推送等都是通过对用户的习惯进行数据分析得到的最佳结果。同一组学生虽然会使用相同的教材,但是教材可以进行个性化的处理。

大规模定制的生产成本并不比批量生产的成本高,关键在于学习者的个性化选择。在互联网教育背景下,课程选择和大规模个性化的实现,需要给教师和管理人员提供更丰富的反馈数据。

微课既能够满足学习者的知识需求,也是知识碎片化的时代潮流。微课是 MOOC 的多种多样的展现形式中的一类,这种新型的课程形式以建构主义为原则,根据单一的知识点和主题概念,形成简短的声频或视频等多媒体形式,并通过互联网教学平台进行学习和传播。微课时间一般比较简短,围绕着某个主题的,条理清晰的录像,其长度一般为 5~10 分钟。翻转课堂是一种个性化的课程模式,"翻转"意味着教与学的过程转换,重构学习流程。与以往传统教学模式中偏重"信息的传输"不同,翻转课堂将学习的决定权交还给学习者,学习者在课前通过对教授者所提供的教学资源的学习,初步掌握学习内容,并通过在课堂上同伴之间、师生之间的互动交流,解决学习的困难并完成学习的任务。在这种课程教学中,学习者必须要有自主学习的能力以及自我探索问题的能力,这两种能力在翻转课堂的有效实施中是非常重要的。

大规模定制的个人"播放列表"不仅仅是个性化的选择,还有个性化的播放效果反馈。互联网课程能够在后台终端适时记录学习者的使用状况和学习情况,随时掌握学习者的学习状况,跟踪学习者的学习生涯,进一步挖掘学习者的学习潜力。

二、后 MOOC 时代的课程——SPOC

虽然互联网课程是一个更加开放的领域,但是互联网课程走向成熟的关键还是在于是否能够面向教育市场推出满足世界各地不同背景、不同环境下的学习者的学习需求，这就要求课程的小规模定制。小规模限制性在线课程由加州大学伯克利分校的阿曼德·福克斯率先提出并应用。与现行主流的 MOOC 形式不同，这种课程似乎反其道而行之，追求小规模、有限的教学。SPOC 实质上是将互联网资源更加有针对性地实施，是在现有的 MOOC 资源的基础上，针对小规模、特定人群的课程实践形式。

相对慕课无限制的规模来说，SPOC 的课程规模与现实课程较为一致。另外，学习者需要通过一定标准的考核才能够进入相关的课程学习，SPOC 对学习者设置了基本的限制性准入条件。SPOC 的基本教学流程是，教授者将课程相关的视频、文档等材料公开给每位参与课程的人，然后通过师生之间的沟通和互动，学习者自主完成课程作业或任务，并参加考核获得课程学习认证。

根据互联网化的程度，可以将现有的 SPOC 课程划分为两种类型，一种是基于现实课堂的混合式课程，另一种则是完全互联网化的课程。这两种类型的 SPOC 课程虽然在教学流程上大致相似，但是在具体的教学流程上仍存在着一定的差异。首先是学习者的来源和确定不同。对 SPOC 来说，不是每个学习者都能够适合一门课程的教学要求，而是按照一定的课程选拔机制进行。混合式由于扎根于现实的校园，在校学生成为课程学习者的主要来源，在校学生具有一定基础和知识储备，也就减少了课程对于学习者筛选的环节。完全互联网化式的课程学习者来自世界各地，学习者的水平也不尽一致，需要从全球范围内筛选出合适的教学对象。其次是课程的互联应用程度不同。虽然这两种类型都需要通过互联网实施教学活动，但是完全互联网化的 SPOC 课程除了课程要求和标准通过互联网的课程平台进行发布，教授者与学习者的互动以及学习者的水平测试也在互联网上进行。

三、未来的课程——流动无所不在

在互联网教育背景下，学校、家庭、图书馆、社区、田野等场所都是学习者的课堂，在家上学与在线教育、新乡村运动与社会化网络并存。在新技术的支撑下，未来教育将更加凸显个性化，未来的书本是流动的，未来的课程也是流动的。

书页是流动的，是因为页面成为一种灵活的单位。随着新的技术的发展，书页从智能眼镜上那微乎其微的屏幕到一整面的墙，内容会流动以便适应任何可用的空间，它可以适配你喜欢的阅读设备和阅读风格，书页以读者为主。

版本是流动的，这得益于电子书的材料可以变得更个性化。如果你是一个新手，那么你手中的版本或许就会解释生词。如果你是一个对此书有一定了解的熟手，那么你手中的版本将重点为你解疑释惑。如果你是这方面的专家，那么你手中的版本将更加关注这方面研究的最新动态。

第八章　信息化背景下高校教学模式创新的实践

第一节　信息化背景下高校翻转课堂教学模式

一、翻转课堂概述

（一）翻转课堂的起源与内涵

1. 翻转课堂的起源

19世纪中期，美国西点军校的西尔瓦努斯·泰勒将军要求学生在教师开展课堂教学之前，先利用教师发放的学习资料进行自学，然后在课堂教学上组织开展小组协作学习，引导学生进行批判性思考。这种教学形式已然具备了"翻转课堂"的雏形，但并未得到广泛传播。

2000年，格伦和莫林以及美国迈阿密大学打破口原有教学观念的束缚，积极引入新型授课模式来讲授《经济学入门》这门课程。具体来说，首先他们将教学内容作为主要依据来制作讲解视频，并要求学生借助实验室、家中等地的网络平台浏览这些视频自主进行学习，并且在课堂上让学生以小组为单位进行作业练习。尽管人们不曾为此种教学模式提出明确的概念，但从这种教学模式的形式和环节来分析，它初步体现了"翻转课堂"的形态。

随后，莫林·拉赫和格伦·普拉特分别在《经济学教育杂志》上发表了自己关于"翻转课堂"教学实践的文章。随着诸位学者探索活动的不断深入，"翻转课堂"的概念也变得越来越明确、清晰）

2007年，亚伦和乔纳森进行了翻转课堂教学实践活动。这两位化学老师由于需要为缺课的学生进行补习，便开始尝试将试题讲解过程录制在屏幕录像软件中，并将其制作成视频发布到网上，以便学生随时随地观看、学习。

同时，他们试着将这种教学方式引入课堂练习中，即先让学生在家利用视频进行学习，然后在上课时写练习题，并根据学生课堂作业的完成情况，及时对学生遇到的疑难问题进行解答，这种教学模式备受学生与教师的青睐。为了扩大翻转课堂教学模式的影响力，鼓励教师打破传统的教学模式，从而更好地采用翻转课堂的教学理念与教学模式，他们决定举办"翻转课堂开放日"。

林地公园高中于2012年1月举办了翻转课堂开放日，这两位老师对新型教学模式的演示吸引了许多教育工作者的注意，这项活动有效地促进了翻转课堂教学模式的推广，并且全面展现了学生的学习状态和教学情况。

毫无疑问的是，对翻转课堂的形式与发展而言，亚伦和乔恩的努力功不可没，因为他们的实践使翻转课堂有了实际的意义，受到越来越多师生的青睐。但是我国并没有因此大范围推广、应用翻转课堂教学模式。国内开始实施该模式是由于开放教育资源运动的开展。当时涌现了许多高质量的教学资源，如TEA-Ed视频、可汗学院微视频和耶鲁公开课等都提供了珍贵的资源支持，有利于翻转课堂的应用和推广，有力地促进了课堂教学的有序开展和教学质量的逐步提升。

2011年，我国某中学开始时翻转课堂教学模式展开深入探讨，经过漫长的实践研究，该中学总结出了"课前四步"和"课中五环"的结论。

（1）课前四步。主要是指教师应该在上课前做好相应的教学准备，通常包括设计导学案、制订学生自主学习计划、录制教学视频，以及制订个别学生的辅导计划。

（2）课中五环。主要是指教师应在教学过程中与学生达成合作探究目标、布置相关知识的巩固练习、进行知识拓展、帮助学生解决困难、引导学生做好总结和反思。

2. 翻转课堂的内涵

翻转课堂是一种教学中的术语，它是由英语翻译过来的，翻转课堂是一种教学模式，它有很多种叫法，如颠倒课堂、翻转学习、翻转教学等。

翻转课堂与传统课堂不同，它是一种创新的教学模式。在传统课堂上，往往是教师进行知识讲解，学生在座位上认真听讲即可，课外学生主要是完成作业练习。但是在翻转课堂教学模式中，教师并不在课堂上进行知识讲解。教师首先要自己根据教学内容创建好教学视频，然后学生利用课下的时间观看视频进行知识学习。然后在课堂上，教师与学生进行互动交流，为学生答疑解惑，通过学生与学生、学生与教师之间的交流合作，以及学生们对知识的练习实践，加深学生对知识的理解，巩固记忆。同时教师还指导学生如何对知识进行实际运用，完成知识的习得，提高教学的效率。

因此，翻转课堂的含义是：教师创建教学视频，学生在课外进行观看学习，在课堂上教师与学生互相交流谈论，分析见解，解决问题，同时学生还要完成作业练习。

我们可以通过乔纳森·贝格曼和亚伦·萨姆斯下面的问答来更清楚地了解翻转课堂的含义。

（1）翻转课堂不是什么

翻转课堂不是在线视频，二者并不完全相同。翻转课堂虽然也是通过视频的形式来使学生们了解知识，但是除此之外，它还有课堂上的互动交流与作业练习，有很多学习活动是由教师与学生共同发起的。

①翻转课堂不是学生孤立地进行学习。

②翻转课堂不是用视频取代教师。

③翻转课堂不是学生进行无序的学习。

④翻转课堂不是让整个班的学生都盯着电脑屏幕。

⑤翻转课堂不是在线课程。

（2）翻转课堂是什么

它是一种教学模式，是一种手段，用来增加师生之间的互动交流。

教师的地位发生了改变，不再是讲台上的传授者，而是课堂上的参与者。

①翻转课堂是学生的个性化教育的课堂。

②翻转课堂是一种学生自主学习的环境。

③翻转课堂是让课堂知识能够永久存储的手段，便于学生之后复习。

④翻转课堂是建构主义与直接讲解的混合。

⑤翻转课堂是缺席的学生也能够学习新知识的教学方式。

⑥翻转课堂是让学生更加积极学习的课堂模式。

（二）翻转课堂的特征

1. 教师角色发生转变

首先，教师的角色发生了转变。在之前传统课堂上，教师是课堂的主导，是知识的传授者。在翻转课堂教学模式中，教师是学习的促进者和指导者，学生在与教师的交流互动中学习。这种转变，使得学生的主体性得到充分的尊重和体现，同时强化了教师的主导地位。在课堂学习活动中，教师可以基于多种情况来实施各种组织策略，如小组学习、角色扮演、游戏活动等。其次，教师由之前内容的传递者变成现在教学资源的开发者、设计者以及提供者。在上课之前，教师向学生提供学习资源，如自己录制的教学视频、网络教学资源等，使学生充分了解知识内容。在课堂上，通过互动交流，教师可以获得反馈，帮助学生解决各种问题。

2. 学生角色发生转变

在翻转教学课堂中，学生的角色发生了传变，他们由之前传统教学模式下的倾听者、接受者，变成学习的主角。由于在上课之前教师就已经分发了教学内容的资源，学生可以自己控制学习的时间、地点等，他们的主体作用得到了极大的发挥，在上课之前，学生进行自主学习，不断了解新知识新内容；在课堂上，通过教师与学生之间交流互动，学生能够巩固所学的新知识，优化知识结构，便于学生理解和吸收。学习速度较快的学生可以帮助那些学习速度较慢的学生，因此，学生也承担了一点"教"的角色，其从完全的知识消费者变成知识的生产者。

3. 课堂时间的重新分配

翻转课堂教学模式有一个比较核心的特点，就是它对课堂上教师的讲授时间进行缩短，将更多的时间留给学生进行学习。在翻转课堂上的这些学习活动，主要是现实生活中的情境与教学知识的结合。学生在课堂上进行互动交流，不仅能够促进学生之间交互协作能力的提升，还能够增强学生们对知识的理解。对教师来说，在进行教学评价之时，课堂上的交互性也是十分重要的。通过教师的反馈评价，学生能够更加准确客观地了解自己，有助于其在课余时间进行自主性学习。

在学习活动中，时间是最重要的要素。想要提高学习成绩，学生们必须就要有充足的学习时间，进而进行高效率的学习。在翻转课堂中，教师提前让学生预习了解新知识，延长了课堂上教与学的时间。最重要的是，通过对课堂时间的充分利用，使教学效率也得到有效提升。

4. "翻转"增加了学习中的互动

在进入课堂之前，学生们就已经了解了课堂所学的知识与内容。因此，在课堂上，学生通过提问、讨论交流等方式与教师、其他学生进行交流，增加了更多互动，而学生也能够更积极地参与到互动中来。如此，翻转课堂不仅能够增强交互性，还可以提升学生的主人翁意识。

（三）翻转课堂的基本流程

第一，教师根据教学内容进行视频制作，并且组织相关练习，然后将其上传至网络学习平台。

第二，在网络教学平台上，学生打开教学视频进行自主学习，了解当前学习的知识和内容，在新知识学习完成之后，进行练习，温固新知。

第三，在课堂上学生提出问题，教师进行答疑解惑，师生互相交流，然后学生在课堂上进行操作练习。

第四，教师针对学生的练习情况进行反馈评价。

（四）翻转课堂体现出的现代教育理念

1. 学生主体性的学生观

在对学生进行教育教学时，教师要注重学生的主体性。学生有自学能力，他们能够自我学习，他们是自我学习的主人。教师要鼓励学生发挥学习的积极性，促进其不断发挥自己的主观能动性。要想实现真正意义上的教育，就必须让个体实现自我教育，只有这样，他们才能体会到自我价值的实现。因此，教师要发挥学生的主观能动性，促进其不断自主学习。

2. 学生自主学习、合作学习、探究学习的学习观

现代学习观认为学生本身具有主观能动性，能够自我进行发展学习、探究学习。它十分注重培养学生自主学习、合作学习、探究学习的能力。

在翻转课堂的教学模式中，学生很好地实现了现代学习观中的自主学习、探究学习、合作学习。在课堂进行之前，学生观看教学视频了解新知识、新内容，这展示并锻炼了学生的自主学习能力。在课堂上，学生与教师交流互动，学生之间互相交流协作完成练习，这体现并锻炼了学生的合作学习的能力。在整个翻转课堂教学模式中，这两个学习阶段充分展现并锻炼了学生借助问题进行探究学习的能力。

3. 因材施教、分层教学的教学观

在对学生进行教育时，教师要根据不同学生的现状与潜能进行因材施教。其中因材施教的观点旨在促进学生不断发展，挖掘潜能。它以学生的现有发展水平作为基本点，重点关注培养学生的未来发展水平。

不同的学生具有不同的性格、不同的思维方式、不同的发展水平，因此，教师要关注每一个学生，着重观察他们的个体差异，进而进行分层教学。

在翻转课堂准备阶段，教师要考虑学生的差异性，然后据此进行课件以及视频的制作。在课堂上进行合作交流等教学活动时，教师要考虑不同学生的差异。因此，在翻转课堂教学模式中，它充分展现了因材施教、分层教学的教学观。这有助于学生更好地学习、发展，同时也有利于教师探究不同学生存在的各种可

能性。

4.独立性与依赖性相统一的心理发展观

学生具有依赖性和独立性,其中依赖性是指在教学过程中学生仍然是以教师作为主导,而独立性是指在教学过程中学生起到主体作用,学生的独立性和依赖性都是根据他们自身的心理生理特点来说的。

在翻转课堂的新教学模式中,学生课前预习知识展示了其独立性,而在课堂上,教师组织教学活动,这体现了教师的主导作用。因此可以说翻转课堂教学模式体现了学生的独立性和依赖性。

二、翻转课堂的教学模式构建

(一)翻转课堂的教学定位目标

每一个学生是不同的,在教学过程中教师不能扼杀学生们的独特性和创造性,而是要不断地发展它。在教学过程中,教师要帮助学生、关爱学生,尊重他们的差异。让每个人成为最好的自己就是翻转课堂教学的目标。

1.课堂的现状与问题

随着历史的发展,课堂也在不断发展,它是与不同的历史阶段相配的,具有一定的合理性。随着当今社会不断向前发展,加之人们对教育的要求不断提高,传统的课堂已经不能适应当今社会的发展需求。

2.让每个学生成为最好的自己

在翻转课堂中,学生在课外学习新知识,在课堂上与教师进行互动答疑,这种方式对学生来说比较公平。因为,不同的学生对学习内容的理解时间是不同的,具有差异性,如果教师在课堂上对新知识进行讲述,可能就会造成某些同学无法听懂的情况。"先教后学"的方式使得不同的学生都能够掌握新知识,这也可以增强他们学习的积极性和参与性,有助于他们找回自信,进而成为更好的自己。

另外,通过及时的反馈,教师能够加强解决问题的更具针对性,对遇到的问题及时解决,而不是滞后解决。对一些学习速度较慢的学生,教师可以通过对其进行一些课后辅导来使其跟上教学进度,或者可以通过数据分析找出使其落后的原因,从而解决问题。另外,学生也可以在网上,选取不同教师的教学视频进行观看,选择适合自己的学习方式。

（二）翻转课堂的教学工具

翻转课堂所涉及的教学工具包括网络平台、教学资源、学习终端等。

1. 翻转课堂的网络平台

目前，各大高校纷纷组织实施翻转课堂，这是因为无论是老师与学生之间，还是学生与学生之间都可以通过翻转课堂的网络平台很方便地进行交流。翻转课堂的网络平台除了为师生提供交流的场所，还有很多其他功能，包括自主学习、练习检测和交流互动等。

2. 翻转课堂的教学资源

在翻转课堂的教学过程中，教学资源是非常重要的一个教学工具，其为翻转课堂的组织实施提供内容基础。因此，教学资源是在立足课程标准的基础上，围绕知识点这一中心展开的相关课程资源，组成翻转课堂的教学资源的主要有微课、学习任务单和进阶练习。

（1）微课

微课，顾名思义就是比较短小的课程，一般是以视频的形式呈现，且视频比较短小，通常为10分钟左右。正因为时长短，因此教师在进行微课的课程内容设置的时候，要格外注意如下问题：知识点单一、定义要严格。通常而言，微课的作用主要是向学生介绍知识点的核心概念或内容，也有的微课课程会对相关知识点进行方法演示或者应用讲解等。

（2）学习任务单

学习任务单的设置是为了让每个学生能够根据的实际情况，按照自己的步骤进行学习，从而保障自主学习的效果。学习任务单的呈现方式主要为表单的形式，主要包括学习任务和配套学习资源两个方面。

①学习任务

学习任务主要可以分为整体把握和具体把握两种要求。其中，整体把握就是指让学生对学习内容进行整体性把握，这需要学生在自主学习过程中，梳理学习内容的结构，把握学习内容的纲领。具体把握是指学生对具体知识的把握。具体把握一般以提问的形式出现，值得注意的是，问题设计的关键是能突出教学的重点和难点以及其他知识点。这是因为，在以问题为导向的自主学习中，只有在问题中将教学的重点、难点以及其他知识点进行突出，才能使得学生在解决问题的同时，能对教学内容的难点、重点以及其他知识点进行具体把握，从而培养学生解决问题的能力以及推理能力。

②配套学习资源

配套学习资源就是为帮助学生实现学习目标而创设的情境。之所以要为学生创设情境，是因为在情境中学生能够更好地探究和处理所遇到的问题，从而最终实现对教学内容难点和重点的掌握。

（3）进阶练习

进阶练习本质上是一个检测系统。进阶练习内容的设置一般以标准测试为基础，其检测系统的设置类似游戏通关。具体来讲，通常学生在进行视频教程学习之后，便会随之完成相应的练习，如果没有通过练习题的检测，学生就无法进入下一个单元课程的学习。在线检测的设置，实际上是为了确保学生在掌握了课程基本能力要求之后，再进行下一单元的课程的学习，如此循序渐进，避免学生在学习完整个课程后，还不能掌握基本的知识技能。在线检测系统中练习题的设置一般包括三种题型，即概念辨析、熟练练习和应用拓展。

3. 翻转课堂的学习终端

翻转课堂的学习终端是指电子计算机及其他移动网络设备，如手机、平板电脑、笔记本、台式计算机等。学习终端的功能随着科学技术的飞速发展也在不断增强，下面我们介绍几种常见的学习终端设备。

（1）电子书包

电子书包并不是实际意义上的书包，而是指一种应用于信息化教育的电子设备，旨在提高家庭和学校配合效率。在电子书包系统中学生可以设置账号，也可以为家长、学生、老师等分配不同的账号。例如，对教师来说，其可以在电子书包系统中进行班级管理、考勤管理，以及为学生发布作业等；对家长来说，在电子书包中有家校沟通功能，家长可以利用这一功能，对学生的学习信息进行了解；对学生来说，他们可以享受多种数字化教育资源、老师的网络辅导、同学的在线互助等，因此可以说电子书包是学生学习和生活的信息助手。

（2）平板电脑

平板电脑的特点是外形小，是一种便携式个人电脑。平板电脑没有键盘，使用触屏作为基本输入方法，正是因为平板电脑的便携式特点，很多学校在组织实施翻转课堂的时候会选择这种设备。学生在上课过程中，可以通过手写识别、屏幕上的软键盘、语音识别等实现输入。

（3）云计算机教室

传统的计算机教室一般都是单独占用一个教室，教室内摆放几十台，甚至上百台计算机，其中硬件成本和维修、管理成本是学校的一大支出。而云计算机只是一个终端，通过网络连接在服务器上。因此，与传统计算机相比，云计算机在开机和运行速度、管理效率、节能降耗方面有着显，著的优势。与传统计算机教室相比，云计算机教室在建设方面能够大大降低成本。另外，云计算机还能通过后期软件升级来替代一次性投入的硬件成本和隐性维修成本。同时，云计算机使用的电力成本会比传统的计算机教室节省大约80%。

（4）移动式网络教室

移动式网络教室，顾名思义，是一个可以移动的网络教室。通常情况下，一个可以推动的大柜子便是移动式网络教室的基本配置，在这个大柜子中，Wi-Fi大线、学生用的计算机与服务器被整合在一起。相较传统的计算机教室，移动式网络教室最明显的特点就是可以根据需要，移动到任何需要此设备的普通教室中，快速组成一个用于翻转课堂教学的网络教室。

（三）翻转课堂的教学步骤

1. 课前准备阶段

（1）教师活动

①分析教学目标

在大众的印象中，一提到翻转课堂，大家首先想到的就是制作教学视频。实际上，翻转课堂也确实是通过教学视频来引导学生对知识进行学习的。但是，制作教学视频并不是翻转课堂的第一步，在制作教学视频之前，我们还应该对教学目标进行分析。这里所说的教学目标是指教师在教学过程中所获得的预期效果。事实上，对任何教学而言，最重要的都是明确教学目标。只有在明确教学目标的前提下进行教学，才能使教师在教学过程中有针对性地采取相应的教学方法。在组织实施翻转课堂之前先进行教学目标的分析，除了能够帮助教师了解适合通过视频向学生传授的知识类型，也可以帮助教师分析哪些内容适合课堂教学，通过师生之间的合作与探索，达到最佳的教学效果。明确教学目标，可以在一定程度上避免实现教学目标的盲目性。

②制作教学视频

翻转课堂是通过视频来传递知识的，教师不仅可以自己录制教学视频，也可以借鉴其他教师制作的教学视频或网上优秀的教学视频，在翻转课堂教学模式中，教学视频的制作是一项重要的组成部分。制作教学视频需要按照一定的步骤，具体主要包括以下几种。

第一，做好课程安排。如前所述，在制作教学视频之前教师要对教学目标进行明确，因此教学视频的制作要从教学目标出发，并且要确定视频是不是实现课堂教育目标的合适工具。如果教学内容不适合通过视频来讲授，那么教师就不要制作教学视频，避免为了实施翻转课堂而去使用视频。因为翻转课堂的实施并不只有制作教学视频一种途径。

第二，做好视频录制。当确定教学内容适合制作教学视频之后，教师就进入了视频录制阶段。在这个阶段，教师要充分考虑学生的想法，因为视频的录制是为了让实现学生对教学内容的学习，换句话说视频的录制是以学生学习为目的的。唯有充分考虑学生想法后制作出视频，才能适应不同学生的学习方法和习惯。值得注意的是，为了保证学生通过视频进行学习时不会受到噪声干扰，教师在录制教学视频的时候，必须选择一个安静的地方。

③做好视频编辑

在教学视频录制成功之后，教师会将教学视频发给学生，供其学习。因此，在发布视频之前，教师要对视频做好编辑工作，纠正视频中的错误，避免学生获得的视频存在错误。

（2）学生活动

①观看教学视频

通过教学视频，教师可以向学生传授教学内容。一方面能够节省课堂时间；另一方面，对学生来说，由于他们存在学习能力强弱的差别，通过观看教学视频进行学习，不仅能够使学习能力强的学生获得足够的学习知识，还能使学习能力弱的学生不再为课堂上跟不上教师的节奏而担心，因为学生在课下可以根据自己的需要进行课程的学习。在学习过程中，学生可以随时暂停视频讲解，自己进行知识的消化。除此之外，学生在进行教学视频的学习中，还可以将自己不懂的地方标记出来，在课堂上进行提问。如此，不同学习程度的学生都能按照自己的节奏进行课程的学习。

②做适量练习

在看完教学视频之后，为了巩固和检测自己学到的知识点，学生还要完成教师设置的课堂练习。教师在进行练习题的设置时，要注意与教学视频中讲的知识相适应，这样才能起到巩固学生所学知识的作用。

2.课中教学活动设计阶段

（1）确定问题，交流解疑

人生活在社会中，不可能脱离社会，因此人与人之间是通过交流来共同学习、共同发展的。在课堂上也是如此，只有依靠交流才能更好地、更有效地实现教学目标。然而，在传统的课堂教学中，教师占主导地位，教师在课堂上教，学生在接受知识的时候处于一种被动灌输的状态，教师和学生的地位是不平等的。在课堂中，如果想要实现教师和学生之间的真正交流，就需要营造一种融洽的环境。

由于每个人的知识结构和看问题的角度有所不同，因此学生在观看教学视频的时候，往往会有不同的见解。这些不同的想法造成了学生之间的认知失衡，进而导致学生产生新的认知结构。因此，在学生观看教学视频并产生疑惑的时候，教师要与学生展开讨论，使视频成为一种师生交流的学习资源。

（2）独立探索，完成作业

在传统课堂上，教师占主导地位，学生则是在教师的主导下进行学习。不仅如此，教师在课堂教学中，往往花费大量时间进行知识讲授，学生则在课下机械性地完成教师布置的作业，这在很大程度上压制了学生的探索精神。

翻转课堂的实施可以为学生提供一个个性化的学习环境，在这个环境中学生需要独立完成教师布置的作业或者科学实验。在此过程中，学生能够审视自己对知识的理解和掌握程度。教师在学生独立完成作业的过程中，可以适当进行指导，而是当学生具备独立解决问题的能力的时候，教师要适时"放手"，让学生独立去完成。

（3）合作交流，深度内化

当学生学习是为了满足自身需要的时候，就会变"要我学"为"我要学"，这样才能真正成为学习的主人。在这个阶段，教师不仅是传统意义上的知识传授者，还是学生学习的引导者和促进者。合作学习这一学习方式，就是为满足学生自身需求而产生的一种学习方式。对翻转课堂来说，真正的合作学习既包括教师与学生之间合作学习，也包括学生与学生之间的合作学习。只有师生之间、生生之间不断合作交流，并且在交流中深化各自的知识结构，才能真正实现实施翻转课堂的教学目的。

（4）成果展示，分享交流

在学生独立完成探索和合作交流之后，教师会对个人或者和小组作业进行组织报告会、辩论赛或小型比赛等活动，让学生与学生之间进行学习心得的交流。在展示成果的这个阶段，教师要对学生的作品进行点评，以帮助学生获得更加深入的理解。

在展示成果的环节，教师不仅要鼓励学生进行课堂展示，还可以让学生通过微视频的方式将自己的汇报上传到网络交流区，和广大师生进行交流与讨论视频制作的好坏。当然这并不会决定翻转课堂教学的成败，而其成败主要取决于课堂学习活动的设计。翻转课堂教学模式的关键在于改变教师主导课堂的局面，使学生成为学习的主人。

（四）翻转课堂的教学评价

尽管翻转课堂不断发展，推动学生综合素质发展的评价体系却并未与教师教学的评价体系同步革新。即便翻转课堂存在教学评价系统，也只是基于教师在实践过程中的观察所做的定性评价，缺乏对相应量数据进行收集和考核，这就导致翻转课堂在实际应用中出现一些问题如评价方式单一，缺乏科学有效的反馈机制，不能体现出个性化学习特点等。这些问题使得翻转课堂未能真正发挥其应有的作用，因此，这种评价落后于现实的局面亟须得到转变。

翻转课堂教学评价作为教育领域中一个复杂的人工系统，其沿用了通用的教育评价方式。在评价手段上，翻转课堂要将测量、统计和系统分析的方法和技术结合起来，构成一个既进行定量分析，也进行定性分析的综合分析判断。

1. 评价对象与目的

评价对象既可包括翻转课堂参与主体，如教师、学生、学生管理人员以及家长等，也可包括实验过程中出现的各种现象和活动，如实施方案、自主学习任务单、配套学习资源和微课视频等，同时还包括课堂教学活动及流程，教学效果，配套政策及规章制度等。

翻转课堂旨在推动教学方式的创新、推动教师教学方法的变革、推动学生整体素质的提高，进而改善教学质量和教学效果。但是，由于当前缺乏对翻转课堂教学模式及其特点的系统研究，实践中出现了诸多问题。如何解决这些问题，使翻转课堂在教学改革进程中发挥更大作用，这是需要我们认真思考和回答的一个重要课题。为达到这一目的，评价者既要客观地进行评价，又要帮助被评者对实验中所遭遇的困惑和瓶颈进行诊断，一起探讨如何调整教学策略和选择能解决问题的方法。

2. 教学评价的功能

教学评价就是系统地收集学生发展和教师发展的教育教学信息，并将这些信息根据数据统计和质性研究方法进行评价，以此来评判翻转课堂教学实验是否具有价值。翻转课堂评价一定要实事求是，体现评价对象真正价值，使其符合规律和宗旨。

3. 教学评价与教学测量

翻转课堂教学评价过程是指依据翻转课堂教学评价体系所拟定的各项指标，以数值等事实对教学所体现的事物属性权重进行刻画。采用层次分析法可以确定各个评价因素之间的权重关系，通过实例可以验证方法的有效性和可行性，将教学测量的理念引用到评估过程之中。

三、翻转课堂教学模式实施中的注意要素

（一）学生的习惯需要改变

在传统授课方式影响下，国内学生对上课时进行讨论和自主探索可能不太适应，而将翻转课堂引入教学中也是为了解决这一问题。因此，如果要将翻转课堂教学模式引入国内，教师就必须建构学习支持系统，在激发学生学习动机和高效地组织学习活动这两个方面多下些功夫，以降低学生对翻转课堂的抵触心理。

目前，许多学生和家长都已经习惯了"课堂讲授"的授课方式，这也使部分学生和家长对翻转课堂的教学模式产生了质疑。鉴于翻转课堂带来的诸多好处，相信经过一段时间的适应之后，这些问题将会迎刃而解。

（二）需要教师对课外自主学习阶段进行控制

众所周知，翻转课堂这种教学模式就是教师在课前通过教学视频来教授学生知识。这种模式在很多学校已经被应用到了教学活动之中，并取得了很好的教学效果。可以说，所有移动终端都能够帮助学生完成教学视频的学习，但也不排除某些无法回避的问题。例如，当学生正在进行课堂活动时，他们可能会用移动终端观看电视、电影和其他与学习无关的视频，这一行为对学生在课前自主学习知识是十分不利的。传统课堂教学虽然无法回避这些问题，但起码教师能用评估系统来监测学生的学习情况。

如果在课前学生并没有对教学视频中的内容进行充分的理解，甚至可能根本就没有观看教学视频，将非常不利于课堂上教学活动的开展。如果学生长期处于准备不充分的状态下，甚至就会对课堂内很多活动的开展产生极其严重的负面影响。

（三）学生自学能力和协作能力需要增强

随着信息社会的到来，不断有新知识涌现出来，并且以很快的速度进行更新，

这就要求我们不断地进行学习，对学生而言自然更应如此。所以，在这个终身学习的时代，对学生来说，超强的自主学习能力是其应该具备的一种重要素养。

与此同时，在学习过程当中，学生难免会遇到一些依靠自己的力量无法解决的、难度比较大的任务或者问题，这就需要向其他同学或者老师寻求一定的帮助，从而通过协商来解决问题，因此，学生应当具备很强的协作能力。

翻转课堂的一个重要环节就是课前知识的学习，而这一环节恰恰是需要学生自己来完成的，这就需要学生具备很强的自学能力，这将直接关系到学生对基础知识的掌握。

由于大部分学生对传统的教学方式已经比较习惯，对教师的课堂讲授已经产生了一定的依赖，所以很多学生的自学能力和意识难以得到培养。所以，使翻转课堂产生良好教学效果的一项重大举措，就是要教师在实施翻转课堂之前弄清楚如何创造有利条件来帮助学生自学，如何提高学生的自学能力，以及如何培养学生的自学意识。

（四）教师课堂把控能力需要提高

在翻转课堂教学模式中，尽管教师传授知识的作用受到一定程度的削弱，但是其对教师学情分析能力、辅导能力和把控课堂能力的要求明显增强。

在翻转课堂模式下，课堂学习活动成为促进学生认识水平提高的一个重要途径。教师负责组织学习活动，学生参与学习活动的积极性成效如何，在某种程度上取决于组织者把控能力的强弱，所以，为了促使学习活动高效进行和学习效果得到改善，教师需要想方设法地提高对课堂的把控能力。

第二节　信息化背景下高校慕课教学模式

一、慕课概述

（一）慕课的起源与发展

MOOC（慕课）是英文"Massive Open Online Course"的首字母缩写，直译为大规模的开放在线课程。通过对慕课这一概念的分析可知，"大规模"意味着有大量学习者参与到学习中来，每门慕课的注册学习者有几千人甚至几万人，其中有来自各行业不同年龄的人。在我国，"慕课"的定义由教育部正式发布的《中国高等教育发展报告（2011）》明确提出。这么大规模的教育活动在这之前还从未有过。慕课的"大规模"不仅意味着学习者人数众多，也意味着有较多教师加入教学。

所谓"开放"，就是慕课学习是不受限制的开放教育。作为这些年来全球范围内"开放教育资源"运动的延续，慕课在开放教育潮流中占有举足轻重的地位。慕课的诞生，方便了学习者的日常学习，只要学习者具备上网的条件，就可以在任何时间进行线上的慕课学习。

"在线"是指学习资源和信息通过网络为人们共享，学习活动发生在网络环境下。

"课程"是指开放教育的形式是课程，是教与学的整体活动。

慕课的历史虽然不长，但孕育和发展的过程并不短，其是经过了漫长积累而形成的。慕课的诞生确切地说可以追溯到20世纪60年代。1962年美国发明家、知识创新者格拉斯·恩格尔巴特提出了一个研究计划，呼吁人们将计算机技术当作改革"破碎教育系统"的工具运用到学习过程中。此后类似工作不断开展。今天，慕课已经成为全球教育领域中一股不可忽视的力量，它对传统高等教育产生了巨大影响，甚至可以说，它正在改变着我们未来的教学形态与教学模式。

2008年，加拿大爱德华王子岛大学网络传播创新总监戴维·柯米尔和美国国家人文教学技术应用研究院资深研究员布莱恩·亚历山大共同提出了慕课概念。

2008年9月，加拿大学者乔治·西蒙斯和斯蒂芬·唐斯推出首门慕课《连通主义和关联知识》，共有25位曼尼托巴大学学生（付费）和2300余名来自世界各国的学生（免费）在网上学习该课。该课程不拘一格，不仅汲取了维利开放内容与学习者参与理念，还吸收了克洛斯开放教学与集体智慧的方法。在短短一年半时间内，该课程迅速成为国际上最受欢迎的开放教育资源之一，并被全球多个高校采用。不仅如此，这门课程还支持大规模学习者参与，采纳了连通主义学习理论和教学法。

xMOOC是MOOC的一种新型发展形式，它以优质课程内容、短视频设计、全新测评方式、庞大的学习者群体以及强辐射性而备受教育、科技以及商业等诸多领域瞩目，促使全球开放教育运动取得新进展，预示着人类文明传承与知识学习方式即将迎来革命性变革。2013年7月，美国国家科学基金会（NSF）正式向全美大学推荐使用 xMOOC 进行远程高等教育课程开发。这类基于互联网的在线开放课程成为当前世界范围内兴起的一种全新教学模式。

（二）慕课的特征

1. 资源共享性

优秀的教师资源和丰富的学习资料是资源共享性中的两大方面，相较古代个别教育制度，资源共享性的出现可以说是教育史上巨大的变革。在古代个别教育中，学校的所有学生集中跟随一个教师，等待教师轮番传唤进行个别指导。当社会步入资本主义阶段时，产生了班级授课制度，学生每天只上课 4 小时，一个教师可以同时对几百个学生进行统一授课。

在没有发明印刷术之前，文化传播的主要手段是人们手抄书籍，学习的资料也相对较少，在当时的社会，只有贵族才能够享受教育的特权。直到 16 世纪中叶，印刷术的产生和通信技术的发展为普通人民群众获得学习的机会带来了希望，促进了学习者各种学习资料和书籍的资源共享。

现如今，随着互联网的抬速发展，教育信息化的普及，产生了慕课、微课和翻转课堂。慕课教育借助信息化的发展，产生了三大慕课平台，分别是 edx、Coursera、Udacity，有了这些平台的帮助和信息化发展的支持，数以千万计的学生得到了更好的教育。

与此同时，关联主义认为学习并不是一个人的活动，而是要用各种节点相互连接形成一个网络结构。现如今，由于网络技术的发展，世界各地的学习者都能够对任何学习内容和问题进行讨论与交流，网络的发展让学习者能够便捷地联系到更多的学习者，使个人的知识能够成为其他人的学习资源，从而促进其网络学习的发展。

2. 效益性

从字面意思中能够看出，效益是效果和利益的总称，多被用在经济领域中，如果在教育领域中出现"效益"二字，则是为了说明在教与学中付出和收获所占的比重。慕课教育相对传统的教育，在培养学习者的学习能力上更具效益性。

现代社会的发展速度越来越快，知识的传播手段越来越多，更新的速度也在加快，知识就如同海洋一般是永无止境的，这就要求教育者和学习者要不断地接受、学习新的知识，不断地使自己进行充电，以适应时代的需求和社会的发展。另外，教育者也要顺应时代的发展转变对学习者的培养方式，不应只注重传授知识，而应把重点放到培养学习者的学习能力上。

慕课教育相较传统教育更多地强调学习者的自主性学习，学习者可以根据自身的条件选择学习的时间和地点，学习时间相对自由；慕课教育相对传统教育能带给学习者更多的知识，当学习者面对大量的学习内容时，要明确并不是所有信息都适合自己，从而根据自身学习的需求找出关键的内容。

慕课教育有助于学习者在自主学习中发现自身存在的问题，并在个性化学习中解决问题，提高自身的学习能力。随着解决问题次数的增多，学习者学习能力也会得到相应的提高。

3. 复合学习性

复合可以被称为结合或是联合，从字面可以得知，其是两种或两种以上事物的结合。复合学习是指两种或两种以上的学习方法的结合。在没有互联网的时代，人们对知识的获取大多来自书籍或是教师传授的教学内容，学生通常只是在课堂上，通过教师的授课以及布置的练习作业等方式进行学习。

慕课教育更注重学习者的自身发展，并使学习者在学习中实现自我的潜能。相对传统教育，慕课教育不再单一地采用课堂教育，而是有更丰富的学习方式，这也体现了慕课教育所具有的复合性。此外，伴随网络技术的发展，学习被划分为线上学习和线下学习两种方式。

线上学习是指学习者利用电脑、手机等移动设备，通过慕课、微课和翻转课堂等方式进行学习，或是针对某一学习问题通过网络平台进行讨论，从而自由学习知识内容。

线下学习是指学生在课下交流讨论学习知识，以及在课上和教育者之间的互动。线下学习是让学习者之间相互合作，对知识问题主动研究讨论，在课上积极表达自己的观点。

线上学习和线下学习密切相关，线下讨论是在线上的学习中产生的，线上学习的知识也能够在线下相互交流，加深记忆，帮助知识的消化。慕课既包括线上学习，也可被应用于线下学习，因而从这个角度，也能体现出学习的复合性。

4. 自主性

自主从字面意思来看可解释为自己做主，不受别人控制支配。学习者在学习中要有自我教育的能力，慕课教育中的自主性是指，要保证学习者在学习中能够自我做主并且自我教育，对自己做出的行为负责。慕课教育能够让学习者享有自我教育的机会也说明了慕课教育具有开放性。

伴随时代的发展，教育资源和获得教育资源的渠道越来越多样化，在慕课教育的环境中，教和学不再有指定的地点与特定的时间，学习者能够根据自身的教育需求，自主选择学习的方式和学习的节奏。

在慕课教育中，学习者在完成学习任务的基础上，有较多的自由时间，既可以利用多余的时间对已经学习的知识进行加深理解，也可以适当地对已经掌握的知识进行拓展，不过这需要学习者对时间有一个合理的规划和安排，并能够进行自我监督。

学习者能够自主学习，并不是意味着其可以完全脱离教育者，教育者在学习者进行自主学习时发挥着指导作用，目的在于让学习者在学习中做"主角"，尽情地发挥自己的能力。在自主性学习中，学生在学习时的主动行为，以及学生能够学到哪些知识都取决于他自身，而不是取决于教师。

（三）慕课的主要组成部分

慕课作为一种网络开放式线上课程，它以网络平台为依托，传授者为教师及各方面专家学者，授课内容为在线视频，学习者为慕课在网络线上平台的注册学员。因此，线上网络平台、课程、教师与学员是慕课中的主要组成部分。另外，互联网技术、经费投入、国家相关政策扶持，以及高校与教育机构和互联网企业等的介入及促进也是其中不可缺少的重要内容。慕课将对高等教育产生深远而巨大的影响：为传统教学模式注入新活力；改变学习方式，提高学生自主学习能力；促进教学改革与创新；丰富教学内容与教学资源等。

1. 网络平台

网络平台是慕课得以建立的根本，网络平台使慕深课程资源得以呈现在学生面前，同时让慕课课程参与者得以交流沟通。慕课网络在线教育平台依托互联网技术构建，并向社会免费开放，向教师提供授课场所，并向学员提供大量学习资源，为实现学员与老师之间、学员与学员之间交流建立平台，同时实现学员之间的学习资源共享。在此基础上，慕课还提供了在线网络平台教学管理以及学员学习考核等其他功能与服务内容。慕课网络平台内存在不同分类，按其服务教育属性可以划分为服务高等教育慕课平台、服务基础教育慕课平台和服务职业教育慕课平分。

2. 网络视频课程

在慕课在线网络平台中，网络视频课程处于核心地位。慕课是通过在线视频进行授课，也就是由授课老师事先录制视频并传到网络平价上。视频课程录制以高校内部传统教学课堂的教学内容为基础，同时考虑到互联网授课的特点和弊端。一般每门课授课时间为4~6周，但不同的课程课时数量也存在差异，由授课老师依据教学大纲、教学目标及教学内容具体编排，课时数通常不超过 16 周。因此，慕课视频课程需要具有较高的时效性与灵活性，能在短时间内播放大量高质量的内容。每门课所录视频均以传统教学中 1~2 小时课堂教学为基础，按知识模块将其分解为 8~15 分钟时长。慕课微课堂旨在增强学生的学习主性，比学生能够自由地掌握学习进度，只有按照教师的要求学完一单元，学员才能进入下一单元进行学习。慕课课程教学结构有：短视频、嵌入式小测验、课后测验、结业务试、课程讨论区等。慕课作为一种新的教学模式，被运用于高校课堂教学中是非常必要的。此外，值得一提的是慕课网络课堂中的所有课程视频学员均可下载安装，反复观摩学习。慕课网络课堂互动性也很强，平台内有很多极富活力的讨论区域，挑选同一堂课的学员们汇集到一起相互沟通，部分授课教师也会主动参与进来，或由教学助理将讨论区域内学员们讨论得比较热烈的问题向教师进行反馈，教师进行重点回答。慕课网络课堂相较其他远程教育或者在线教育而言，除了能更好地优化共享教育资源，还能促进学员和教师及学员间互动交流，将线上课程测试和考核相结合，其构建并完善的课程结构极大地改善学生的学习体验及学习质量。

3. 教师

教师在慕课在线网络平台上处于主导地位，任课教师以录制讲课视频的方式教授知识。慕课课堂上的教师职责与传统教师的职责存在一定的差异，他们虽然都是开展课堂教学，但慕课教师已经不是过去那种在固定教室而对面教学的状态，慕课网络课堂任课老师不但要按照课程安排提前完成讲课视频录制、建立微课堂的课堂小测，课后还要登录网络平台给学员答疑解惑。所以慕课网络课堂不同于传统意义上的课堂，它有自己特殊的特点：一是网络教学平台不受地域限制；二是学习方式更加自由灵活；三是学习时间史长；四是教学方式多样化。慕课网络课堂对任课老师的要求是非常高的，既要求他们具有专业的知识功底又要求他们具有不一样的授课技巧，这是因为他们要向来自世界各国和不同各阶层的学生进行授课，讲授的知识必须做到让学生感到受益匪浅，授课方式必须让学员们认同，只有过硬的专业功底、纯熟的讲授内容、新颖别致的讲授方法才能获得高点击量。

4. 学员

学员作为慕课在线网络平台中的主体，既参与课程讲授环节，又参与课程学习交流、课程测试与评价等各交互环节，并且慕课学员们来自世界各国，种族和语言各不相同，这一切都使得慕课在线学习资源更加多元多样。

学员参加慕课还有不同的学习动机和学习需求，有的学员或想通过名师点拨来弥补知识空白、改善知识结构；有的学员或许只是因为自己的爱好前来学习；有的学员或是想在工作之余学习充电；有的学员或是想接受新的知识，继续钻研，把握社会潮流趋势。慕课在线网络平台学员总体表现为高学历以及多知识结构。面对这些学员，我们应该及时调整和改进教学理念、教学方法及考核方式等，从而提高教学效果。

诚然，科技的运用给慕课发展带来多方便利，网络普及让电脑成为生活必备品。人们开始习惯从网络中获取新知识，大数据、人工智能和云计算的发展也给慕课教育资源的有效共享带来便利。此外，慕课的出现对传统教学模式产生了巨大冲击，打破了以"教"为主的模式，学生不再被动接受知识，而是主动学习；高校不再局限于课堂教学，而是将课堂延伸到课外。与此同时，巨额资金投入成为慕课迅速成长的重要因素，慕课商业化经营能够吸引更多的优质资源，让管理更规范、经营更高效。慕课的高效运行离不开国家政策对慕课的大力扶持和指导，高校、互联网企业以及教育培训机构等都是慕课迅速成长的促进力量，对慕课的成长过程起到了不可或缺的积极作用。

二、慕课改变大学生学习方式的优势

大学生的学习生活因为"慕课"独有的特点和优势迎来了巨大的变化，大学生的学习方式也因为这一系列的深刻变化而受到影响。

（一）学习时空界限被打破

固定的上课时间导致传统学习在时间上是有限的。从空间上来看，留给传统学习的地方只有学校的教室。慕课的学习打破了时空的界限，无论白天还是深夜，无论是在全球的哪一个角落，只要有一台连上网的电脑，并有一颗想要学习的心，学生就可以走到哪、学到哪，甚至可以反复学。慕课的授课内容已不再局限于高校所规定的固定内容，它将内容扩展到大学生感兴趣的领域，并且将大学生学习的时间和空间得到进一步拓展，对大学生的主动学习大有裨益，使大学生的综合素质得到全面发展。

（二）学习成为乐趣

教师的讲解是传统课堂学习的主要内容，学生们的学习内容和学习进度都是由老师设计好的。这就导致部分大学生失去了对学习的兴趣，变得不爱学习。慕课让学习不再受到传统课堂学习的局限，用多种信息媒体，如动画、图形、影像、声音等，将教学资源呈现到学生面前，为学生提供思考、探究、合作和交流的平台。大学生可以根据个人的兴趣、能力、需要选择的学习内容，按照自己擅长的方式进行学习。"慕课"学习能充分调动大学生兴趣、挖掘大学生潜能、活跃大学生思维，使大学生的学习成为一种乐趣。只有让学习成为乐趣，大学生才会以一种轻松、快乐、享受的心态主动投入学习中，大学生掌握的知识才能变得牢固，学习能力才能得到不断提高。

（三）自主学习成为主流

大学生的学习效果受到学习自主性的影响。教师是传统课堂的绝对权威，学生只能被动地听课和跟随课程的进度，而通过慕课的学习，大学生就可以让自己成为学习的主人。大学生对学习目标、学习内容、学习方法和学习材料具有选择权和支配权，在学习目标的设计、安排上，可以按照自己的情况进行，学习的时间和空间更为自由，形式也更加丰富、灵活、多样。另外，大学生还可以通过对自己在学习中的反思和评估来调整学习活动，提高自我约束、时间管理、独立学习、合作学习等能力，同时能激发自身的自主学习意识，让学习更加主动，使自主学习成为学习主流。

（四）合作学习成为必然

不是所有大学生都能在传统的课堂学习中与教师进行充分的交流，与同学之间进行友好的合作学习。慕课把合作学习的机会提供给了大学生，使他们在慕课平台上就可以听到优秀教师的课程，不仅可以在慕课平台与自己的老师或者学习伙伴讨论课上学习的知识，遇到学习中的困难也可以通过慕课平台寻求帮助。这样的合作学习与交流是完全平等的，师生间互动更多了，关系也更加和谐。以"学生为中心"的理念因慕课得到了真正的体现，这代表着未来的学习趋势必然是合作学习。

（五）学生参与学习成为可能

以往的在线开放课程，如广播大学、视频公开课等，一节课长达四五十分钟，上课期间师生之间的互动交流是有限的，学生们的听课学习是被动的。在"慕课"平台上，课程以十分钟左右的微课为主，甚至时间更短。大学生的注意力因这样短时间的课程得以实现高度集中。慕课会在每两个课程之间安排进阶作业和小测试，只有学生通过了测试才能学习后续的内容。大学生学习的积极性和主动性因为对慕课学习的全程参与得到增强，与同学和老师的互动也随之增加。

三、慕课的模式

（一）CMOOC 课程模式

1.cMOOC 课程模式分析

（1）cMOOC 课程模式的基本学习活动

①学习者首先需要在平台中浏览想要学习的课程，之后进行注册。

②收集平台中教师提供的各种学习资料。

③在进行基本的课程学习后，学习者需要在讨论组中与其他学习者进行学习内容的交流，分享自己学习的心得感受。

④利用空闲的时间，制作一些有关个人学习的资料。

⑤利用其他的社交工具进行学习，如微博、微信、博客等。

（2）cMOOC 课程模式的特征

①在 cMOOC 课程模式中，教师会为学习者提供一些学习的资源，以便学习者在学习的过程中进行参考，教师在 cMOOC 课程中的地位与传统课堂大不相同，在传统课堂中教师是课堂的主导者，而在 cMOOC 中教师是作为引导者出现的。

② cMOOC 课程的学习主要是依靠学习者的自控能力并且要求学习者具有较强的自主学习能力。

③学习者要多参加小组讨论活动，构建属于自己的学习框架，并且能够与其他学习者积极交流自己的学习经验。

④学习者要在交流讨论中有新的学习收获，通过资源共享扩展自己的知识范围。

2.cMOOC 应用策略与方法

就如何进行 MOOC 的学习，研究者与实践者们给出了有价值的策略和方法。

（1）成功学习慕课的步骤

①在进行慕课的学习前，学生首先要确定自己学习的目的和目标

②学生要能够在不同的社交平台中，积极地展示自己的学习能力。

③学生要构建专属于自己的学习框架。

④在学习过后，学生要多与他人进行学习交流，积极参加学习小组活动。

⑤学生的学习进度和个人的学习能力要相互协调。

3.有效参与 cMOOC 的步骤

①任何学习前都要明确自己的学习目标。

②学习者能够在社交平台中展现自身良好的学习能力。

③构建专属于自己的学习框架。

④学习者能够充分利用手中现有的课程资源。

⑤学习者能够及时发现自己存在的问题，并且能够合理地解决问题。

⑥学习者在学习的过程中要对学习有合理期望。

⑦坚持进行学习。

慕课学习分为三大阶段：课前、课中、课后。课前，需要学习者在教育平台中浏览其想要学习的课程内容，并根据自己的时间进行学习安排，提前准备好课程中需要的资料工具。课中，学习者要在平台中对自己的个人情况进行简单的介绍，要和其他学习者进行课程讨论，从而在学习的过程中及时发现自身存在的问题，并且能够解决问题。课后，学习者要利用课后时间对学习的内容进行整合，形成完整的知识结构。

（二）xMOOC 课程模式

慕课的新型发展模式分为 cMOOC 和 xMOOC 两种，xMOOC 是慕课教学中的另外一种发展模式。cMOOC 与 xMOOC 是两种不同的课程模式。xMOOC 的课程理念更加接近传统课堂的教学理念。

xMOOC 课程需要学生预订时间进行学习，在进行学习前，需要学习者提前进行注册，并且要根据自己的时间，合理进行课程的安排。在学习课程前学生要对该课程有基本的了解，根据自己的学习情况进行学习 xMOOC 的学习周期一般在 10 周左右，与传统课堂相比，xMOOC 的学习周期较短。

慕课平台为课程实施提供了多种课程组件，包括课程视频、讨论区、电子教材、测试等。

课程开始后，教师定期发布课件、作业、授课视频，这些视频不是校内课堂的录像，而是专门为该 xMOOC 录制的。很多视频会提供多语言字幕（如中文），以方便全球学习者学习，延伸课程的开放程度。

在 XMOOC 中，学习视频一般比较短小，并且在视频中会安排及时的问题与测试，这是为了更好地保证学习效果。由于视频学习是一种单向传递，学习者要在没有他人监督的条件下，保持对学习内容有足够的关注与交互。通过短片段的视频并辅以及时的问题测试，可以保持学习者注意力的有效集中和对学习内容的理解。同时，这种短视频方式也有助于学习者对自己学习步调的把握，能够比较方便地定位到自己的学习位置。

课后一般有需要完成的阅读和作业，作业通常有截止日期，学习者应自觉、按时完成课程作业。作业成绩可以通过在线自动评分、自我评判打分、学习者同伴互评等方式获得评估。

课程会安排小测试和期中、期末考试。学习者应在规定的时间内参加考试，获得考试成绩。学习者被要求遵守诚信守则，诚实而独立地完成学习、作业与考试。edX、Udacity等主要的xMOOC项目也与培生（Pearson）等公司合作，使学习者能在全球分布的培生考试中心参加考试。

课程网站开设有讨论组，学习者可以进行在线学习交流。另外，课程还会组织线下见面会，使学习者进行面对面的交流活动。例如，Coursera已经在全球3000多个城市组织了课程线下见面会，学习者可以根据自己的地域选择加入邻近的线下见面会，进行面对面的学习交流，形成地区学习小组。

完成课程并考试合格后，学生可以得到某种证书或者获取学分。

（1）检索性学习与测验

在进行慕课学习、观看视频的过程中，学习者经常会有这样的体验：看着视频时难以持续集中注意力，逐渐开始走神，有时候甚至会停下课程去做其他事情。这样的体验无疑会浪费学习者的学习时间，降低学习效果。如何从课程设计上提高学生在线学习的注意力呢？一种有效的方法是检索性学习与检索性测验。因此，慕课教学设计的关键要素之一是广泛使用交互式练习，在视频、测试中提供丰富的互动练习，使学习者可以及时检测学习效果。这是一种检索性练习方式。

检索性练习是一种从短期记忆中回溯信息，以增强长期记忆的行为。研究证明，这有助于增强学习。卡尔·K.斯帕纳等人研究发现，频繁互动可以避免注意力分散，这是确保学习者持续专注的一种有效手段。例如，在视频中插入暂停，要求学习者只有回答简单的问题后才得以继续，以确定学习者是否在认真学习，是否已充分理解所学内容。卡尔皮克和罗杰与卡尔皮克和布朗特的研究证明了学习者的"知识检索"和"知识重构"等学习活动的结果能够显著地增进学习成效，这两种简单学习行为的效果甚至优于许多复杂的学习策略。①测验可以降低遗忘的速度，提升最初的记忆强度。即使测验之后没有反馈，它与单纯地追加学习相比，也可以更好地提升对学习材料的记忆效果。②学习后进行测验，比学习后进一步追加阅读更能增强学习效果；与多项选择题相比，简答题形式的测验更能促进学习效果。③检索是测试中的最为关键的环节,对巩固学习具有非常重要的促进作用。与单纯地阅读或聆听信息相比,检索信息更能增强记忆效果。这一效应也被称为检索性练习。

（2）精熟学习

20世纪70年代,美国心理学家布鲁姆针对美国教育制度中只注意培养少数尖子学生而忽视牺牲大多数学生发展的弊端,提出了"精熟学习"的新学习观。他指出,现代教育不能只面对少数学生,而应该面对全体学生,让绝大多数学生都能学好。

精熟学习建立在以下三个基本假设的基础上:①几乎所有的学生都能掌握某一学科的学习内容。②一些学生比另一些学生需要多花一些时间达到掌握水平。③一些学生比另一些学生需要更多的帮助（如个别指导或额外的练习等）。因此,精熟学习认为,只要给予足够的学习时间和相应的教学,大多数学生就能够掌握学习内容该方法将学习内容分成小的单元,学生每次学习一个小的单元并参加单元考试,只有以80%~100%的掌握水平通过考试为止,然后才能进入下一个单元的学习。在布鲁姆（1984）的教学研究中,证实了精熟学习的成效相对传统教学能提升一个标准偏差。一个标准偏差的差异,即指在传统课堂中如果有50%的学生通过评价标准,则通过实施精熟学习就能有84%的学生通过评量,

慕课平台课程的嵌入式测验和在线练习的设计理念可以为学习者提供多重知识内容的练习,进行实时与重复的反馈练习。课程会随机派送相关知识主体的不同形式的题目让学习者练习,使学习者有机会反复熟悉相关概念,强化重要概念,实现知识的习得与迁移。

精熟学习通常包括下列组成成分,这些部分在慕课平台却得到了良好的使用:①教学内容被划分成一系列较小的独立单元,每一单元包含有较小量的学习材料。②各单元按一定逻辑序列排序,为后面的学习奠定了基础。基本概念首先得到学习,较复杂的概念随后进行学习。③在每一单元结束时,通过考试检验掌握水平。在学习者学完一个单元、进入下一个单元前,然后参加有关这个单元内容的考试,以检验是否掌握了该单元的学习内容。④每一单元要有一个具体的、可观察、可测员的单元测验掌握标准。⑤为需要额外帮助或练习的学习者提供"补救"提施,以便他们掌握知识。有些学习者并非总是能够一次通过测验,对这些需要帮助的学习者,教师要提供更有针对性的教学方法,如不同的学习材料、参考书、学习小组以及个别指导等。

第三节　信息化背景下高校其他创新教学模式

一、情境教学模式概述

（一）情境教学模式的内涵

情境教学模式是指以案例或情境为主体引导学生自主探究性学习，以提高学生分析和解决实际问题的能力。"情境教学"对培养学生情感、启迪思维、发展想象、开发智力等方面确有独到之处。英特国际英语就是运用领先的信息技术创设情境，图文并茂，能调动学生的多种感官，寓教于乐，促进学生对英文的理解，从传统教辅工具的"静态学习到动态学习"的飞跃，让学生消除学习疲劳，激发学习兴趣，提高学习效率。

采用"情境教学"，一般说来，可以通过感知—理解—深化三个教学阶段来进行。

（1）感知——创设画面，引入情境，形成表象。
（2）理解——深入情境，理解课文，体会感情。
（3）深化——再现情境，丰富想象，深化感情。

（二）情境教学的特点

1. 形象逼真

情境并不是实体的复现，而是简化的模拟。因为能获得与实体相似的形象，所以给学生以真实感。

2. 情深意长

情境教学是以生动形象的场景，激起学生学习和练习的情绪与感情的体验。通过教师的语言,将情感寓于教材内容之中，在课堂上形成一个广阔的"心理场"，作用于学生心理的情境教学。体现"情趣"和"意象"，为学生创设和开拓了一个广阔的想象空间。情境效学所具有的广远性，能促进学生更深刻地理解和掌握教材，从而激发学生的想象力。

(三)知、情、意、行融成一体

情境教学为了创设一定的教学情境,会运用生活展现情境、实物演示情境、图画再现情境、音乐渲染情境、表演体会情境、语言描绘情境等方法,把学生引入一定的情境或一组情境之中,使他们产生内心感受和情绪体验,从而克服困难和障碍,树立自身志向,积极地进行练习。如此,才能将知、情、意、行融成一个整体。

(四)情境教学的设计策略与方法

丰富多样的情境教学方式能够将音乐、游戏、讨论等统统与学习结合起来,实现寓教于乐,学生自主学习的动力被进一步激发,教师的教学效率也可以获得极大的提升。

1.情境教学的策略方法

创设情境的途径初步可被归纳为以下六种。

(1)生活展现情境

在让学生进入社会、的时候,教师可以选取生活中的某一典型场景,将其作为学生观察的客体,并对此进行生动的描绘,让情境可以在学生眼前鲜明地展现出来。

(2)实物演示情境

在必要的背景下,教师可以以实物为中心构成一个整体,对某一特定的情境进行演绎。在实物演示情境时,教师对相应的背景要进行一番考量,能够以此激发学生的联想。

(3)图画再现情境

形象展示的主要手段就是图画,课文情境在图画中能够通过情景再现时,课文内容在这一刻实际上实现了形象化,课文插图、特意绘制的挂图、剪贴画、简笔画等都是可以被用来实现课文情境再现的方式。

(4)音乐渲染情境

音乐的语言是微妙的,也是强烈的,其给人以丰富的美感,往往使人心驰神往。它以特有的旋律、节奏,塑造出音乐形象,把听者带到特有的意境中。用音乐渲染情境,并不局限于播放现成的乐曲、歌曲,教师自己的弹奏、轻唱以及学生的表演唱、哼唱都是行之有效的办法。关键是选取的乐曲要在基调上、意境上以及情境的发展上与教材对应、协调。

（5）表演体会情境

情境教学中的表演有两种，一是进入角色，二是扮演角色。"进入角色"即"假如我是课文中的某某"，而担当课文中的某一角色进行表演就是所谓的扮演角色。当学生进入自己扮演的角色当中，就会感到课文中的角色不再停留在书本上，仿佛就是自己或某一个同学，这样，课文中的角色会让学生产生一种亲切感，其内心体验自然也随之加深。

（6）语言描述情境

直观手段与语言描绘的结合是情境教学十分注重的方面。教师在情境再现时，会用语言对情境进行描绘，这对学生的认知活动起着一定的导向性作用。学生感知的效应因为教师的语言描绘而获得提高，鲜明生动的情境会带着感情色彩作用于学生的感官。受感官兴奋的影响，学生的主观感受得到强化，情感受到激发，得以畅游于特定的情境之中。

2. 创设教学情境应注意的问题

（1）创设的情境要紧扣教学内容和目标，不能随意创设。

（2）创设教学情境必须贯穿课堂教学的始终。

（3）创设情境不能过多过滥，特别是不要过多使用多媒体课件。

二、抛锚式教学模式

抛锚式教学模式深受建构主义学习理论影响，是以技术学为基础的一种重要的教学类型，该理论主要强调以技术学为基础的学习。抛锚式教学模式是由温特比尔特认知与技术小组在约翰·布朗斯福特的领导下开发的。

（一）抛锚式教学模式的内涵

教师在教学时将一个真实的学习情境提供给学生，以生动的真实事件或问题情境为基础，将教学建立起来（如将确定这类真实事件或问题的过程被形象地比喻为"抛锚"），这种教学模式被称为抛锚式教学。抛锚式教学是在师生互动交流与探讨的过程中，学生对学习目标的识别实现获得了亲身体验的教学过程。抛锚式教学也被称为实例式教学、基于问题的教学、情境式教学。

（二）抛锚式教学模式的理论依据

建构主义认为，教师的传授不是学生接受知识的途径。他们认为学习是在一定的情境（即社会文化背景下），通过其他人的帮助（即通过人际间的协作活动）而实现的意义建构过程。受到认知主义的发展的影响，建构主义更加重视结构，重视"情境创设""意义建构""协作"。学习者要想深刻理解该知识所反映事物的性质、规律以及该事物与其他事物之间联系，即完成对所学知识的意义建构，仅仅聆听这种经验的介绍和讲解是不够的，最好的办法就是到现实世界的真实环境中去感受、去体验。由于真实事例或问题是抛锚式教学的基础（即属于"锚"），所以有时抛锚式教学也被称为"实例式教学"或"基于问题的教学"。

（三）抛锚式教学的设计原则

抛锚式教学有以下两条重要的设计原则：

（1）学习与教学活动应围绕某一"锚"来进行设计。

（2）课程的设计应允许学习者对教学内容进行探索。

（四）抛锚式教学策略步骤及其优缺点

1. 抛锚式教学策略步骤

（1）创设情境

使学习活动能在与现实情况基本一致或相类似的情境中发生。

（2）确定问题

在创设的情境下，将选择与当前学习主题密切相关的真实性事件或问题作为学习的中心内容（让学生面临一个需要立即去解决的现实问题）。

（3）自主学习

教师不应直接告诉学生应当如何解决问题，而是应当提供一些相关的线索给学生（如哪一类资料需要收集、有关的信息资料从何处获取，以及探索现实中专家解决类似问题的过程等）。教师对学生的自主学习能力要进行着重培养。自主学习能力包括：①确定学习内容表的能力（学习内容表是指完成与给定问题有关的学习任务所需要的知识点清单）。②获取有关信息与资料的能力（知道从何处获取以及如何获取所需的信息与资料）。③利用、评价有关信息与资料的能力。

（4）协作学习

讨论、交流，通过不同观点的交锋，补充、修正、加深每个学生对当前问题的理解。

（5）效果评价

由于抛锚式教学要求学生解决面临的现实问题，学习过程就是解决问题的过程，即该过程可以直接反映出学生的学习效果。因此对这种教学效果的评价往往不需要开展独立于教学过程外的专门测验活动，教师只需在学习过程中随时观察并记录学生的表现即可。

2.抛锚式教学策略的优点和局限性

（1）优点

①有利于培养学生的问题意识。在老师所创设的情境下，抛锚式教学策略把现实问题摆到学生面前，让学生确定哪一个需要立即得到解决，然后让学生通过自主学习模式解决问题，这样就使学生发现问题、提出问题的意识得到了很好的培养和训练。②学生收集、获取和处理信息的能力在抛锚式教学策略的培养下能够得到成长，同时学生分析解决问题的能力也在抛锚式教学策略的影响下得以提升。抛锚式教学策略对学生自主学习能力的培养十分重视，老师在抛锚式教学策略的学习过程中只是发挥引导的作用，学生需要亲自收集、获取资料以及对资料进行加工处理，在这中间学生分析与处理信息的能力将会获得巨大的提高。③有利于让学生知晓所学知识的现实意义。老师在运用抛锚式教学策略进行教学时，往往会将真实的事件或问题作为材料提供给学生，这样就能让学生对其所学知识的现实用处有更加深刻的理解和领悟。

（2）局限性

①教师方面。学生在识别问题时能够在一个开放、逼真的问题情境中进行，并使自己萌生出对学习的需要，然后在老师的帮助下，通过自主学习的形式使问题得以解决，这就是抛锚式教学策略的目的。但是，我们也要认识到，识别一个问题是远远不够的，不同的学生确定的问题也会不一样，而老师不可能对学生选择的每一个问题都能游刃有余地解决。因此，教师在引导时就会出现各种各样的问题。此时的教师已经不单单是传统意义上的知识传授者，而更像知识的学习者。只有让自己的知识和能力不断丰富，教师才能将引导学生的作用更好地发挥出来。

②评价方面。对抛锚式教学策略的教学效果的评价往往不能通过专门的测试来决定，而只能由老师在学习过程中随时观察并记录学生的表现进行评价。这样的评价方式不够客观，不仅会融入老师的很多主观意识，而且老师不可能随时都观察仔细，一些隐性的知识也不是通过观察就能发现的。

三、基于项目的信息化教学模式

项目教学法是一个完整的教学活动，具体来说就是通过实施一个完整的项目来对学生进行教学。不同的教学方法拥有不同的教学目的，而项目教学法的教学目的就是将理论与实践有机地结合在一起，从而深入挖掘出学生的潜力，提升学生解决实际问题的综合能力。

（一）项目式教学模式概述

1. 项目式教学的内涵

项目式教学是以现代认知心理学思想、自适应学习理论和探索性学习架构为基础，通过科学研究与工程实践，促进学生主动学习、自主发展的一种新型的教学方法。在项目教学中，学习过程是一个可以人人参与的创造性的实践活动，它注重的不是项目完成的最终结果，而是完成项目的全过程，项目教学的目的就是在教学的过程中将理论与实践教学有机地结合起来，充分发掘出学生的创造潜能，培养学生的自学能力、观察能力、动手能力、科学研究和分析问题能力、协作和互助能力、交际和交流等综合能力。

2. 项目式教学的组成要素

项目教学法包含许多要素，其执行的全部过程中主要包括：信息的采集、项目主题的确定、项目实施方案的制订、项目计划的落实、项目结果的评价与展示等。

（二）项目式教学的设计策略与方法

通常情况下，项目教学的过程主要包含下面五个阶段。

1. 确定项目任务

进行项目教学，首先要做的就是确定合适的项目任务。因此，在进行项目教学之前，老师需要对教学内容的难易程度进行了解，对学生的整体水平进行合理分析，然后再在此基础上对教学项目的任务进行确定，从而让选定的项目目标在符合教学目标的同时能激发学生的学习兴趣，满足学生的学习需要。

一般情况下，老师会先根据专业能力培养的要求以及当前所学的专业知识模块提出一个或者几个项目任务供学生挑选，然后再与学生一起讨论，确定项目的具体任务以及项目任务的目标。

2. 制订工作计划

确定好项目任务之后，下一步要做的就是制订项目计划。项目计划的内容主要包括：项目实施的时间、地点、人员以及项目活动实施的方案流程步骤等。在项目活动中，项目工作计划具有十分重要的作用。项目教学活动的主体是学生。所以在制订项目计划时，教师要以学生为主制定合理的工作步骤和流程，另外，在制订项目计划时，教师还要重视学生与学生、老师与学生之间的交流，从而确保项目计划得以切实实施。

3. 组织项目实施

项目活动的主体是学生，所以在项目实施的过程中，信息的采集、方案的实施等都应该以学生为主导，而老师则发挥指导与答疑解惑的作用。因此，在项目活动实施时，应该尽量让学生独自地承担和完成一个具体的项目，从而使其在实践中熟练运用专业能力，在解决问题时提升解决实际问题的综合社会能力。项目活动的实施过程可以分为两部分：第一，活动探究。具体来说，活动探究就是学生在项目活动中不断地发现问题，然后再将老师给予的资料以及自己收集到的资料进行整理与研究，寻找问题的解决方案，从而不断地提升自己解决问题的能力。第二，作品制作，具体来说就是学生将自己所学的知识在项目活动中进行实际运用，然后将作品制作出来。

另外，在项目实施的过程中，学生可能会碰到各种各样的问题，其在碰到问题时应该及时地向老师询问或者与同学讨论，从而找到可以解决问题的最佳途径。

4. 检查考核评估

项目活动中，作品的检查与考核也是一项重要的步骤。检查考核评估具体来说就是在作品完成后，个人或者各个项目小组之间将项目在实施过程中遇到的问题以及解决方法进行分享与交流，然后与老师讨论出评价项目结果的原则与标准，最后由老师对项目活动结果进行评分与整体分析。

5. 总结评比归档

老师与学生讨论总结出评价项目结果的标准后，下一步就是对项目结果进行评价。作品的总结评价主要包括两个方面：一方面，老师的指导性评价。主要是老师根据项目实施的过程对学生进行评价，从而激发学生的学习兴趣，增强学生的学习信心，提高学生的创新能力。另一方面，学生的自主性评价。学生的自主评价不仅仅只是学生自己对自己评价，还包括他人评价、其他小组的评价等。学生自评具有很多优势，如可以让学生发现自己的优势与不足，从而在今后的学习中更有针对性地进行学习。得出评价结果后，教师要将项目的成果（实物、软件、数据、资料和总结等）全部归档保存或者集中展示。

四、基于 WebQuest 的信息化教学模式

WebQuest 的中文意思是"网络探究丁这里所说的探究指的就是围绕问题开

展的活动。简单来说,网络探究就是立足网络分析与解决问题的过程。网络探究的主要目的是让学习者更好地使用时间与信息分析与解决问题。

(一) WebQuest 的教学模式概述

1.WebQuest 教学模式的内涵

WebQuest 模式最早是由美国圣地亚哥州立大学的伯尼·道奇博士在 1995 年创建出来的,现如今 WebQuest 教学模式已经成为一种流行的教学模式,这种模式就是通过网络资源对问题进行探索与研究。

从本质上看,网络探究的模式就是建构主义学习理论在网络上的实践,具体来说就是在网络环境中,教师利用网上的信息资源对问题的探究进行指把问题探究作为教学的目的,然后通过大量的学习资源和协作交流工具,以一定的目标任务驱动学习者对某个问题或课题自主地进行构建、探索和研究。它利用情境、协作、会话等学习环境要素充分发挥学生的主动性、积极性和创新精神,学生在教师的指导和帮助下,使用丰富的网络学习资源,在自主探索和互动协作的学习过程中,完成学习任务,从而实现知识的建构。

2.WebQuest 教学模式的组成要素

(1)前言

"前言"部分主要有两个方面的内容:一是给学习者指定方向;二是提升学习者学习兴趣的各种手段。

(2)任务

网络探究的"任务"模块就是学习者在学习结束时所应完成的项目任务,其最终的任务结果可能是一份电子作品(如演示文稿)。

(3)过程

"过程"模块,就是指老师把完成任务所需要经历的步骤教授给学习者,从而让学习者了解完成任务步骤的过程。

(4)资源

"资源"就是指老师将网络资源进行事先预选,形成一个网站清单,从而让学习者在进行问题探究时可以将注意力高效地集中在这些有用的网站上,而不是漫无目的地在网络上冲浪。

(5)评估

"评估"是网络探究中的新增模块。在日常学习中,如果学习者想要了解自己是否真正地学会了知识,就需要通过测评来评估自己的学习成果。

(6)结论（Conclusion）

网络探究中的"结论"模块可以为学习者总结经验并提供机会，与此同时还可鼓励学习者对过程进行反思，从而拓展学习者在其他领域学习的经验。

（二）WebQuest 教学的设计策略与方法

1. 选择主题

网络探究教学方法的第一步就是选择主题，具体来说就是在一个较为复杂的环境下将一些还没有探求出答案的问题让学生进行思考。从而使他们对这一问题产生强烈的探索欲望。

2. 设计 WebQuest 学案

网络探究教学方法的第二步就是设计网络探究方案，具体来说就是在网络探究课程的单元教学设计中，将学生可以进行主动知识建构以及具备高水平思维作为教学目的，老师根据学生的整体知识水平、教学要求以及教学目标，精心设计的教学方案。

网络探究学案主要包含以下六个部分。

（1）引导

引导又称情境：主要就是在教学过程中为学生提供一些学习主题的背景信息、学习的原因以及学习将要达成的目标等。从为学生提供主题背景信息的方面来说，教师可以通过给学生分配角色的方式激发学生探究问题的兴趣，比如："假设你是一位程序设计员""如果你是一位网络工程师""假如你想要……"等。

（2）任务

任务主要就是告知学生在进行学习时，对主题的学习需要获得一个什么样的结果或解决一个什么样的问题。在阐述时，教师既可以将任务划分为一些小的任务或一些关键问题，还可以对任务完成结果和问题解决结果（"学习产品"）进行一些规定，如要求学生最终设计一个图形、写一篇论文或者制作一份电子演示文稿等。

（3）过程

该部分就是描述学习者完成任务所需要经过的步骤。教师通过对过程进行设计，从而引导学生经历高水平思维过程，培养学生提高高级思维能力。

（4）资源

资源部分就是指学生完成任务所需要的资源，这些资源一般都是经过教师精心挑选出来的，然后成为学生上网查找资源的定位点，从而避免学生在网上漫无目的地冲浪。

(5) 评价

在每一个网络探究单元学习中，都需要有一套评价标准对学生的学习过程与结果进行评价。评价标准必须是适合具体特定任务的，并且要清晰、一致与公正。为了更好地促进学生学习，达到评价量规中体现的学习目标，教师可以在引言部分提出学生表现的三种类型：示范性的、可接受的和不可接受的。这不仅可以鼓励学生朝着优秀的目标奋斗，还可以给学生的行为表现确立一个下限。

(6) 总结

最后的总结阶段是学生进行反思、教师进行总结的阶段。教师可以在这个部分设置反思问题，对活动过程和结果进行总结。不仅让学习者知道自己可以学到什么，还可以鼓励他们将这种方法用于别的领域。

3. 教师制作 WebQuest 方案

很多网站都会提供网络探究教学的模板，教师只要在下载的模板网页的相应部分内填入自己设计的内容，就可以完成学案的设计。当熟练掌握网络探究的教育理念和技巧后，教师就可以根据自己的想法灵活多变地设计方案。

做好的网络探究学案既可以被上传到远程服务器上，也可以被放在局域网服务器上，以便学生学习。

4. 组织实施教学

实施教学过程中，教师要帮助学生做好以下几件事情。

(1) 理解主题背景、意义（引言部分），知道任务目标，建立合作与协作机制，学习完成任务所需的新知识与技能。

(2) 确定完成任务所需的条件和提出与之相关的疑问。

(3) 阅读资料、收集素材，提取主要观点，寻找上述问题的答案，将有价值的观点、支持性材料、新疑问和对问题的思考发布到讨论区。

(4) 对收集到的素材和自己提出的论点进行判断、分析、综合、归纳。

(5) 进行创作。

(6) 展示成果，演示汇报。

5. 对活动进行总结

老师与学生一起进行评价，对完成任务的过程和结果进行反思，并思考这种探究的经验如何被运用到其他领域的学习过程中。

第九章　信息化背景下高校教学模式创新的保障

智慧化的教学环境、科学的教学评价能带给教师和学生良好的教学与学习体验，能帮助教师针对教学过程中出现的一些问题有针对性地加以解决，促进教学过程的不断优化和教学活动的科学开展。本章主要论述信息化背景下高校教学模式创新的保障，分别从以下三个方面展开研究：创设信息化智慧教学环境、构建科学教学评价体系、提升高校教师信息化能力与素养。

第一节　创设信息化智慧教学环境

一、信息化教学环境概述

（一）信息化教学环境的特征

（1）现代学习资源设计开发的条件：各种开发环境。
（2）现代学习资源利用的条件：各种应用环境。
（3）现代学习过程设计、开发与利用的条件：新型的教学模式、教育技术。
（4）为创建新型教学模式创造条件。
（5）学习过程和学习资源的现代管理与评估条件。
（6）体现信息时代特征，做到教学环境的数字化、系统化、多媒体化、智能化、网络化。

（二）信息化教学环境的分类

根据功能划分，信息化教学环境可被分为以下两大类。
第一类：支持师生"教"与"学"的教学支撑环境（教学客观条件）。
第二类：支持教师备课与师生交流的教学资源环境，具体可细分为以下几类。

（1）以多媒体教学为主的媒体化教学环境。
（2）以网络教学为主的网络化教学环境。
（3）以云技术为基础、以物联网为支撑的共享性智慧教育环境。

（三）信息化教学媒体选择

教师应该结合教学需要和学生发展的需求，有针对性地对教学媒体进行选择，与此同时，要结合教学媒体特性对具体的教学活动进行安排和设计，具体来说，在教学模式的选择上是否采用信息化教学媒体，使用何种信息化的教学媒体，这些都可以由教师一步步进行教学选择和教学设计。

二、多媒体教学环境与教学模式

多媒体教学环境集多种信息化技术于一体，在信息化时代，多媒体教学的新发展趋势应以全数字化多媒体系统集成应用为主。

多媒体辅助教学模式的构建，主张在教学中充分运用CAI技术，使教学更具嵌入度，拥有良好的交互性能，更加形象和生动。

（一）多媒体教学的媒体环境

演示型多媒体教室，将多种媒体合理汇集在一个教室内，各媒体在教学中发挥自身的优势对教学过程进行优化。

详细来说，多媒体教室内现代化教学设备组成，如多媒体液晶投影仪、多媒体计算机、中央控制系统、数字视频显示平台、音响设备、投影屏幕等。依托这些多媒体技术与现代化设备，教师可以在演示型的多媒体教室中完成一系列的教学活动，如专题演讲、学术交流、多媒体教学、演示及娱乐、报告会等。

（二）互式多媒体教学系统

交互式教学系统，是基于交互式硬件设备的教学系统，教学设备主要有交互式电子白板、交互式触摸一体机、交互式液晶书写屏等。交互式多媒体教学系统的教学优点和特点是：教师在授课过程中可以直接在授课界面上批注、编辑，十分方便。

交互式电子白板是计算机的一种输入/输出设备，是人机交互的智能平台。如今，交互式电子白板的课堂教学应用模式主要包含三个类型，分别是：教学资源模式、情境创设模式、交互整合模式。

(三)课堂录播教室环境

录播教室不仅具有多媒体教学功能,还能将整个教学过程同步录制下来。课堂录播应用是信息技术发展最好最快的应用之一,它能让薄弱地区、学校和发达地区、学校之间,进行在线教学互动和同步建构课堂。课堂录播不仅有助于实现对精品课程教学的网络共享,而且能利用网络,将教师的课堂教学广播出去,方便学生上课,还能减少教师的重复授课,对教学资源利用有着极其重要的意义。此外,通过对教师授课过程的观摩,高校可以更好地了解教师的教学过程,方便对教师的教学进行评价管理。

(四)多媒体辅助教学模式构建要点

在教学实践中,将多媒体技术及系统引入教学,创建多媒体辅助教学模式,应重点做好以下两个方面的工作。一是建立完整的多媒体教学系统,通过录像、图片、Flash 等的引入,合理使用各种教学媒体,实现各教学媒体作用的最大化,为教学服务,使教学更加生动、形象。二是借助多媒体,建立校园网,为学生的学习提供更多的便利,为学生的学习参与提供更广阔的平台,并为和谐的师生交互提供良好的平台。

三、智慧教育环境与教学模式

信息技术的迅猛发展,使得新兴技术手段纷纷进入校园,如移动网络、云计算、物联网、互联网、数据挖掘等。在这样的大浪潮下,教与学的新趋势变为智能化教学、智能化学习。

(一)智慧教育

目前,国内对智慧教育无统一的定义。有学者认为,智慧教育是通过构建智慧学习环境,运用智慧教学法,促进学习者进行智慧学习的新型教育方式。

智慧教育的基础是云技术,物联网是其支撑,其营造了全新的学习空间和学习方法,以及智能化教学管理等具有智慧特征的教育环境。智慧教育实现了对教育资源的共建共享,体现了教育公平,在一定程度上提高了教育质量,促进了教育事业的蓬勃发展和现代化建设。

1.智慧教育与数字教育

作为共同在教育信息化背景下发展起来的教育,智慧教育与数字教育有一定的区别，二者是两种不同的教育方式。简单而言，智慧教育是增强型数字教育，是数字教育的高级发展阶段。

2.智慧教育与教育信息化

智慧教育是素质教育在信息时代、知识时代和数字时代的深化与提升。智慧教育是当代教育信息化的新境界。

所谓的教育信息化是指教育领域在国家及教育部门的统一组织和规划下，运用信息技术全面地、深入地促进教育的现代化改革、现代化发展的过程。

（二）智慧校园

互联网正越来越深度地成为国家教育信息化深化发展的广域平台。现阶段，通过实施《教育信息化2.0行动计划》，我国于2022年基本实现教学应用覆盖全体教师、学习应用覆盖全体适龄学生、数字校园建设覆盖全体学校。

智慧校园是基于互联网的信息时代教育新模式构建而成的，智慧校园面向师生，能全面感知物理环境，识别个体特征和学习情境，提供无缝互通的网络通信的教学环境、生活环境。智慧校园能将各类校园工作、学习和生活通过各种应用服务系统充分地融合在一起。智慧校园具有以下特征。

（1）无缝互通的网络环境。

（2）广泛感知的信息终端。

（3）海量的信息数据和快速、高效、智能的信息管理与分析。

（4）开放的自主学习环境和个性化的教学信息服务。

智慧教育是教育信息化的一种新的教育生态系统，它以学习者为中心，提供开放学习资源，支持云学习、泛在学习、无缝学习等。

第二节　构建科学教学评价体系

一、教学评价概述

（一）评价与教学评价

评价是为对个人、群体和部门进行深入的了解，对相关的信息进行收集的行为。教学评价主要指的是以科学的评价标准为基础，将教学目标作为依据，通过一切行之有效的技术手段对整个教学的过程和教学结果进行衡量和测定，并以此做出价值判断。教学评价的目的主要有两个：一是对学生的学习进行及时反馈；二是对教师教学进行诊断。

评估建立在多种评价信息源的基础之上，主要是关于单位或部门的品质判断或者是关于单位或部门的价值评估结果的判断。相对而言，评价是比较精准的价值判断，不仅包含对单位和群众的价值判断，而且包含对个体的评价。然而，在实际的操作过程中，这二者之间的界限并没有被严格划分，不同场合和范围有不同习惯性用法和说法，如在督导部门被称为督导评估，在高等教育领域被称为教育评估，在普通教育领域被称为教育评价。立足我国的教育实践，评价的适用范围越来越广，越来越普遍。

教学质量受到很多因素的影响。大体来说，它们主要包括教育观念、教学方法、教学管理、师资力量、课程设置、教学媒体、学习氛围、校园文化、学习者的文化基础和人文素养等。影响教学质量的核心因素主要是教师的教和学生的学这两个方面。教学质量的提高必然会对教学过程的质量提出要求。判断教学是达到一定的质量要求的"工具"，就是教学评价。换言之，教学评价就是采用测量的工具，运用测量的方法，以教学目标为依据，对学生的学习结果进行量化描述，以此对量化的结果进行价值判断的一个过程。因此，从教学评价的实质角度来说，教学评价就是对教学活动在结果和影响两个方面给予价值上的确认，并且引导教学活动沿着预定的教学目标发展。由此可见，教学评价是教学活动中的重要组成部分，有着举足轻重的地位和作用。

第一，教学评价的主要依据是教学目标。教学目标是一切教学活动的出发点和落脚点，是教学活动实施的方向和想要达到的预期效果。教学目标对学习者在学习之后要达到的能力水平做出规定。学习者在学习之后在情感、认知、动作技能等方面是否产生如教学目标所期望的变化，对这种变化的判断主要是通过教学评价来进行的。故而，教学目标是教学评价所依据的标准，如果教学评价离开具体、明确的教学目标就无法有效进行。例如，某位老师讲课生动活泼，有着活跃的课堂气氛，很受学生欢迎。然而，学生自身的变化并没有达到教学目标的预期，换句话说，学生在一个表面上生动活泼、热闹非凡的课堂上什么也没学到，因此，我们可以说这堂课并没有达到预期的教学目标，在这种情况下，课堂的生动活泼、气氛活跃、受欢迎程度也就没有了意义。由此可见，教学评价的标准应该与教学目标保持一致，否则我们将无法对教学效果的好坏进行客观、准确、全面的评价。

反之，如果教学目标与教学评价标准没有保持一致，那么教学目标就会失去其本身的作用。

第二，进行教学评价时，可以使用一些行之有效的技术手段。一般来说，收集数据主要是通过测量的方式进行，但是这不意味着测量等于评价。所谓的测量就是指对学生进行各种考试和测验，对其在教学过程中产生的变化进行量化，对学生的学习结果进行赋值的量化过程，而对测量结果作价值判断的过程才是评价。同时，评价的手段并非只有测量这一种，还有其他的手段和方法，如通过淡话法、观察法、教学活动记录、收集学生的作业和作品等有关资料来进行评价等。信息技术的迅猛发展给教学评价提供了很多快捷、方便、科学的测量工具、统计工具、跟踪工具。

第三，教学评价包括对教学过程的评价和教学结果的评价，是对教学的各个方面进行评价。在信息技术的大环境下，高校需要对以往教学评价方式进行改变，传统的教学评价具有单一评价主体和过分重视总结性评价的特点，当前高校应该强调多元评价，注重形成性评价，并且强调面向学习过程的评价。在信息技术环境下，可以由教师、同伴、学生自己对学生在整个学习过程中的兴趣、态度、任务完成情况、参与程度、学习过程中生成的作品等进行科学的客观评估，主要的评价方法有课堂打分表、课堂调查表、作品打分表等。

为提高教学评价活动的有效性和可靠性，学习评价必须建立在客观数据、资料的基础上，并在对客观数据、资料进行量化处理的前提下做出价值判断，判断学生心理结构形成、学习掌握程度和教学目标之间存在的差异。同时对教学结果进行分析，并以此为依据，对今后的教学工作提出明确的、科学的改进措施。

（二）教学评价的功能

在学生学习和教师教学中，教学评价有着举足轻重的作用。在教育心理学和教学论的研究中，我们可以明确，教学评价能够促进教学效果的提高，其具体功能如下。

1. 对教师的教学水平做出判断

教师可以根据评价结果对课堂教学目标的实现程度进行掌握和明确，可以对教学活动中所采用的方法是否有效、学生接受程度和学生的学习状况进行及时掌握，并基于此及时对教师今后的教学行为进行调整，对自身的教学方法、教学计划进行反思和完善，不断提高教学水平。教学目标是教学评价的依据，当针对学习结果的教学评价与预期的教学目标相符合时，就表明教师完成了教学任务，教师采用的教学方法是成功的、有效的。反之，如果二者不相符，则表明教师采用的教学方法有偏差，教师必须重新考虑教学方法与教学目标的适当性，思考如何进一步改进教学。

2. 对学生的学习水平做出反馈

通过教学评价，学生有机会了解自己学到了什么，学到了多少，进步与否。教学评价是学生学习结果的反馈，教学评价可以加强学生的学习动机学生通过自我评价，能够加深对自我的认识和了解，及时调整自身的学习策略和学习方法，不断增强学习的自主性和自觉性。

3. 调动教师与学生的积极性教学评价的合理科学性，在一定程度上可以调动教师在教学工作中的积极性，激发学生学习的内在动力，可以很好地将学生以及教师的注意力集中在教学中一些关键和重要的任务上。对教师来说，客观的、科学的教学评价可以让教师明确教学中的不足；对学生来说，恰当、适时的测验、考试可以增强学生的学习效果，提高学生学习的积极性和主动性。

4. 有利于教学目标的实现

科学的教学过程要遵循教学规律。对教学情况进行定期的检查和评估，这样可以揭示哪些做法是与规律相符合的，哪些做法违反了规律，教学是否达到了预期目标，教学达到预期目标的程度如何。对这四个问题的反馈有益于教师调整教学过程，促进教学过程的系统化、科学化。教学目标是教学评价的依据，通过对教学进行全面的考察，教师可以做出相应的价值判断，区分学生学业成绩的等级差别并不是教学评价的目的，教学评价的目的是对每个学生对教学目标的实现程度进行测评。教学评价不仅是判断学生的学习成绩，还需要对学生的行为习惯、性格特点以及身体素质等各方面的情况进行评价，从而帮助社会、家庭和学校认识教育的价值，对目前只注重智育、片面追求升学率的价值观念进行更正，更好地实现为学生的全面教育，提升教学质量，促进学生的全面发展。

5. 为教学管理提供可靠依据

教学评价反映了教师的教学质量和教学水平，这也成为教学管理的重要依据，为学校的人事决策提供依据。与此同时，对学生学习结果的评价可以成为选拔淘汰、晋级复读、毕业等决策的重要依据。

6. 为教育科学研究提供工具

评价不仅是教学研究的重要工具，而且是教学实践中的重要工具。例如，对新旧教材和教学方法进行比较研究，检验教学实验的成败。除此之外，教学质量评价还可以帮助开发教材教具，考查教师素质，设置课程和培养学生能力。

（三）教学评价的类型

教学评价工作十分复杂，根据不同标准有着不同的分类。

1. 按评价基准分类

（1）相对评价

相对评价是在被评价对象的集合中选择一个或几个个体作为基准，然后将每一个评价对象与这个基准进行比较，以此来确定每个评价对象在整个集合中的相对位置。常模参照测验是相对评价进行测验的一般方法，它具有广泛的取样范围，通过检测成绩来决定和体现学生学习的相对等级。实际上，常模与学生群体的平均水平相似，因此在这种测验中学生成绩呈现正态分布的特点。采用相对评价来对学生的总体表现和学生间的差异进行了解和比较是很适合的，教师可以用相对评价比较不同群体之间的学习成绩的优劣。但是这种评价方式也有缺点和不足，主要在于随着群体的不同基准会发生变化，造成评价标准与教学目标相偏离的情况，既不能很好地对教学上的优缺点进行呈现，也不能为改进教学提供依据和支持。

（2）绝对评价

在被评价对象的集合之外确定一个标准（客观标准），在进行评价时，将评价对象与客观标准进行比较，以判断其优劣，这就是绝对评价。教学大纲及大纲所确定的评价细则一般是评价标准。标准参照测验一般是采用绝对评价的测验。在试题取样之前，先确定预先规定的教学目标，明确测验成绩的主要目的是了解教学目标在整个教学过程中达到的程度，这就造成了学生成绩的分布呈现偏态分布的特点。正偏态是低分多高分少，负偏态是低分少高分多。绝对评价的标准是相对客观的。在评价准确的前提下，评价之后每一个被评价者都能找出自己与客观标准之间的差距，从而激励自身朝着积极向上的方向努力。另外，绝对评价也存在缺点，主要缺点是很难有绝对客观的客观标准，评价者原有的经验和主观意志会对客观标准产生影响。

（3）自身评价

自我评价不是在被评价的群体内或群体外建在一个基准，而是对被评价个体的过去和现在进行比较研究，或者对它的几个方面进行立体的比较。

2. 根据评价的功能分类

教学评价按功能分类可以被分为总结性评价、诊断性评价和形成性评价等，具体内容如下。

（1）总结性评价

总结性评价也被称为事后评价。这是指在教学活动结束的一段时间后，教师为了解该教学活动的整个过程的最终效果而制订的评价标准。各学科在学期期末或学年末尾进行的考试就属于总结性评价，而考试的目的是检验学生本学期或本学年的学业有没有达到预想的学习目标，教师通过总结性评价可以检验某时期教学工作的质量，并以此判定自己的教学效果，判定自己需不需要对教学内容和方法进行一定的改进。当然总结性评价可以为下一阶段的教学提供借鉴和参考。从具体量化来看，总结性评价的次数比较少，一般都被安排在学期期中、学期期末考查，中高考、会考等也属于总结性评价。

（2）诊断性评价

诊断性评价又被称为"教学前评价"或者"前置评价"。诊断性评价指的是教师为了查明学生的具体学习准备状况以及影响学生学习的要素而制订实施的测定方法，这种评价操作一般被安排在某一活动开始前。诊断性评价的主要用处包含三点：第一，教师可以通过此法检查学生的学习准备程度。教师经常在课前进行检测，可以更进一步了解学生在学知识前已经掌握了多少技能及相应的发展水平。第二，教师通过此法可以适当安置学生。通过安置性的诊断测验，教师能够深入了解不同学生在学习上的差异，并以此为前提合理调整教学进度，满足学生的多样化需要。第三，教师通过此法可以分辨导致学生学习困难的缘由。教师在整个教学过程中进行诊断性评价，主要目的就是确定学生在学习上的困难和产生困难的原因。

（3）形成性评价

形成性评价指的是教师在教学过程中进行的评价，教师重视形成性评价可以有效提高自己教学的质量。

形成性评价的主要内容指的是教师在教学过程中，为了改进、完善相应的教学活动向针对学生的学习过程、学习结果所实施的测验。形成性评价可以帮助教师及时了解某阶段教学的成果和学生学习进展的状况、存在的疑惑问题等，方便教师及时做出反馈、调整教学操作。教师可以频繁地实施形成性评价，在一个单元活动后甚至一个章节后都可以安排形成性评价的小测验。同时，形成性评价又是一种绝对评价，其注重判断前期工作的效果，教师想要在教学改进的过程中发挥形成性评价的作用，就要做到如下几点：第一，教师要追溯提供评价的信息，而不是简单地用其鼓励学生或评价其成绩。第二，教师要结合形成性评价和日常观察、综合测试的反馈结果和反馈信息，对自身教学水平做出评价和改进。第三，教师要仔细分析形成性评价的测试结果，并逐条逐项地分析学生对试题的回答。如果对某一道试题，很多学生都给出错误回答，这就说明教师自己的教学出现了问题，教师要及时改正改进。

3.根据评价的方法分类

教学评价根据评价的方法可被分为定量评价和定性评价，具体内容如下。

（1）定量评价

定量评价指的是教师运用统计分析、多元分析的教学手法，从量化角度评价各种数据并总结出规律性的言论。教学本身包含各种复杂变量和相互作用。所以，教师不仅要把握数据的特征、提炼数据的规律，而且要根据定性评价来确定定量评价的大方向。定量评价采用的是定量计算的方法，教师运用此法对搜集的数据资料进行分析评估，进而得出结论。定量评价包含很多方法，如百分法、分数法、统计分数法、综合评判法等。

（2）定性评价

定性评价指的是教师运用综合分析、分类比较、归纳演绎等逻辑分析方法，对所获得的评价资料和评价数据进行思维加IT的操作。定性评价的结果包括两种：一种是描述性材料，其数量化水平较低，有时会不存在数量；另外一种是结合定量分析所产生的材料，其包含数量化的概念，却以描述性为主。通常情况下，定性评价既被用于对成品或结果进行检验分析，也被用于分析过程和相关要素。教师在具体教学工作的评价过程中并不会采用数学方法，仅依据学生的平常表现和教师对学生的观察来做出定性评价，如等级法、评定法等。

由上述内容可知，定性评价和定量评价不可分割，二者互相补充、互相促进。教师在教学过程中不可片面强调一个而忽略另一个。

（四）教学评价的相关原则

1.教学评价的全面性原则

教学评价的全面性原则指的是教师在设计教学评价指标时要以整体为基础，既要考虑整个教学过程中的每一处细节，又要区分各个评价指标的质量水平。教师可以为各个指标添加适当的权重，进而区分和强调不同指标的重要程度。

2.教学评价的科学性原则

教师评价的科学性原则指的是教师在设计评价指标、评价方式和评价结论时要时刻秉持科学性原则，设计指标要符合教育学和心理学等的基本原则、体现信息化引领教育现代化的特点；设计评价方式要结合定性和定量；设计结论要具备较高可信度和可比性。

3.教学评价的客观性原则

教学评价的客观性原则指的是教师所设计各个评价指标要能够公正、客观地评价课堂教学质量，可以有效地检测出教师真实的教学水平，规避评价人员主观上的随意性。

4.教学评价的实用性原则

教学评价的实用性原则指的是教师制定的评价指标应该遵循明确具体的原则。教师所用评价方法要简单明了、通俗易懂，以便评价人员和广大教师接受并加以运用。

5.教学评价的指导性原则

教学评价的指导性原则指的是教师在设计评价标准时，要保证该标准能够对教学起到指导作用，并可以帮助教师改进教学工作方法、提高教学质量。

6.教学评价的重视学习原则

教学评价的重视学习原则指的是教师在进行评价时要促进学生学习，提高教学工作的效率。因此，教师在设计评价标准时不光要注重怎么教，还要注重学生怎么学。

二、信息化教学评价的概述

（一）信息化教学评价与传统教学评价之间的对比

为了培养具备信息处理能力和独立学习能力的学生、达到信息化教育的目的，教师在教学时一定要加入当今社会的各种教学要素，对信息化教学评价加以运用。信息化教学评价在客观上和传统教学评价存在差别，主要包括以下五个方面。

1.两种评价的目的侧重点有差别

传统的教学评价侧重评价学生的学习结果，以便教师给学生分级、分类。传统教学评价一般由教师根据外部标准对学生某些努力的价值、重要性和优点进行判断，判断学生所学知识的多少。就学习结果的评价来说，传统评价较为正规、具备判断性；在信息化教学中，教师对学生进行评价时主要基于学生的表现和整体的教学过程，对学生应用知识的能力进行评价。信息化教学的侧重点不是学生学到了多少知识，而是学生在学习过程中学到了多少技能，这种评价虽然有些不规范，但具有建议性。

2. 两种评价的标准制定者有差别

传统教学评价的标准是教师依据教学大纲或者教学意图制定而成的,在评价学生整体上相对固定、相对统一,何信息化教学评价注重不同学生个体的个性化学习。在信息化教学中,教师主要起引导和督促的作用,学生在一定程度可以决定学什么知识、怎么学知识。有学者甚至建议使用"学生控制的教学"一词来代替这种以学生为中心的教学,学生所"控制"的要素中包括对"评价"的控制。由此可见,信息化教学的评价标准是由教师和广大学生从实际情况由发,根据学生学过的知识和学生的兴趣、经验以及会遇到的实际问题来共同研究并制定而成的。

3. 两种评价对学习资源的关注有差别

在传统教学中,学生的学习资源通常是比较固定的教材和辅导资料,教师往往忽视对学习资源的评价。导致只有在教材和辅导材料以成品问世,教师和部分指定的学生才会去检验或评价。在信息化教学中,学生的学习资源来源广泛,尤其在互联网介入后,学生的学习资源更加丰富复杂,选择适当的学习资源不仅仅是教师的重点任务,也是学生需要具备的能力。由此可见,在信息化教学的评价里,教师要更加重视评价学生的学习资源。

4. 两种评价下学生所获得的能力有差别

在传统教学的评价中,学生往往扮演被动色色。教师通过时学生评价来完成学生的分级、分类工作,学生也仅仅在这些评价反馈中了解自己的学习成绩有没有达到预期的目标标准。但是,在信息化教学中,知识不断更新,一名优秀的终身学习者,必须具备自我评价的技能。培养学生的自我评价能力是信息化教学的一大目标,这也属于教师的评价工作,

5. 两种评价与教学过程的整合性有差别

传统教学中,评价活动往往是在教学工作后进行,比较孤立且具备终结性,其目是教师评判学生的学习结果。然而,在信息化教学中,培养学生的自我评价能力和自我评价技术是教师教学的目标。信息化教学的评价具备指导学生学习方向的作用,也使教师能够在教学过程中激励学生。只有信息化教学评价的参与,学生的学习结果才可能达到预期标准由此可知,教师的教学评价和学生的自我评价存在于真实的教学过程中,这些评价是信息化教学中不可或缺的一部分。

(二)信息化教学评价的工具

根据不同的教学目标使用相应的评价方法、对传统方法进行相应的改造以及

在不断的探索中寻找并发现新的评价方法是现代信息化教学的必然要求，评价主体为完成评价任务会采取一些相关的技术与方法，我们将这种技术与方法称为评价工具，评价质量就是由评价工具决定的。在具体的教学评价中，各种相关因素与评价工具存在着较为密切的联系。因此，教师要想在信息化教学中更好地完成对学生的评价工作，就必须要善于利用各种先进的评价工具。

1. 学习契约

学习契约作为评价方法之一，是由真正的契约与合同演化而来的，因此，我们可以将学习契约称为学习合同。在此，我们可以通过一个具体事例进行说明。例如，委托人需要建筑设计师为自己做一项设计，在建筑设计师开始设计之前，委托人与建筑设计师必须将设计的具体要求、详细的交付日期与设计师应得的报酬做一个详细的约定，并将这些约定好的事项落实在合约中。当建筑设计师如期完成设计、委托人需要对这项设计进行评价时，这个合约就是最重要的依据。学习契约与上述例子中的合约在本质上是相同的。在信息化教学中，以"学"为主是基本原则，而学习与研究活动的主线则是"任务驱动"与"问题解决"。作为一种对学生学习进行评价的评价方式,学习契约能够引领学生高效率地完成任务、有效地解决问题，更重要的是能够实现教师对学生客观合理的评价。

学习契约设计步骤如下：

（1）诊断学习需要。

（2）界定学习目标。

（3）确定学习资源及策略。

（4）确定完成学习目标的证据。

（5）选定评价证据的工具及标准。

（6）师生共同商讨学习契约。

（7）履行学习契约。

（8）评价学习活动。

学习契约的实施要求如下：

（1）说明约定学习契约的目的。

（2）讲解学习契约的范例、要点。

（3）要求学生结合自身学习，列出个人学习契约。

（4）教师与学生沟通，修正并确认契约内容。

（5）学生按照契约进行学习，师生共同检查学习过程与效果。

2. 量规

在教育领域，量规是一种结构化的定量评价工具，是为评价、指导和改善学习行为而设计的某种标准或一套标准。在表现形式上，它常常是一个二维表格，从与评价目标相关的多个方面详细规定评级指标量规评价更多地关注学生的学习过程，在学习之前事先公布量规，能够对远程自主学习过程形成鲜明导向作用。量规评价既可以由教师进行评价，也可以让学生自评或同学互评，进一步强化了学生对学习过程情况的关注。在目前的远程教学中，有越来越多的学习任务以非客观性的方式呈现，传统的客观性评价方式变得难以胜任，而量规评价则可以弥补这种缺陷，因为使用量规进行学习评价操作性强、准确性高，可以有效降低评价的主观随意性，可以较好实现对旧客观任务的客观评价。在成人远程学习评价中，量规越来越受重视，成为评价学习绩效的有力具。

3. 概念图

概念图这种评价了具是通过图表的形式呈现的，其在指示课、单元或知识领域极为常用。美国康奈尔大学的专家于20世纪70年代末提出了概念图这一想法，自从概念图被提出之后，就已经开始在课堂中被运用，现如今，概念图已经在发达国家的课堂教学与评价体系中占据了一席之地。概念图，简单来说就是将概念之间的意义联系通过科学命题的方式提出，并辅以具体事例为这些概念做说明，最后在空间网络中将这些基本的概念有机联系起来。概念图这种评价工具是由以下三部分构成的：第一，学生提供关于知识结构的具体任务；第二，学生反应方式的收集系统；第三，能够准确将学生制作的概念图进行评定的计分系统。

概念图的绘制通常由学生自己进行，这样可以充分体现学生的思维过程。因此，教师可以通过了解学生所绘制的概念图来对学生进行教学评定。

传统教学中，借助于纸、笔，就可以绘制概念图，这种方法工具简单、简便易行，具有一定的优势，但是也存在不足，即绘制时间较长，绘制好的概念图难于保存。同时，随着对知识认识的加深，其对相关概念与知识的理解也会发生变化，这时，就需要对原有的概念图进行重新制作，但在这种情况下，不仅会浪费一定的教学资源，也需要花费一定的时间。

电子概念图的出现可以很好地解决纸质概念图在绘制过程中存在的不易保存、不易修改等问题，目前，常用的绘制概念图的软件主要有以下两种。

（1）Inspiration 和 Kidspiration

Inspiration 和 Kidspiration 是 Inspiration 公司开发的概念图软件。

Inspiration 具备界面简单、操作直观、容易上手等特点，因此在中小学应用较为广泛。

Kidspiration 的界面配色活泼、简洁，也是面向低龄学生的一种概念图绘制软件，学生可以通过各种图片组合、文本组合甚至是单纯发音来构建和绘制概念图，这种概念图的绘制可以有效帮助儿童提高识字能力。

（2）Mindmanager

Mindmanager 是一种可视化的思维管理工具，能够帮助用户有序地组织思维和资源，使用户头脑风暴和制订工作计划更加快捷有效。

Mindmanager 具有以下特点，即界面直观、操作简单、容易上手，素材库的内容非常丰富，绘图者可以结合自身需求在概念图中任意加入图片、图表、音视频等多种元素。

相较其他概念图绘制软件，Mindrnanager 最大的优势在于其能够与 Microsoft 软件无缝集成，可以快速将数据导入或导出到常用办公软件如 Microsoft Word、PowerPoint、Visio 等中，可为多场合教学活动的开展提供方便。

4. 绩效评估

绩效评估评价方式是现阶段的信息化教学中使用的非常重要的一种方法，这种方法被广泛应用在某种学习模式中，即学生一人或几人选定一个主题任务并将任务成果以电子作品、解决方案或研究报告等形式向老师进行展示。在绩效评估中，学生创造学习成果的过程与按要求完成既定任务的过程都需要被记录，教师记录这些是为了更好地对学生作业的观察、展现、陈述、访问，以及对学生生成的计划、模仿以及角色游戏工作进行辅助教学。为了保证绩效评估具备真实性，应当注重学生对知识的应用能力，而不能只要求学生完成对知识的回忆。一份合格的绩效评估应该在反映世界复杂性的同时对学生学习的诸方面成果进行测试，并使学生的才能得到充分展现，使用绩效评估这种评价方式对学生进行教学评价，能够使学生增强对学习的感悟能力，增强其记忆练习与实践训练的深度，并使其逐渐适应其所在领域知识的复杂性。

5. 模糊综合评判法

模糊综合评判法是一种综合评判方法。这种评价方式是使用模糊数学的模型刻画因素集与评判集，模糊数学的模型是建立在多值逻辑的基础上的。在信息化教学中引入模糊综合评判法能够充分体现出教育评价的特点。多维、不完整、瞬时、非连续性、跳跃式、模糊等属于人的思维特点，这些特点能够与教育评价在指标内容、表现形式与评定结果上形成高度统一。因此，在教学评价中引入模糊综合评判法是信息化教学的必然要求，有利于统一教学评价中的模糊性与精确性。现如今，国内外的评价研究员都采用了模糊综合评判法这种通俗易懂的评价方法。但是这种方法也有弊端，即在解决指标间相关性问题方面帮助不大，因此，其在教学评价的实际应用中仍待完善。

6. 计算机辅助测验

学习评价中的计算机辅助测验是指以一定的教学评价理论为指导，以计算机及其网络系统为主要工具对学习者的学习进行评价，它主要用于量化评价的测试法。在学习中，计算机辅助测验的应用越来越广泛，并逐渐成为主要的学习测验工具，一般来说，计算机辅助测验包括三个子系统：一是编制系统，它支持在计算机中建立题库，并可以根据要求从题库中选取题目、生成测验试卷。二是联机测验系统它可以使计算机呈现测验题目，学生回答之后，由计算机对其回答即时判定结果并给予评分反馈。三是测验评分与分析系统。它支持测验后期自动评分、统计成绩并报告结果，人们利用计算机对测验本身进行分析和评价，以便不断改进。尽管计算机辅助测验以获得具体的成绩为目的，但在学习评价实践中，它特别适合学习过程的阶段性测验，学习者通过测验，能够及时了解自身的学习状况，及时调整学习方式，促进自身学习效率。因而，计算机辅助测验可以被看作是过程评价的重要工具。

7. 自我评价

自我评价对学习者来说，能够在很大程度上令他们反思在学习过程中出现的问题，并在今后的学习中注意此类问题，从而不断地、有针对性地提高自己的学习水平。在我国，以问卷调查表形式设计的自我评价表单占据主要地位，但也有少数高校使用量规方式进行。采用问卷调查表形式让学生进行自我评价，能使他们从已有预设答案的问题中获得更加具体的感悟，促进他们重新审视自己的学习过程，并对错误的学习结果进行修正，从而更好地提升自身的自主学习能力。

（三）信息化教学评价的理念

随着教学评价研究的不断发展学习评价的理论和方法已经呈现出了多元化的趋势，现在所衍生出的各种学习评价新理念，如发展性评价、多元化评价、真实性评价、动态性评价和后现代主义评价都越来越多地受到了人们和社会的关注。

1. 发展性评价理念

发展性评价理念，顾名思义，就是由形成性评价发展而来的，在本质上就是运用恰当的方法和技术对学生的发展现状与发展过程进行评价和解释，当然，这一过程是基于一定的教学目标进行的。除此之外，这种评价理念也能够帮助学生在学习的过程中不断地提升和认识自我。发展性评价理念认为，教学评价要充分尊重个体之间的差异性，这种方式对激发学生的学习主观能动性和实现自身价值发挥着重大的积极作用。评价这一教学过程与教学本身就是并行的，并且是处于同等地位的。评价并不仅存在于教学活动的最后环节中，更贯穿每一个环节，是教学活动的重要组成部分，这一环节所存在的最终目标就是促进学生的全面发展，而非只为了评价学生的学习和生活表现。总而言之，发展性评价理念是一种更加强调"以人为本"思想的评价理念，更看重发现人自身的价值和发掘人的个性和潜能。

2. 真实性评价理念

真实性评价最初出现在20世纪80年代末的美国。这种评价方式要求学生运用已学的知识和技能去完成真实世界或模拟真实世界中的一项任务，而评价这项任务完成水平的方式就是观察其是否接近真实生活，任务完成的绩效是根据学业标准制定的评价量规来评定的。真实性评价从某种程度上而言，是对标准化评价方式的一种有效补充，教师可以根据实际的生活情境交替使用这两种评价方式。从目前的状况看来，真实性评价这种方式已经逐渐走向教学评价的中心，并且成为信息化教学的一种重要评价理念。

一般而言，真实性评价都是包含一个真实性任务的，这项任务的来源大多是某一专业领域专家所面临的真实生活中的表现或挑战，具有一定复杂性和多维性，要想完美解决问题，学生必须运用在学习中学到的批判性思维等高级认知思维。真实性评价理念存在的目的在某一程度上是让学生展示出他们对学习知识的掌握程度，其与其他评价方式不同的关键点在于，它所关注的是学生的应用能力，而非简单的理解能力。除此之外，学生一开始就应当了解这种评价的评价标准，这也为学生后续学习提供了清晰有效的指导，方便学生在后续的学习和工作中运用这种标准来要求和评价自己。

3. 多元评价理念

现代智力的研究成果显示，学生的学习能力并非单一的，而是体现在多方面的，不同的学生会采用不同的方式进行学习，其知识表征和学习方式也具有多种不同的形态。学生在意义构建活动中的特征表现并不是单一的能力反映，而是多维度的综合表现。由此可知，仅仅用单一的评价手段来衡量不同的学生是不可行的，要想全面地反映不同学生的学习状况和成效，就应该采用多元的评价理念来进行评价，这样的评价方式才能为学生提供弹性化和人性化的多元发展空间。

多元评价理念所强调的就是评价方式、标准、内容、主体和最终结果的多元化，且十分注重评价和指导的一体化程度。在多元评价理念当中，学生是评价的主体，教学评价应当是基于促进学生发展的理念来进行的，因而我们必须从学习和发展的多维角度和层面来看，关注学生在不同成长阶段所发生的变化，并且要反映出相应的教学信息。不仅如此，我们还要将正式评价与非正式评价放在同等的地位上。这是一种以多元智力理论和建构主义理论为基础，以将对学生进行整体性评价为最终目标，主张以平等和民主的心态来理解和体谅学生的评价理念。这种多元化的评价理念自20世纪90年代开始就已经被广泛地应用到世界各地的学科教学评价领域当中，并且已经成为一种评价学生学习的重要策略。

4. 动态评价理念

动态评价从理念上来看是具有两层含义的：其一是跨越时间维度来观察学生的进步空间和进步水平，以此来了解学生的认知历程、认知能力以及变化的特征和潜能。其二是评价者与被评价者之间对象的互动变化，所强调的是评价和教学有机结合，这样的评价方式对后期实施个体间的评价诊断与教学补救也具有积极影响。前者可以被理解为教师采取的"前测—教学介入—后测"程序，后者所指的是双方在经历了长时间的互动过后持续进行教与学的过程，这种方式有利于教师了解学生学习前后在知识能力和结构上所发生的改变，以及学习迁移的程度等，从而促进学生的发展和改变教育介入的程度。

动态评价理论来源自著名苏联心理学家维戈茨基的社会发展认知理论。这种评价理论相较传统的评价方式而言，能够更好地将教育教学与评价的过程整合起来，它不仅仅为学生提供单一时间点上的测验，并以此来进行静态化评价，而且可以一种更加兼顾过程与结果的评价方式，这种评价方式还可以兼顾社会和个体之间的差异，能够促进师生之间的双向沟通和互动。与此同时，该理论可以考察到学生的认知潜能和学习迁移能力。因此，动态评价理论是可以评价和预测学生的最佳发展水准的动态评价理论认为，评价标准和内容是应当随着教育价值观和社会人才观的改变而改变的，是一种既关注评价结果，又关注评价主体和客体之间的互动反馈的评价理论；它既重视评价后的反馈，也十分重视评价后的改进和调整，使之变得更加科学合理。

5. 后现代评价理念

后现代评价理念是基于后现代主义理念的一种评价方式，是建立在对现代教学评价的批判之上的。与现代教学评价理念相比，后现代评价观具有以下几个特征。

（1）更注重定性评价和模糊评价。后现代评价更加注重的是教师、学生以及教学的需要，更加看重人文学科在评价中的应用和融合程度，主要是运用定性的方法对教学过程和参与体验者进行研究和评价。后现代教学评价理念认为，教学过程本身就是一个模糊、很难用精确的数字来表达的过程，因而我们可以使用模糊评价对其进行描述。

（2）更强调教学评价的个性化。后现代评价理念十分注重教学过程中个体之间的差异性，这种评价方式不是一概而论的，而是指向某种具体的评价个体。例如，我们常见的教学评价方式——档案袋评价，就是将每一位学生在教学过程中的种种表现等表象特征收集起来，然后对其在教学过程中得到的发展和变化进行评价。

（3）更强调评价者和被评价者之间的对话。后现代评价观认为，评价的过程就是心理建构的过程，而这种过程是通过协商的形式来实现的。在后现代评价理念当中，被评价者与评价者是处在相等地位上的，它们之间通过协商来达成共识，最终得出评价结果。

三、基于大数据的教学评价

随着现代教育技术发展越来越趋向智能化，在学生的学习评价和分析过程中也逐渐可见到现代化教学技术的身影。在大数据背景下，数字技术是可以记录学生的学习行为和成果的，如作业点评、测验错误纠正、成绩录入，甚至是课堂上课签到都可以通过电子信息设施设备"打卡"来实现，教师将其作为数据录入教学考核来对学生做出教学评价。

（一）信息数据用于教学评价的领域

1. 针对学生学习的评价

（1）学生知识建模评价

学生知识建模评价主要是通过采集学生在学习系统中所产生的数据，如回答正确率、答题所用时间、请求帮助的数量和性质以及错误的重复率等，然后通过大数据分析来构建学生的知识模型。最终评价的结果会通过自动或人工的方式反馈给学生和教师，学生基于这种评价结果，会更加有针对性地进行学习，如教学平台会为学生推送适合的学习内容等，以实现教学过程的个性化。

（2）学生学习行为评价

大数据时代下的学习评价可以帮助教师观察到影响学习结果和质量的各种行为和因素，而这一点是传统的教学评价所不能做到的。传统的教学评价仅仅关注学生的最终学习结果，这种评价方式是十分片面和不合理的。

学生的学习时长、课程的完成状况以及线上线下考试成绩的数据等信息都是能够通过数据被挖掘出来的。在此之后，网络平台会根据收集的信息进行分析、对比和统计，以此来计算出不同学生在行为和结果方面的关联性，最终得出学生的学习行为评价结果。

（3）学生形成性评价

最终的学生综合性形成评价是在采集学生的基本信息和学习数据的基础上，通过数据挖掘和计算的方式构建学生档案后得出的。这种评价方式得出的结果，不仅包含对学生学科学习的评价，还包括对学生的身体和心理素质，以及兴趣爱好和性格特征等方面的评价。

2.针对教师教课的评价

教师教学的成功与否与教学方案设计具有非常密切的关系。因此，要想评价教师教课的好坏程度，我们就可以从教学设计方案入手。

进行教学设计方案评价有利于促进教学设计理论的不断发展；有利于检查教学方案的完整性、科学性和合理性；有利于提高教师对教学过程整体性的再认识；有利于教师掌握教学流程和操作技术；有利于提高教学质量。教学设计方案评价主要包括以下内容，即教学目标、教材内容、学习者、学习需要、教学策略、教学过程、教学模式、课程类型、课程结构等。

任何教学技术都有检验自身缺陷的方法，教学设计方案属于教学技术学范畴，因此教学设计方案也具有评价自身设计缺陷的方法，即教学设计缺陷分析法，具体是从对结果的缺陷考查进行分析，然后再过渡到分析和发现设计缺陷。

针对教学设计方案的评价，还应注意教学设计方案使用后的相关数据的收集与分析，应及时进行某种形式的测验（学生的学习成绩）和问卷调查（学生对教学过程的态度、看法、意见和建议），以便于了解教学设计方案是否具有教育意义。通过收集反馈信息进行归纳和分析，了解学生在教学过程中的实际表现和感受，对其中存在的一些问题给出相应的解释。以及时调整教学设计，并可形成评价结果报告。同时在评价结果后还可附上评价数据概述表、采访记录、图表解析等，以便在后续教学工作中参考。

（二）信息技术支持教学评价的实施

1. 数据收集

教育信息化教学系统对教学评价信息数据的收集可以通过人工和智能两种方式来完成，如对学生的上课学习态度的评价，需要教师先做出综合评价，然后将学生的表现进行分别量化，输入计算机保存数据，向其中对学生的上课到课次数可以通过电子打卡自动连接计算机系统软件进行统计。

学生的相关数据不仅包括作业、练习题、实验报告等纸质资料，还包括学生的电子档案袋、学习日志等电子资料。学生数据的收集是一个非常烦琐而复杂的工作，这项工作可以借助不同的信息技术进行完成。

2. 数据分析

可以通过技术支撑来实现教学评价的数据主要分为两种类型，分别为量化数据和质性数据。

量化数据较质性数据而言更加简便，我们可以运用专业的统计分析软件对其进行分析，如EXCC1、SPSS、SAS等。除此之外，与人力统计相比，这种数据统计方式大大提高了数据分析的工作效率，数据分析的结果还可以通过图表和图像等形式直观地展示出来。

质性数据的统计工作比较复杂，往往通过人工才能完成，工作量不仅大，还可能掺杂个人主观情感因素，但是，这一部分评价也是必要的。因为关于学生在学习过程中的进步和变化，尤其是态度、情感、智力、行为表现等，单纯借助智能教学设备是难以观察、分析的，必须由教师亲自进行评价。在教学评价中，应将量化数据和质性数据结合起来，做出综合统计分析。

四、信息教学评价体系的构建策略

（一）建立科学评价指标

教学评价是一个复杂的系统和过程，从系统论的角度来看，教学目标应具有科学性、简便性与操作性，必须简明、科学，操作性强，便于教学评价工作的顺利开展。这是新时期教学改革对教学评价工作的发展与完善的客观要求。

现阶段，科学建立教学指标应做好以下几点。

（1）在拟定教学评价指标时，要认真分析，逐级分解评价指标，以评价内容的内在逻辑结构为依据，分层次分解教学评价各指标要素。

（2）在筛选已拟定的指标时，应以个人或集体的经验为依据，对评价指标的重要性进行科学、正确的衡量，对指标分量加以权衡，在科学评价理论的指导下选择最佳评价指标。

（3）在教学评价实践过程中，要观察教学评价标准是否科学、合理，对教学评价指标不断进行调整、优化，做到科学评价。

（二）完善教学评价体系

要实施科学教学评价，确保教学评价的客观并具有切实的参考价值，就必须建立完雷的教学评价体系，这是教学评价体系自身发展的需要，也是新时期教学改革发展的需要。完善的教学评价体系的构建需要从教学评价体系的构成要素各方而入手，并坚持科学的评价原则。鉴于教学中教师与学生的重要地位，高校教学评价体系的完善应重点做好以下工作。

（1）明确教学评价的重要内容，教学评价应包括教师的"教"与学生的"学"的评价。高校应分别建立和完善的教师教学评价体系与学生学习评价体系。

（2）科学选择教学评价方法。

（3）多种教学评价方法综合运用，以实现对不同教学评价方法的不足互补，使教学评价更加科学、全面。

（三）健全评价反馈机制

现代教育发展新时期，健全评价反馈和保障机制，对教学评价有重要的规范和正确引导作用和意义。

信息反馈对教学过程的改进与完善具有重要的作用。对教学评价来说也是如此，健全的评价反馈机制有助于评价者和被评价者发现评价过程中的各种问题，从而提出建设性的改进意见，促进教学评价的完善。

（1）高校领导和相关部门应善于深入教学评价实践，总结经验，广泛调取师生的意见和建议，及时收集和整理评价信息，并确保评价信息的客观性和真实有效性。

（2）教学是一个复杂系统，受多种因素影响，科学的教学评价应尽量避免所有的干扰信息。在教学评价反馈机制建立的基础上，还应建立完善的评价监督机制，便于引导、规范教学评价中参与者的各项工作正常、合理地进行，避免受到利益和人情的干扰。

（3）及时对信息技术应用软件进行维护、升级，避免出现技术漏洞，使一些数据出现错误或者被人为修改，确保信息数据的准确无误和评价的真实有效。

第三节 提升高校教师信息化能力与素养

一、信息化教学教师角色

教师的教学手段随着信息化技术的普及，也变得更加多样化，如智能教学系统、多媒体的虚拟现实情境以及远程教育学手段等。信息化的教学条件不仅增强了教师的教学效果和教学质量，也改变了传统的教育模式，教育理念的革新还导致教师角色发生了必然的转变。传统的"以教为主"的教学理念逐渐被"教学并重"的教学理念所替代，教师从教学主体变成教学活动的引导者和辅助者，教学目标从传授知识向培养创新型人才转变。

（一）由控制者向引导者转变

在信息化教学过程中，教师不再是传授知识的主体，已经从"独奏者"的身份过渡到了"伴奏者"的身份。现代的教学模式主要是以学生为主体去发现、组织和管理知识，教师在其中仅仅是起着引导和指导作用。在现代化的教育背景下，教师仅仅督促学生学习是不够的，还应当引导他们去发展自己的好奇心、创造性、决心以及批判性思维。学生的学习过程应该是一个积极主动的过程，是学生发挥自我主观能动性的过程，是知识构建的过程。教师在学生进行知识构建的过程中，可以为学生提供途径帮助其获取有效信息，使其对信息进行加工和处理，引导学生构建适合自己的知识体系和知识构架，在构建知识体系的过程中，学生要学会独立地去获取和处理信息，这对学生发展自身各方面的能力都是十分有帮助的。由此可知，教师在教学理念不断革新的背景下，所扮演的角色必须转变为引导者，只有这样学生才能不断地取得进步。

（二）由局外者向参与者转变

课堂教学的过程不再是教师进行单向知识传输和情感传递的过程，而是师生之间互动更加多样化、连接更加紧密的过程，也可以被理解为是师生之间双向传输的过程。教学模式的改革应该从弱化教材和教师的权威性出发，尊重师生双方的内部情感的体验和价值的变化，以追求主客体之间平等的对话情景，最终实现师生之间真正的对话和互动自由。这就要求教师在教学实践过程中要学会关怀，以此创造出让学生可以独立发展并且获得自由感的学习空间。在这个发展空间中，学生可以感知到教师对自己的爱护与关注，只有这样，学生才能潜下心来发展和完善自己，真正享受学习过程。

（三）由传输者向创造者转变

众所周知，教师的劳动过程是具有一定创造性和复杂性的，一位青年教师要想从"小白"成长为专家，必定要经历一个很漫长的过程。在教师的成长过程中，如果仅仅是把自己作为信息的传输者，必定是远远不够的，因而教师要把自己放在创造者的位置上，只有这样才能从中获得更具有价值的学术专业成果。在长时间的教学实践过程中，教师的能力也逐渐向创造力进行转变，由单纯的传输者变成了一位创造者。教师不应当仅仅满足于传递现有的教材内容，还应当在教学活动中依据学生的个体差异性，为学生创设独立的、具有自由和原创性的学习情境和学习空间。

（四）由教育者向学习者转变

人民教师的工作性质决定了教师要做一个终身的学习者。近年来世界的发展速度加快，科学技术和文化艺术每天都在以惊人的速度发生着传变。因此，作为21世纪的专业教师，仅仅把目光放在学生上是不够的，还要把自己也当作学生，树立终身学习的理念。教师在教学活动中要具有创新和探究的精神，只有这样才能不断地学习，真正实现学无止境、教学相长。在这个过程中，教师不仅自己会成长，也会因为学生的成长而感到无限的幸福，这也就是教师这个职业的魅力所在。

二、高校教师信息化能力与素养

（一）高校教师应具备的信息化能力

全国高等学校教育技术协作委员会发布了《国家高等学校教师教育技术能力指南（试用版）》，明确地提出高校教师教育技术能力的结构模型。

1. 意识与责任

高校教师应该首先认识到信息技术对教学的重要程度，从意识层面认可它存在的价值，并且学会利用这种技术去改变自身的教学实践活动。众所周知，新世纪的人才是需要运用创新的教学模式和教学理念来培养的，而教学创新也必然离不开教学资源的支持，信息技术可以将真实与虚拟的、网络与非网络的、单一媒体和多媒体的各种资源整合起来，高校的多样化教学模式也因此成为可能。

从教师自身发展的角度来看，在高度信息化的今天，高校教师必须拥有终身学习的意识，信息技术能力也将成为考核高校教师的一项重要指标，同时是完善教师自身能力体系的一项重要举措。同时，高校教师也应该认识到信息技术本身是一把"双刃剑"。因此，在信息教学模式的应用过程中，教师必须严格遵守相关法律法规，以身作则，为学生做好榜样。

2. 知识与技能

教育技术的灵活应用既可以促进教学活动的多样化发展与实践，也是教育技术的基本理论和基本技能的一种实践途径。教育技术的基本理论包括教育技术的基本特点、内涵、历史沿革，以及典型的教与学的范式与观点、技术在教学中的一般应用模式等。

随着信息化程度的不断提升，数字化教学早已成为教学活动的一种主要模式。数字化教学一般包括如下内容：数字化资源的基本类型、教学环境的常见活动类型，以及多媒体和网络应用教学的基本模式等。

3. 设计与实施

在实际的教学实践过程中，教学设计是一门将理论与应用结合起来的桥梁学科，高校教师应该充分了解教学设计的具体过程、方法和要点。一般而言，教学设计可分为教学目标分析、学情分析、教学内容选择、教学活动组织和教学媒体等多个方面。除此之外，需要注意的是，教学设计本身应当是开放的，而不是一个封闭的系统。好的教学设计往往需要教育专家和技术人员等多方面的支持和帮助。例如，当教师在教学活动中需要开发一种新的教学资源，而自己又不具备相关的专业知识和能力时，就需要相关技术开发人员与教师一起来合作完成。

4. 教学评价

教学评价主要包括教学前的诊断评价、教学中的形成性评价和教学后的总结性评价几种类型。高校教师应该做到充分了解并能够灵活利用这三种类型的教学评价方式，同时要掌握典型的评价理论来指导评价过程。尤其要注意的是，高校教师在评价的过程中要始终遵循"以人为本"的理念，唯分数论是不可行的。

5. 科研与创新

高校教师的一项重要能力特征就是科研能力，科研和创新能力是国家赋予高校教师的一项重大责任，因而在高度信息化的教育时代中，不仅是教学模式需要实现信息化，教研过程也需要得到创新和提升。教研应该首先从教师对自身教学过程的审视开始，高校教师应当充分利用信息技术工具来创设新的教学模型，这对高校教师熟悉信息化科研系统的操作也是十分有帮助的。除此之外，高校教师还可以充分利用信息技术软件来对实验数据和实验过程进行组织整理，这项工作的进行，不仅可以帮助教师节约大量时间，还可以使教师发现一些平常不易发现的隐性知识。

（二）高校教师应具备的信息素养

信息素养指的就是一种可以识别、获取和加工信息以及有效利用、传递和创造信息的综合性能力。一般而言，信息素养主要包括信息意识、信息知识、信息能力和信息道德四个方面。其中，信息意识是信息素养的前提，主要指的是个体对信息重要性、信息的内在需求以及信息价值的认识和判断力。信息知识是信息素养的基础，主要指的是个体对信息资源、信息工具以及信息学科等方面知识的掌握程度。信息能力就是信息素养的核心，主要指的是个体选择资源和工具，并且利用这些工具进行采集、处理以及创造信息的能力。信息道德是信息素养的保障，指的是个体对信息来源可靠性、相关法律法规的理解、判断和外在表现等。

从对人的基本要求角度来看，信息素养呈现出整体性；从信息化教学对教师的影响来看，则是体现出信息素养的独特性。由此可知，从不同的角度来看，信息素养的定位也是截然不同的。众所周知，信息化教学的核心就是将信息技术与学科内容进行整合。因此，高校教师的信息素养就应定位在信息技术与学科内容的整合上。所以，教师除了具备基本素养，还需要具备将信息技术与课程进行整合的能力，以此来体现高校教师的独特性。

总而言之，教师的信息素养内涵可以从信息技术与课程整合方面、信息技术能力方面、信息意识层面等方面进行界定，教师信息素养具体可以分为以下几种类型。

1. 信息技能素养

教师的信息技能素养就是指高校教师要具备一定的计算机知识和网络知识，可以灵活运用 PowerPoint、Flash 等软件来制作多媒体课件，同时还能够利用网络来处理文字信息、图像信息和音频信息等，并且在它们之中建立逻辑连接。除此之外，教师还应当具备利用网络平台采集、加工传递和处理信息的能力，并且能够利用这些平台或自己制作的网站与其他教师和学生进行交流。

2. 课程整合素养

课程整合素养就是指教师能够根据学科特点和教学对象，选择恰当的教学媒体和资源，并且将它们融入整个教学活动中去，以此为学生创造出一个自由的信息化教学空间。除此之外，教师还应当掌握多媒体教学的基本过程，并且能够利用网络开展辅助式和交互式教学，以及能够利用信息化评价手段对学生进行过程性评价和总结性评价。不仅如此，教师还应当掌握信息化教学的教学设计理论与方法，并且能够在信息化的教学环境下创设全新的教学模式，真正发挥信息化教学的优势，从而达到提升教学质量的教学目标。

3. 信息意识素养

信息意识素养就是指高校教师应当具备利用信息技术解决实际应用问题的意识和想法，并且拥有使用信息工具改变教学模式的欲望，对信息的来源和价值要具有较强的洞察力和判断力。

参考文献

[1] 宋朝霞，李亚林.创新创业背景下高校教育教学改革路径探讨[J].科技风，2023,(33): 75-77.

[2] 赵光怀，周建伟.地方高校教学质量外部评价体系建设研究[J].临沂大学学报，2023, 45 (06): 147-155+184.

[3] 樊红云.数智化背景下高校创新创业教育研究与实践[J].对外经贸，2023, (11): 107-110.

[4] 李黛玥，郭梁超."互联网+"驱动下高校研究生教学改革路径探讨[J].现代职业教育，2023, (33): 161-164.

[5] 向玉，贺英杰.基于大数据技术的高校英语教育教学模式探究[J].食品研究与开发，2023, 44 (20): 237-238.

[6] 冯宏.基于启发式教学模式的高校声乐教育教学研究[J].大众文艺，2023, (19): 155-157.

[7] 马文宁.混合式教学模式下的高校计算机基础教学改革策略[J].四用劳动保障，2023, (09): 45-46.

[8] 马丹，王松楠，于化新，刘旭东，刘慧慧，王凌志，单德红.线上线下教学模式在医学高校生理学的应用[J].中国中医药现代远程教育，2023, 21 (18): 6-8.

[9] 吴亮，刘国英.高校软件类课程思政教学改革路径[J].教育理论与实践，2023, 43 (30): 38-42.

[10] 孟磊，贾德辉.抗大教学模式对新时代高校课程思政建设的启示研究[J].邢台学院学报，2023, 38 (03): 135-140.

[11] 赵燕萍."互联网+"思维下的高校教学改革探析[J].浙江工商职业技术学院学报，2023, 22 (03): 62-65.

[12] 李柏，金礼杰，金铉尚.OBE教育理念下高校混合式体育教学模式构建研究[J].辽宁体育科技，2023, 45 (05): 129-134.

[13] 朱平，吴兵，张碧影.OBE理念指导下的混合式教学模式构建：以"心理健

康教育"课程为例 [J]. 黑龙江教师发展学院学报, 2023, 42 (09): 72-75.

[14] 黄刚. 黄刚. 新时代高校红色文化教育教学模式探索与实践 [M]. 南京：南京大学出版社：202205. 328.

[15] 郭旗. 我国高校教育教学类移动应用有效性及治理路径研究 [D]. 吉林：东北师范大学, 2021.

[16] 刘俊雅. 基于学习成果的高校通识教育教学评价研究 [D]. 长沙：湖南大学, 2021.

[17] 邵悦. 高校创业教育教学评价指标体系构建研究 [D]. 北京：北京工业大学, 2019.

[18] 胡平凡, 饶玲. 胡平凡；饶玲. 高等教育学 [M]. 南昌：江西高校出版社, 2018.

[19] 刘正宏. 非物质文化遗产数字化应用与教育化传承研究 [M]. 北京：中国轻工业出版社：2018.

[20] 李玲. 教育 APP 在高校课程教学中的应用研究 [D]. 锦州：渤海大学, 2017.

[21] 孙傲蕾. 高校教育教学管理制度翻译实践报告 [D]. 天津：天津大学, 2016.

[22] 宋婕. 普通高校教育成本与教学质量相关性研究 [D]. 长沙：长沙理工大学, 2013.

[23] 郭洋. 加拿大高等教育特色对于我国高校教育教学改革的启示 [D]. 天津：天津理工大学, 2011.

[24] 孔伟. 理工科高校创业教育教学体系建设研究 [D]. 大连：大连理工大学, 2010.

[25] 沈大强. 高校教育教学管理信息流的集成研究 [D]. 南宁：广西大学, 2008.

[26] 刘理. 论高校教学评估的教育价值 [D]. 武汉：华中师范大学, 2007.

[27] 董平. 基于网络教育的高校教学模式研究 [D]. 武汉：武汉理工大学, 2006.